Für Mahmoud Mohammed Taha,
Farag Fouda und Nasr Hamid Abu-Zaid,
die für ihre Reformideen einen hohen Preis bezahlt haben.
Ihr wart uns Vorbilder und Inspiration!

Gewidmet all jenen jungen Muslimen und Muslimas,
die die Offenheit und den Mut haben, sich einer
kritischen Debatte über ihre Religion zu stellen!
Ihr seid unsere Verbündeten!

Hamed Abdel-Samad
Mouhanad Khorchide

Ist der Islam noch zu retten?

Eine Streitschrift
in 95 Thesen

Besuchen Sie uns im Internet:
www.droemer.de

© 2017 Droemer Verlag
Ein Imprint der Verlagsgruppe
Droemer Knaur GmbH & Co. KG, München
Alle Rechte vorbehalten. Das Werk darf – auch teilweise – nur mit
Genehmigung des Verlags wiedergegeben werden.
Covergestaltung: ZERO Werbeagentur, München
Satz: Adobe InDesign im Verlag
Druck und Bindung: CPI books GmbH, Leck
ISBN 978-3-426-27734-8

2   4   5   3   1

Inhalt

Statt eines Vorworts:
Ein Briefwechsel zum Auftakt

Lieber Hamed Abdel-Samad,

wir hatten in der Vergangenheit mehrfach Gelegenheit, in der Öffentlichkeit über den einen oder anderen Aspekt zum Thema Islam kontrovers zu diskutieren. Vielen Zuhörern oder Zusehern dürfte dabei aufgefallen sein, dass wir – obwohl wir oft unterschiedliche Positionen vertraten – in der Lage waren, sachlich zu streiten, ohne uns persönlich anzugreifen oder gegenseitig zu diffamieren. Dies ist heutzutage längst keine Selbstverständlichkeit mehr, schon gar nicht im innerislamischen Diskurs. Im Gegenteil ist es häufig so, dass sich derjenige, der eine andere Position als die des Mainstreams vertritt, mit dem Vorwurf der Häresie konfrontiert sieht. Mainstream meint hier Positionen, die sich im Laufe der Zeit etabliert haben, die von den religiösen Autoritäten als unantastbar gesehen und daher von den Gläubigen als fest gesetzt betrachtet werden. Die Konsequenzen, die eine solche abweichende Haltung zur Folge haben kann, reichen von persönlichen Diffamierungen bis hin zu Morddrohungen. Sie selbst wissen das aus eigener, leidvoller Erfahrung.

Wann immer es um die Auseinandersetzung mit Ihren Büchern und Ihren Thesen geht, vermisse ich innerhalb der muslimischen Gemeinde zumeist eine sachliche Debatte. An deren Stelle treten häufig emotionsgeladene und persönliche Vorwürfe, teilweise getragen von einer Haltung des Sich-angegriffen-Fühlens oder Beleidigtseins. Nicht um Gegenargumente

geht es, sondern um Abwehr, durch die jede Debatte von vornherein im Keim erstickt wird.

Dabei beziehen Sie sich in Ihren Büchern und bei öffentlichen Diskussionsauftritten auf islamische Quellen; Sie argumentieren mit diesen und bewegen sich dadurch auf sachli-
chem Boden – wenngleich mir die Auswahl Ihrer Quellen
manchmal etwas selektiv vorkommt. Aber es ist legitim, sich
für eine Argumentation das passende Rüstzeug zuzulegen.
Auch wenn einige Muslime das nicht so sehen: Sie betreiben
nichts anderes als Religionskritik, und die ist aus meiner Sicht
durchaus notwendig, gerade im Kontext des Islam. Denn eine
kritische Haltung und eine Diskussion darüber, wie eine Religion ausgelegt wird, ermöglicht es den Gläubigen erst, die
Schwächen mancher Argumente und Positionen zu erkennen
und sie dementsprechend zu reflektieren und zu überdenken.
Im Ernstnehmen von Religionskritik liegt die Chance, seinen
Glauben und sich selbst als Mensch immer wieder von Neuem
zu hinterfragen und bestimmte Haltungen und Einstellungen
auf ihre Plausibilität hin zu überprüfen. Das kann nur im Sinne
einer jeden Religion oder auch einer jeden Weltanschauung
sein. Wer sich seiner Sache sicher ist, der braucht keine Religionskritik zu fürchten, der muss keine Auseinandersetzung
mit ihr meiden, denn sie stellt keinen Angriff auf die Identität
des Gläubigen dar.

Dass Ihnen, lieber Hamed, an einem sachlichen innerislamischen Diskurs viel liegt, zeigt sich gerade in Ihrem letzten
Buch, in dem Sie sich mit dem Koran auseinandersetzen und
versuchen, ein differenziertes Bild von diesem Text zu zeichnen. Diese faire und offene Herangehensweise zeigt sich nicht
zuletzt darin, dass Sie immer wieder betonen, dass es an den
Muslimen selbst liegt, an ihrer Lesart des Korans, ob dieses
Werk nun als Botschaft der Liebe oder als Botschaft des Hasses verstanden wird.

Ich möchte die ausgestreckte Hand, die Sie all jenen Theologen und Gläubigen reichen, die an einem sachlichen und konstruktiven Diskurs interessiert sind, ergreifen und Ihnen einen Vorschlag machen: Lassen Sie uns doch im Jahr 2017, in dem die Reformation Luthers ihr 500-jähriges Jubiläum feiert, eine gemeinsame Streitschrift über den Islam verfassen.

Wie Sie wissen, vertrete ich die Auffassung, dass der Islam durchaus reformierbar ist – was Sie immer wieder bestreiten. Wäre es nicht ein spannendes Projekt, anhand von 95 Thesen, die wir gemeinsam erarbeiten, zu zeigen, warum der Islam reformierbar ist – oder eben nicht? Und falls ja, was genau reformiert werden muss – oder woran dies aus Ihrer Sicht scheitern würde?

Über eine positive Rückmeldung würde ich mich sehr freuen.

Herzliche Grüße,
Ihr Mouhanad Khorchide

Lieber Mouhanad Khorchide,

es freut mich sehr, dass Sie den konstruktiven Ansatz meiner Islamkritik sehen und die Problematik im Umgang mancher Religionsführer und Muslime mit meinen Thesen anerkennen.

In der Tat lässt sich ein Großteil der Schwierigkeiten in der Islamdebatte auf die hohe Emotionalität mancher Muslime zurückführen, die jede Kritik an ihrer Religion als frontalen Angriff auf ihre Identität auffassen. Besonders mein Buch über Mohamed geriet von allen Seiten unter Beschuss. Es ging dabei kaum um Argumente oder Gegendarstellungen zu meiner Sicht auf die Biographie des Propheten, die Kritik war geprägt von einer spürbaren Feindseligkeit mir gegenüber. Als hätte ich sie damit persönlich beleidigt.

Anders waren die Reaktionen auf mein Koran-Buch. Hier habe ich nicht nur die problematischen und gewaltverherrlichenden Passagen des Korans beleuchtet, sondern auch die ästhetische und spirituelle Seite, die den Gläubigen Halt und Orientierung bietet. Gleichwohl habe ich die Forderung aufgestellt, dass die Muslime die gewaltbejahenden Passagen neutralisieren und die spirituellen und sozialen Passagen mehr betonen sollten. Doch während in den Medien das Buch als sachlicher und ausgewogen-differenzierter Beitrag zu einem besseren Verständnis des Korans gelobt wurde, herrschte auf muslimischer Seite, vor allem seitens der Gelehrten oder Verbandsvertreter, großes Schweigen. Sie sind der erste Islamwissenschaftler und Theologe, der sich nun dazu äußert – und der meine kritischen Thesen nicht als Angriff, sondern als Dialogangebot, als »ausgestreckte Hand« betrachtet. Das freut mich sehr.

Ebenso sehr begrüße ich Ihr Angebot, eine gemeinsame Streitschrift über die Reformierbarkeit des Islam zu verfassen. Wie Sie ja wissen, halte ich persönlich den Islam an sich für nicht reformierbar. Allerdings glaube ich sehr wohl an die Reformierbarkeit des Denkens von Muslimen und selbst von Theologen, sonst würde ich mich ja auch nicht mit Ihnen und Ihrer Arbeit auseinandersetzen.

Ich weiß nur nicht, ob die Orientierung an der lutherischen Reform mit ihren 95 Thesen die richtige Herangehensweise ist. Denn der Islam hat eine völlig andere Entstehungsgeschichte und eine ganz andere Gründungsfigur als das Christentum. Außerdem gibt es im Islam weder eine Hauptkirche noch einen Papst, gegen die ein »muslimischer Luther« rebellieren könnte, um im Nachgang Reformen zu ermöglichen. Luther zielte mit seinen 95 Thesen vor allem auf die Praxis des in seinen Augen schändlichen Ablasshandels durch die Kirche. Er stellte weder Kirche als Institution noch die Stellung des Papstes als Vertreter Gottes auf Erden infrage. Eher unbeabsichtigt führten seine Thesen zu einer Spaltung innerhalb der Kirche und nachfolgend zu langwierigen Religionskriegen.

Verglichen damit scheint mir die kritische Auseinandersetzung mit dem Islam wie ein Fass ohne Boden. Mit welchen Fragestellungen sollte man denn anfangen? Mit der Göttlichkeit des Korans? Der Unantastbarkeit des Propheten? Dem Terrorismus und der Gewalt? Der Haltung gegenüber Nicht- und Andersgläubigen? Der Scharia? Der Stellung der Frau? Den Menschenrechtsverletzungen? Der Haltung zum Säkularismus? Dem Demokratieverständnis? Die Liste ließe sich beliebig fortsetzen.

Wir begeben uns in ein komplexes System voller Minenfelder und Labyrinthe, das davon lebt, dass es letztlich keiner durchdringen kann. Falls man ernsthaft damit beginnen wollte, dieses System zu reformieren, würde man wohl weniger als Luther in die Geschichte des Islam eingehen, sondern eher als muslimischer Gorbatschow, der die Sowjetunion reformieren wollte und am Ende nicht nur selbst die Macht verlor, sondern auch die Sowjetunion zu Fall brachte.

Wobei das allerdings ein verführerischer Gedanke wäre, das System zum Einsturz zu bringen! Nein, im Ernst, ich will den Islam keineswegs stürzen und keinem den Halt nehmen, den er in diesem Glauben finden mag. Aber ich fordere dennoch, dass sich die Gläubigen bewegen. Dass sie anfangen, differenziert zu denken und für sich ein neues Islamverständnis finden.

Deshalb werde ich Sie gerne bei Ihrem Vorhaben unterstützen und Ihnen bald meine ersten Thesen schicken. In der Zwischenzeit können Sie sich ja schon mal überlegen, an die Tür

welcher Moschee wir unsere Thesen nageln sollten, wenn wir
damit fertig sind!

Bis dahin wünsche ich uns aber bei dieser Sisyphosaufgabe
viel Erfolg und vor allem viel Kraft und eine hohe Frustra-
tionstoleranz!

Mit den besten Grüßen,
Ihr Hamed Abdel-Samad

PS: Die Zahl 95 ist eine ungerade Zahl. Das bedeutet, einer
von uns muss eine These mehr verfassen als der andere. Das
ist unislamisch! Wären nicht 114 Thesen geeigneter? Das ent-
spräche übrigens genau der Zahl der Koransuren!

Lieber Hamed Abdel-Samad,

ein »muslimischer Luther« wollte und will ich nicht werden, denn ich glaube nur an Reformen, die von den Gläubigen
selbst kommen und von ihnen mitgetragen werden. Der Islam
ist, wie Sie zu Recht anmerken, eine dezentral organisierte Religion, die keine Kirche und eigentlich auch keine geistlichen
Autoritäten kennt bzw. kennen sollte. Der Islam leidet heute
aber gerade darunter, dass sich manche Geistliche und islamische Institutionen zu Autoritäten erhoben haben. Sie vertreten
die Haltung, sie seien der Islam. Wenn man Kritik an ihnen
übt, gilt dies in ihren Augen als Kritik am Islam selbst.

In Sachen Reformierbarkeit besteht daher meines Erachtens
die größte Herausforderung für Muslime darin, sich nicht länger bevormunden zu lassen: nicht von selbst ernannten Autoritäten, nicht von Geistlichen und Institutionen und auch nicht
von selektiv ausgewählten und extrem konservativ interpretierten Traditionen. Wenn ich also von Reformen spreche,

meine ich eine Form der muslimischen Emanzipation: von religiösen Instanzen, aber auch von islamischen Politikern, die den Islam manipulieren, um ihre Macht zu sichern. Mit der Folge, dass Gläubige nur mehr Objekte und nicht mehr mündige Subjekte ihrer Religion sind. Es geht um Selbstermächtigung und um ein Ende dieser Bevormundung.

Mit anderen Worten: Jeder Muslim/jede Muslima sollte ein Luther sein bzw. werden. Die Gläubigen sollten selbst reflektieren, hinterfragen und sich mit ihrem Glauben auseinandersetzen. Und zwar nicht auf der Basis vorgegebener Interpretationen. Jeder Muslim/jede Muslima sollte sich auf Entdeckungsreise begeben, den Koran selbst zur Hand nehmen, ihn lesen und eigene Schlüsse daraus ziehen. Es sollte niemandem mehr erlaubt sein, bestimmte Lesarten als alleingültig vorzugeben. Solchermaßen selbstermächtigte Gläubige sollten den Mut haben, nur das zu vertreten, wovon sie wirklich überzeugt sind und was mit ihrem Gewissen vereinbar ist. Es geht darum, den Geist der Gläubigen zu schärfen, sie zu ermutigen, Fragen zu stellen, und ihnen den Raum zu geben, selbst darüber nachzudenken, was nach ihrem Verständnis des Islam reformiert werden sollte.

Eine Reform, wie ich sie verstehe, ist ein kontinuierlicher und lang andauernder Prozess, der vielleicht nie abgeschlossen sein wird und das vielleicht auch gar nicht sein sollte. Denn es geht schließlich um eine kontinuierliche Überprüfung und Hinterfragung, nicht darum, eine neue, aber wieder letztgültige Haltung einzunehmen. Glaube bedeutet auch geistige Arbeit.

In Diskussionen oder auch in Vorlesungen versuche ich immer wieder, Muslime zu einer solch offenen Haltung und zu dieser Form der Selbstbestimmung zu ermutigen. Ich hoffe sehr, dass auch dieses Streitgespräch mit Ihnen einen Beitrag dazu leisten wird. Wie Sie sich gewiss denken können, geht es mir erst recht nicht darum, den Islam zu Fall zu bringen! Nicht die Religion an sich soll abgelegt werden, wohl aber ein bestimmtes und weitverbreitetes Verständnis des Islam, das die Gläubigen über die Jahrhunderte zu Marionetten gemacht hat. Das ihnen ihre Autonomie und ihre Mündigkeit genommen hat. Und damit auch ihre persönliche Beziehung zu Gott beschädigt hat.

Herzliche Grüße,
Mouhanad Khorchide

Teil I

Positionsbestimmung: Ist der Islam reformierbar?

1

Hamed: Der Islam ist immun gegen Reformversuche

Bevor wir im weiteren Verlauf in die Details gehen, möchte ich unser Streitgespräch gleich mit der für mich zentralen These beginnen: Der Islam ist immun gegen Reformen! Es gibt mehrere unüberwindbare Mauern, die eine Erneuerung des Islam verhindern. Jede dieser »Mauern« ist im Grunde eine These für sich (wir werden sie später sicher im Einzelnen noch diskutieren) – und liefert gleichzeitig einen Beleg für meine zentrale Aussage zur Nichtreformierbarkeit des Islam:

Zunächst einmal verhindert die Unantastbarkeit des Korans als letztgültiges Wort Allahs eine historisch-kritische Analyse sowohl seiner Entstehungsgeschichte als auch seiner textlichen Aussagen. Der Koran gilt als letzte Botschaft Gottes an die Menschen, und wer sie infrage stellt, der stellt Gott selbst infrage. Hat er nicht ein perfektes Manifest für uns hinterlassen? Genau diese Sichtweise macht es so schwierig, etwa Gewaltpassagen oder die demokratiefeindliche Grundhaltung des Textes zu »neutralisieren« oder in ihren historischen Kontext zu setzen. Eben das würde eine Reform aber tun müssen.

Reform meint – sehr allgemein formuliert – eine Umgestaltung bestehender Verhältnisse, Ideologien oder Glaubensleh-

ren, in der Hoffnung, durch den Wandel eine positive Veränderung zu bewirken. Der Wahrheitsanspruch des Korans als
ultimativer Ausdruck göttlichen Willens und seine Stellung als
»ewiges Buch« machen einen solchen Wandel von Anfang an
unmöglich. Wer wollte es wagen, an seiner Stellung zu rüt-
teln? Wer könnte das tun, ohne gleich als Häretiker gebrandmarkt zu werden?

Diese Unantastbarkeit erstreckt sich nicht nur auf den Koran, sondern auch auf den Verkünder der göttlichen Botschaft,
auf den Propheten. Mohamed als absolut gesetztes religiöses,
moralisches und auch politisches Vorbild für Muslime jenseits
von Zeit und Raum lässt eine zeitgemäße Entwicklung in der
islamischen Welt nicht zu. Denn zu seinen Lebzeiten war der
Prophet nicht nur geistiges Oberhaupt seiner Gemeinde. Er
war zugleich Staatslenker, Finanzminister, Feldherr, Gesetzgeber und Richter, weshalb sich im Islam Religion, Exekutive,
Legislative, Judikative und Ökonomie vermischt haben. Darin
liegt ein Grund, weshalb sich der Islam bis heute gegen Säkularisierung und Demokratisierung wehrt. Wenn es göttlicher
Wille war, dass Mohamed alle Positionen in Personalunion
verkörperte, wie sollte der Mensch das trennen, ohne gegen
den Willen Gottes zu verstoßen?

Ohne diesen Geburtsfehler des Islam zu beheben, ohne eine
Trennung dieser Bereiche zu forcieren, kann es keine Reform
geben. Diesen Geburtsfehler zu beheben würde jedoch bedeuten, den Islam seines Wesens zu berauben! Es würde bedeuten,
Mohameds Biographie kritisch zu beleuchten und die Vorbildfunktion des Propheten in den unterschiedlichen Bereichen zu
analysieren. Es würde bedeuten, seine Unantastbarkeit anzu-
tasten. Und das wäre für die absolute Mehrheit der Muslime
undenkbar, auch wenn ihnen vielleicht bewusst ist, dass die
Einordnung des Propheten wie auch des Korans durchaus von
Menschen vorgenommen wurde: Es waren die Gelehrten der

ersten Generationen nach Mohamed, die Rechtsschulen gründeten und bestimmten, wie man den Koran und die Biographie des Propheten zu lesen hat und wie die Gesetze des Islam umgesetzt werden sollen.

Ihre Auslegung ist bis heute das Fundament jeder islamischen Theologie und dient Imamen weltweit als Grundlage für ihre Predigten. Seit fast tausend Jahren hat kaum ein Gelehrter an diesem Fundament gerüttelt. Die wenigen, die es wagten, wurden als Ketzer verfolgt. Sie mussten ins Exil gehen, wurden ins Gefängnis geworfen oder mussten sterben. Eine Reform würde auch bedeuten, gegen die Macht der alten Gelehrten zu rebellieren und gegen jene wichtigen islamischen Institutionen, die sich als deren Erben und Hüter der Tradition verstehen. Ich meine damit etwa Institutionen wie Al-Azhar (gegründet im Jahr 975): Ihre Aufgaben wurden 1961 in Ägypten sogar in einem eigenen Gesetz zusammengefasst *(qānūn al-Azhar)*. Darin heißt es unter anderem, Al-Azhar solle das islamische Erbe bewahren, die Wahrheit über den Islam aufzeigen und die Botschaft an alle Völker weitertragen.

Hier kommen wir nun zum nächsten Problem unseres »Reformvorhabens«: Einerseits gibt es eine Zentralisierung der Deutungshoheit auf einige wenige Institutionen. Andererseits ist die islamische Theologie sehr dezentral strukturiert, in dem Sinne, dass es – zumindest im sunnitischen Islam – weder Kirche noch Klerus gibt, die man reformieren oder zum Sturz bringen könnte. Es gibt nur unterschiedliche, politisch gesteuerte religiöse Institutionen, die ihrerseits in ein größeres Unterdrückungssystem eingebettet sind. Die staatlichen Religionsbehörden in Ägypten, Saudi-Arabien, Marokko, in der Türkei und im Iran ersticken zaghafte Reformbemühungen sofort im Keim, denn sie wissen, dass Reformen gleichbedeutend damit sind, an dem Ast zu sägen, auf dem sie sitzen. Ihnen geht der eigene Machterhalt über alles.

Die unselige Ehe zwischen teils diktatorischen Systemen und religiösen Institutionen lässt eine Reform der Religion als Gefahr für beide erscheinen. Die Theologie steht in zahlreichen muslimischen Ländern im Dienste der Macht, die Gelehrten werden vom Staat bezahlt und gelenkt. Reformen ziehen naturgemäß Veränderungen nach sich bis hin zu einer Destabilisierung, woran weder die Machthaber noch die religiösen Würdenträger Interesse haben.

Eine etwas anders gelagerte Problematik haben wir in Ländern, in denen eine »säkulare Diktatur« herrscht, wie beispielsweise in Pakistan. Zwar bekämpft die Regierung nach außen hin religiösen Fundamentalismus und islamistischen Terror, nach innen sorgen verfehlte Bildungspolitik und Ausgrenzung für das Erstarken radikaler Gruppen. Das gilt auch für Ägypten, Jordanien, Marokko, Algerien und teilweise auch für die Türkei. Der wachsende Zulauf lässt die säkularen Diktatoren wiederum als alternativlos erscheinen und gibt ihnen einen Freischein für mehr Brutalität und Unterdrückung. Weder in einem der eher fundamentalistisch ausgerichteten noch in einem der eher säkularen Staaten scheint mir also die geeignete Atmosphäre für eine Reform zu herrschen, die Früchte tragen könnte.

Wer kann dieses Bündnis zwischen Religion und Politik brechen? Und mit welchen Mitteln? Am ehesten könnten das mündige Bürger tun, die alte Strukturen kritisch infrage stellen. Manche dieser Strukturen gründen auf Tribalismus, Stammeszugehörigkeit und Blutsbanden. Sie haben teils archaisch anmutende und patriarchale Gesetze hervorgebracht, die heute nicht mehr zeitgemäß erscheinen. Gerade die Hüter alter Strukturen brauchen den Islam in seiner »Urform«, um sich und ihre Machtinstitutionen gegen den Einzug der Moderne zu verteidigen. Weder die religiösen Institutionen noch die Herrscher in den islamischen Ländern (und das sind in der

Mehrzahl Diktaturen) sind an oppositionellen Bewegungen und mündigen Bürgern interessiert. Sie wären eine Gefahr für ihren Machterhalt.

Was mich gleich zum nächsten Punkt bringt: Der Islam verlangt von Muslimen Unterwerfung und absolute Hingabe im Umgang mit der Religion. Er erwartet von Muslimen, eins zu werden mit dem identitätsstiftenden und alles bestimmenden Glauben. Eine Reform aber braucht nicht Unterwerfung, sondern Zweifel und kritische Distanz. Zur Religion, zu ihren Texten, ihren Geboten und Verboten. Nur dann kann man Schwächen (und Stärken) erkennen, sie benennen und gegebenenfalls beheben. Da ein Zweifler an nur einem Aspekt des Islam gleich die ganze Religion anzweifelt und Zweifel ohnehin als Sünde gelten, wird der kritische Denker aus Sicht der Gelehrten als Ketzer und aus Sicht der Herrscher als Vaterlandsverräter betrachtet. Denn Religion und Staat sind eins.

In Pakistan etwa liefert das Blasphemie-Gesetz, das im Zuge der Islamisierung des Landes weiter verschärft worden war, immer wieder Anlass zu Gewalt gegen Kritiker und Reformer. 2011 organisierten radikale Parteien sogar mit Erfolg einen landesweiten Streik, als die Regierung überlegte, das Gesetz außer Kraft zu setzen – ausgerechnet als Zeichen des innenpolitischen Kampfes gegen islamistische Extremisten.

Wer mit dem Tod oder bestenfalls einer Gefängnisstrafe rechnen muss, wenn er sich kritisch zu Mohamed äußert oder (vermeintlich) revolutionäre Ideen in Bezug auf den Islam in Umlauf bringt, dem wird ein fundamentales Menschenrecht abgesprochen. Und der oder die lebt in einem permanenten Klima der Angst.

Dieses Klima wird auch dadurch begünstigt, dass im Islam Gott der Gesetzgeber ist und nicht der Mensch. Die Tatsache, dass es im Islam keine Trennung zwischen Sünde und Verbrechen gibt, öffnet Tür und Tor für Bevormundung, strenge moralische und soziale Kontrolle sowie für die juristische Verfolgung von »Sündern« und Querdenkern. Nirgendwo auf der Welt werden Menschen heute so oft verfolgt wegen einer abweichenden Meinung wie in der islamischen Welt. Es wird nicht diskutiert, es wird stigmatisiert und gemauert. Es ist eine Mauer der Angst, die jede Autonomie des Denkens sowie die Mündigkeit des Individuums verhindert. Beides wären aber unerlässliche Voraussetzungen für Reformen.

Ich sehe derzeit niemanden, der in der Lage wäre, diese Mauern der Angst zu durchbrechen. Weder einen geistigen noch einen politischen Führer, noch einen, der beide Aufgaben in Personalunion innehat. Selbst wenn es ihn gäbe, stieße er spätestens beim nächsten Punkt an seine Grenzen: Der Islam versteht sich als großes Ganzes. Er fußt auf dem letzten Manifest Gottes und sieht sich ausgestattet mit einem universellen politischen und moralischen Auftrag. Deshalb kann er sich auch nicht einem politischen System wie der Demokratie unterordnen, das von Menschen erschaffen wurde. Deshalb wird es keine Trennung von Staat und Religion geben, denn der Islam umfasst alles, er *ist* alles. Und er wird am Ende siegen.

Was für den Westen ein Albtraum sein mag, ist für gläubige Muslime die Erfüllung eines heiligen göttlichen Versprechens. Im Mittelalter wähnte man sich dem Ziel schon sehr nahe. Damals prägte der Islam das Weltgeschehen politisch, kulturell und wirtschaftlich. Bis heute lebt in vielen Muslimen der Traum fort, den Islam nicht nur zu alter Stärke zurückzuführen. Es geht um eine Art »Endsieg«, eben um die Umsetzung des göttlichen Plans. Wenn Vertreter der islamischen Welt selbst keine Notwendigkeit für eine Öffnung und für Reformen sehen, wieso sollten sie dies dem Westen zuliebe tun, der Probleme mit Parallelgesellschaften hat, mit Muslimen, die sich der westlichen Lebensart entziehen oder diese sogar mit Gewalt bekämpfen? Nein, das wäre unsinnig, denn den Westen wird man eines Tages sowieso besiegen, um das Versprechen Gottes zu erfüllen.

Nach dieser Lesart werden Reformer gerade aus europäischen muslimischen Gemeinden einmal mehr diskreditiert: Denn sie erscheinen wie der verlängerte Arm einer Kultur, der gewisse Kreise mit allerlei Verschwörungstheorien und Hass begegnen. Da viele den Westen direkt für den Niedergang der islamischen Welt verantwortlich machen, reagiert man auf politische, wirtschaftliche oder gesellschaftliche Turbulenzen in islamischen Ländern nicht mit notwendigen Modernisierungsmaßnahmen, sondern mit rückwärtsgewandtem Konservatismus und identitätsstiftender Abgrenzung. Im Sinne von: Verwirrt von den Verlockungen der Moderne und des Westens, haben wir uns vom Wort Gottes entfernt. Nur eine Rückkehr zu den Ursprüngen wird auch dem Islam die alte Stärke wiedergeben.

Um dem Islam zum Sieg zu verhelfen, muss ein Gläubiger dazu bereit sein, sogar sein Leben zu geben. Der Koran verachtet das irdische Leben, es gibt mehrere Stellen, in denen es nur als eine Art Passage zum Jenseits betrachtet wird. Der Mensch selbst gilt in seinem irdischen Dasein häufig als Sünder, Lügner, Versager und Zweifler, der sich von der Sünde nur durch die totale Unterwerfung und Hingabe an Gott reinigen kann. Tut er dies nicht, wird er mit den Qualen der Hölle bedroht. Diese Angst-Pädagogik hemmt einmal mehr das kritische Denken und verhindert die notwendigen Debatten, die in einer Reform münden könnten.

Der Todeskult und die Verherrlichung des Martyriums sind sowohl in den Texten als auch in der Geschichte des Islam begründet: Der Dschihad ist Auftrag und Gottesdienst zugleich. Heute ist eines seiner Ziele, den Westen zu stürzen und drohenden Zerfallsprozessen der islamischen Welt vorzubeugen. Denn die gibt es durchaus, wenngleich nicht bedingt durch reformatorische Umsturzversuche. Es sind hausgemachte Probleme, die dazu geführt haben, dass viele islamische Länder im globalen Wettbewerb abgehängt wurden. Man könnte hier auch vom »angry muslim man« sprechen. Gerade junge Menschen haben in ihren Heimatländern kaum eine Perspektive. Der Frust der Jugend beflügelt drei Tendenzen, die Reformen eher bremsen: die Auswanderung, die Radikalisierung und den Atheismus. Migranten neigen in der Regel dazu, die eigene Religion als Identitätsschutzschild zu gebrauchen und denken eher an Erhaltung von Traditionen statt an Erneuerung. Die Besinnung auf die eigene Herkunft und die Religion gibt Halt und wird leicht zum Bollwerk gegen das andere, mit dem sie in ihrer neuen Heimat konfrontiert sind.

Die Wahrung von Tradition und Überlieferung sind Konsens in der islamischen Welt. Zwei Gruppen allerdings stellen sich außerhalb dieses Konsenses und sorgen für ein zusätzliches Spannungsfeld: Atheisten, die den Islam ablehnen, und Fanatiker, die einen (weiteren) Zerfallsprozess mit Gewalt aufhalten wollen. Dieser interne Kampf raubt Kräfte und Ressourcen, und Gehör finden vor allem die Lautsprecher auf beiden Seiten. Gemäßigte Muslime oder die schweigende Mehrheit finden hier kaum Gehör.

Ein ähnliches Phänomen lässt sich im Westen feststellen. Auch hier sind es extreme Positionen, die vor allem vernommen werden. Viele verantwortliche Politiker schrecken vor einer ehrlichen, ergebnisorientierten und islamkritischen Debatte zurück – aus Angst vor den Keulen der Fremdenfeindlichkeit und Intoleranz und aus Furcht vor einem Erstarken rechter Parteien. Sie suchen nach Dialogpartnern und finden sie leider vor allem in reaktionären und konservativen Islamverbänden, die nur Scheinreformen durchführen (wenn überhaupt) und gleichzeitig wirkliche Reformer bekämpfen und diffamieren. Würden sie es ablehnen, sich mit diesen Verbän-

den an einen Tisch zu setzen, würden sofort die Verschwö-
rungstheoretiker den Diskurs bestimmen. Erst langsam entsteht ein Bewusstsein dafür, an welchem Tropf viele dieser
Verbände wirklich hängen. Der Westen kann sich nur die Fin-
ger verbrennen, wenn er Reformer wie Sie, lieber Mouhanad,
aktiv unterstützt. Reformer, die offen aussprechen, dass zum
Beispiel die strengen sozialen Regeln des Islam, etwa die Vorschriften zum Umgang der Geschlechter miteinander, zu Heuchelei und Doppelmoral führen. Die allein in diesem Bereich
entstehenden Schuldgefühle (natürlich begünstigt durch die
fehlende Moral des Westens) können nach Ansicht des herr-
schenden Mainstreams nur »bereinigt« werden durch eine
noch konsequentere Abschottung. Nicht Integration, sondern
Parallelgesellschaften und Radikalisierung versprechen Ab-
hilfe.

Auch wenn ich nun ein sehr düsteres Bild gezeichnet haben
mag, fügt sich doch alles zu einer großen Frage: Wie soll eine
Reform des Islam stattfinden, wenn Muslime in sämtlichen
Lebensbereichen von zig Mauern umgeben sind? Wenn ihr
Alltag, ihr Körper, selbst ihre Gedanken und Träume fremdbe-
stimmt sind und sie Höllenqualen fürchten müssen, sollten sie
sich eine Verfehlung leisten. Reformgedanken führen zu Verfehlungen in zig Bereichen. Das ist das Dilemma eines Muslims in der Lebenswirklichkeit der Moderne.

2

Mouhanad: Die Geschichte des Islam ist eine Geschichte kontinuierlicher Erneuerung

Das war ja gleich ein fulminanter Auftakt für unser Streitgespräch!

Zwar haben Sie aus meiner Sicht einige richtige Problemfelder aufgezeigt, etwa, warum der Islam unter anderem mit seiner Haltung zum Säkularismus immun gegen Reformversuche ist – aber Sie haben ein bestimmtes Bild vom Islam gezeichnet, das meines Erachtens defizitär ist, wenn es darum geht, die These der Unreformierbarkeit zu belegen.

Muslime wie Nichtmuslime sollten den Islam nicht nur durch eine bestimmte Brille sehen. Sie sollten nicht selektiv einzelne Aspekte herausgreifen, sondern die große Bandbreite innerhalb der islamischen Tradition wahrnehmen und sich für ein offenes Islambild starkmachen. Ich will auf beiden Seiten aufklären und kritisiere genauso Muslime, die ein eingeschränktes oder stark negatives Bild vom Westen oder von anderen Religionen haben und dadurch ein Feindbild im anderen konstruieren.

Ich gehe davon aus, dass es Ihnen nicht darum geht, den Islam zum Feindbild zu stilisieren, sondern darum, auf Defizite aufmerksam zu machen. Wenn ich mit meiner Einschätzung richtigliege, sollte das von Ihnen skizzierte düstere Bild des Islam auch nur als Ausschnitt bzw. eine Sichtweise gewertet werden. Man sollte es nicht mit »dem Islam« gleichsetzen.

Dadurch, dass der Islam keine Kirche kennt, gibt es keine zentrale autoritäre Institution, die festlegt, was *der* Islam ist. Stattdessen kennt er in seiner Geschichte und in seiner Gegenwart viele unterschiedliche Diskurse und Schulen, die manchmal widersprüchlicher nicht sein könnten. Aber sie alle gehören zum Islam! Diese Schulen waren sich in essenziellen Fragen, wie beispielsweise der nach dem Wesen Gottes, seinen Attributen, seinem Handeln, Fragen nach dem Verständnis von der Offenbarung, der Prophetie usw., uneinig.

Was ich damit sagen will: Ihre Behauptung, wir könnten von *dem* Islam sprechen und ihm dann attestieren, dass er Probleme mit der Säkularität, der Demokratie, den Menschenrechten, der Gleichberechtigung etc. hat, geht an der historischen und der gegenwärtigen Realität vorbei. Worauf es ankommt, ist meines Erachtens die Frage, welches Verständnis sich in welchem Kontext durchgesetzt hat und durchsetzt.

Viele Muslime und Nichtmuslime gehen von der naiven Vorstellung aus, der Islam sei mit all seinen Lehren, Positionen und seiner Rechtsprechung als fertiges Produkt durch den Propheten Mohamed verkündet worden, weshalb der Islam statisch und abgeschlossen sei. Dies ist aus zwei Gründen eine naive Vorstellung. Zum einen sagte bereits der Prophet:

»Gott schickt dieser Gemeinschaft (der Gemeinschaft der Muslime) alle hundert Jahre jemanden, um ihre Religion zu erneuern.«[1]

Es geht hier nicht um die Zahl Hundert oder darum, ob es sich um eine oder mehrere Personen oder Institutionen handelt, sondern darum, dass selbst der Prophet in seiner Religion einen offenen, nicht abgeschlossenen Prozess sah. Der Koran legt also nahe, dass eine Reform nicht nur möglich, sondern notwendig ist, um die Religion überhaupt am Leben zu erhalten.

Eine Reform in diesem Sinne bedeutet sicher nicht, Grundsätze wie etwa die monotheistische Ausrichtung des Islam zu verändern; wohl aber darf unser Verständnis von gewissen Positionen verändert und aktualisiert werden.

Diese Notwendigkeit einer ständigen Erneuerung war auch den muslimischen Gelehrten von Anfang an bewusst. So schrieb der persische Theologe, Philosoph und Mystiker al-

Ghazālī (1058–1111) bereits im 11. Jahrhundert ein Buch mit dem Titel »Die Wiederbelebung der religiösen Wissenschaften«. Er war der Auffassung, der Mensch würde analog zu seiner jeweiligen Lebenswirklichkeit agieren. Da diese einem ständigen Wandel unterliege, müsse dem auch die Religion Rechnung tragen. Sonst würde sie erstarren und sich von der Lebenswirklichkeit der Menschen und damit von den real existierenden Verhältnissen entfernen. Je stärker jedoch der Bezug des Islam zur Lebenswirklichkeit der Gläubigen sei, desto mehr könnten Muslime aus ihrer Religion schöpfen und diese damit lebendiger machen.

Zum Zweiten ist es deshalb eine naive Vorstellung, weil schon ein erster flüchtiger Blick in die islamische Ideengeschichte zeigt, welche Entwicklungen hier bereits kurz nach dem Ableben des Propheten stattgefunden haben. Die bekannten islamischen Konfessionen (Sunniten, Schiiten, Ibaditen, Ahmadiyya usw.), aber auch die sunnitischen Rechtsschulen (Hanafiten, Malikiten, Schafiiten, Hanbaliten) oder die theologischen Schulen (Asch'ariten, Maturiditen, Mu'taziliten usw.) sowie die verschiedenen Positionen und Auslegungen innerhalb der islamischen Lehre waren zur Zeit der Verkündigung durch den Propheten im 7. Jahrhundert noch gar nicht vorhanden. Sie haben sich erst viele Jahre nach Mohameds Tod gebildet und etabliert und sind also keineswegs »fertig vom Himmel gefallen«.

Die verschiedenen Positionen haben sich nach vielen politischen und theologischen Auseinandersetzungen herausgebildet und im Laufe der islamischen Ideengeschichte etabliert.[2] *Der* Islam ist somit die Summe all dieser Prozesse und Entwicklungen, an denen der Mensch wesentlich beteiligt war. Wäre dem nicht so gewesen, hätte sich nach al-Ghazālī der Islam längst abgeschafft, weil er nicht mehr zum Leben seiner Anhänger passte.

Damit will ich keineswegs sagen, dass Traditionen per se zu verwerfen seien, nein! Aber Traditionen müssen stets hinterfragt und auf ihre Plausibilität, ihre Aktualität und damit auf ihren Bezug zur Lebenswirklichkeit der Menschen hin überprüft werden. Da bin ich ganz auf Ihrer Linie. Gerade, indem man die Religion immer neu fortdenkt, würdigt man sie.

Traditionen sind stets Kinder ihrer jeweiligen Kontexte und Diskurse, in denen sie entstanden sind. Die islamische Theologie mit ihrer 1400-jährigen Geschichte und enormen Vielfalt ist das Ergebnis zahlloser Diskurse. Diese große Dynamik, die immer fester Bestandteil der islamischen Theologie war, muss beibehalten und geschützt werden. Sie haben recht, wenn Sie sagen, dass Reformverweigerer Dynamik ablehnen. Wenn sie von der naiven Vorstellung ausgehen, alles sei abgeschlossen und bereits für alle Zeiten gesagt. Ich möchte diesen Reformverweigerern aber nicht kampflos das Feld überlassen. Sondern ihnen Mohameds Satz von der beständigen Erneuerung entgegenhalten.

Diese Erneuerung muss natürlich auch unser Verständnis des Korans umfassen. Auch hier haben Sie recht, wenn Sie sagen, ein geschlossenes Textverständnis, das von der Unantastbarkeit des Wortes ausgeht, verhindert einen Diskurs. Sie, lieber Hamed, ignorieren allerdings die vielen auch zeitgenössischen muslimischen Gelehrten, die den Koran als offenen und nicht als abgeschlossenen Text wahrnehmen. In Ankara hat sich zum Beispiel in den Neunzigerjahren des 20. Jahrhunderts die sogenannte Ankaraner Schule etabliert, die die These vertritt, dass man den Koran nur dann verstehen kann, wenn man ihn in seinem historischen Kontext verortet.[3] Und dem pakistanischen Denker Malik Fazlur Rahman (1919–1988) verdanken wir heute sehr viel in der modernen Koranexegese, ähnlich wie Nasr Hamid Abu Zaid, Mohammed Arkoun oder dem iranischen Reformer Mohammed Modschtahid Schabes-

tari, der heute noch im Iran aktiv ist. Die Liste ließe sich fortsetzen.

Diese und weitere Gelehrte sehen im Koran eine offene
Kommunikation und berufen sich auf eine starke islamische
Tradition, die von Offenbarungsanlässen spricht, also An-
lässen, zu denen bestimmte koranische Verse verkündet worden sind. Hier zeigt sich, dass in der islamischen Tradition ein
gewisses historisches Bewusstsein für den Koran verankert
ist. Auf solche und ähnliche Konzepte, wie die des Offen-
barungsanlasses, bauen heute moderne Exegeten auf. Indem
sie den Koran als in der Geschichte verkündete Rede auffassen und so auch Gewaltpassagen nicht als überzeitlich, sondern an einen bestimmten historischen Kontext gebunden
einordnen, können sie das Gewaltpotenzial bestimmter Verse
entschärfen.

Dass dies gehen kann, ohne dass man deswegen der Häresie
bezichtigt würde, belegt ein Blick in die Vergangenheit: Im
osmanischen Reich haben muslimische Gelehrte die koranischen Körperstrafen außer Kraft gesetzt. Sie sahen in ihnen
keine letztgültigen Mittel, sondern wandelbare Instrumente,
um Verstöße gegen das Gesetz zu sanktionieren.

Mit Ihrem Argument, der Koran sei abgeschlossen und unantastbar, treffen Sie sich genau mit den muslimischen Fundamentalisten und Reformverweigerern, die ähnlich argumentieren. Sie beide ignorieren weite und fruchtbare Teile der islamischen Tradition und Gegenwart. Und, was aus meiner Sicht
noch schlimmer ist: Sie ignorieren damit die eigentlich zu
würdigenden Bemühungen von zeitgenössischen muslimischen Reformern, indem Sie so tun, als gäbe es weder sie,
noch ihre Diskurse.

Fundamentalisten haben, ähnlich wie Sie, eine Vorstellung
vom Koran als bevormundendes Buch, in dem Gott uns Menschen alles vorgegeben hat. Das ist aber keineswegs der Fall,

denn der Koran beinhaltet gerade einmal 82 Verse, in denen juristische Aussagen oder solche zur Gesellschaftsordnung gemacht werden. Allein die Zahl der restlichen Verse (6154!) belegt, dass der Koran viel mehr ist als eine Sammlung von Gesetzen, die alle Lebensbereiche der Gläubigen regeln.

Das meinen nur Islamisten, die aus dem Koran ein Machtinstrument machen wollen, mit dem sie das Volk unterdrücken bzw. kontrollieren können. Indem Sie, lieber Hamed, deren Ansichten teilen, stärken Sie den Islamismus (unbeabsichtigt), statt zu betonen, dass deren Vorgehensweise manipulativ ist, aber nicht der Koran an sich.

Auch das, was Sie zu Mohamed schreiben, stimmt so nicht. Muslime sehen in ihm keineswegs einen unantastbaren oder unfehlbaren Heiligen. Sogar der Koran selbst kritisiert Mohamed an zahlreichen Stellen für einfache Verfehlungen.[4] Nur Fundamentalisten versuchen, dieses von Ihnen gezeichnete Bild von Mohamed als Übermenschen zu konstruieren; sie machen aus ihm eine unantastbare Autorität, um die Menschen in seinem Namen zu kontrollieren. Mohamed selbst unterstrich dagegen sein Menschsein:

»Ihr kennt euch besser aus in euren irdischen Angelegenheiten als ich.«[5]

Basierend auf dieser Aussage unterscheiden viele muslimische Gelehrte heute zwischen der Rolle Mohameds als Propheten und als Oberhaupt der Gemeinde, der in dieser letzten Funktion nur als Mensch tätig war. Für die Muslime ist nur das verbindlich, was Mohamed als Prophet verkündet hat.

Sie haben allerdings recht mit Ihrer kritischen Anmerkung, dass die meisten Muslime heute den Auslegungen muslimischer Gelehrter aus dem 9. Jahrhundert weitgehend unhinterfragt folgen und diese Gelehrten damit in den Stand nahezu unantastbarer Autoritäten erhoben haben. Und genau hier muss eine Reform ansetzen. Sie muss die Gläubigen ermutigen, ihre

Selbstbestimmung und ihre Mündigkeit zu verteidigen und sie nicht an andere, auch nicht an Gelehrte, abzugeben.

Dass viele Regime in der islamischen Welt heute nicht nur Gelehrte, sondern auch Prediger und den Religionsunterricht, ja den Islam selbst kontrollieren wollen, ist ein Grunddilemma. Gerade diktatorische Regime sind bestrebt, ein restriktives Islambild zu etablieren, damit eine gewisse Mentalität des Gehorsams im Volk verbreitet wird. Religion – verstanden als Regelwerk – ist diesen Despoten willkommen. Ein Islam allerdings, der Werte und ethische Grundsätze wie Gerechtigkeit, Mündigkeit, Freiheit oder Menschenrechte predigt, ist unter diesen Regimen verpönt, weil gerade ein aufgeklärter Islam ihre Machtstellung ins Wanken bringen würde.

Wir, lieber Hamed, sollten auch nicht vergessen, dass westliche Regierungen Despoten wie Saddam Hussein oder Husni Mubarak und Länder wie Saudi-Arabien lange unterstützt haben bzw. das heute noch tun. Auch mit Waffen, mit denen diese Regime ihre Bevölkerung bedrohen und unterdrücken. Ich will damit nicht gesagt haben, dass der Westen an allem schuld ist, doch wir müssen uns aufrichtig mit der Tatsache auseinandersetzen, dass westliche Staaten schnell bereit sind, auf demokratische Werte und auf Menschenrechte zu verzichten, wenn es um die eigenen wirtschaftlichen und politischen Interessen geht. Die Entwicklungen der letzten Jahre im Nahen Osten legen davon ein klares Zeugnis ab. Statt Waffen im Tausch gegen Öl zu exportieren, sollten »wir Westler« aufrichtig an der Schaffung demokratischer Strukturen in diesen Ländern arbeiten. Statt repressive Regime zu unterstützen, sollten wir in Bildung, in Jugendarbeit, in Maßnahmen gegen Arbeitslosigkeit usw. investieren und die Menschen vor Ort ermutigen, ihr Recht auf Selbstbestimmung wahrzunehmen.

Sie schreiben, dass der Islam von Muslimen Unterwerfung und absolute Hingabe an die Religion verlangt. Das klingt so,

als wäre der Islam ein Subjekt, das für sich spricht und etwas
verlangt. In Wirklichkeit sind es die an Macht interessierten
Gelehrten, die dies verlangen, weil sie dadurch ihre eigene
Machtstellung schützen können. Ich dagegen verstehe den Islam als eine Einladung, sein Leben in Freiheit auf Gott als
Quell der Liebe und Barmherzigkeit hin auszurichten. In Freiheit bedeutet, dass der Mensch zuerst von dem überzeugt sein
muss, woran er glaubt. Daher betont al-Ghazālī, dass es ohne
Zweifel keinen Glauben geben kann.

Wie Sie wissen, ruft der Koran an Hunderten von Stellen
zum kritischen Reflektieren und Hinterfragen auf. Dass dies
vielen Gelehrten und Machthabern heute nicht gefällt, ist wenig überraschend. Aber indem Sie diese koranischen Passagen
ignorieren, unterstützen Sie den Versuch der politischen
Machthaber und religiösen Autoritäten, das Volk zu bevormunden und zu manipulieren.

Sie merken zu Recht an, dass Sie ein sehr düsteres Bild des
Islam und der Muslime gezeichnet haben, und das ist das Problem. Weil Sie sich nur auf das Negative konzentrieren, übersehen oder verdrängen Sie die positiven Potenziale. Denn es
gibt gleichzeitig auch positive Entwicklungen in der islamischen Welt. Indonesien, das größte islamische Land, hat es
geschafft, die Demokratie mit dem Islam zu vereinbaren. Die
Stimmen von Reformern, wie die von Adnan Ibrahim zum
Beispiel, werden immer lauter und sie werden immer mehr
gehört. Gerade viele junge Muslime sehnen sich nach Reformen. Diese Tendenzen und Entwicklungen dürfen nicht unerwähnt bleiben.

Genau wie Sie halte ich allerdings nicht viel von Reformen
(wie auch von Traditionen), die von oben aufgesetzt werden
und den Menschen mit einer Zeigefingermentalität vorschreiben wollen, wie ihre Religion auszusehen hat. Ich halte viel
mehr davon, die Menschen selbst zum Nachdenken zu bewe-

gen und ihnen Denkanstöße zu geben. Sie sollten letztendlich in der Lage sein, die Art und Weise ihrer Religiosität selbst zu bestimmen. Und zwar nicht trotz, sondern wegen der diskursiven Geschichte des Islam. Es wäre ein anderer Verweis auf die Tradition, aber ein sehr wichtiger, der Mut macht. Und einer, der zukunftsweisend ist. Denn gerade heute ist der Islam mit vielen Argumenten und Gegenargumenten konfrontiert, auf die er eingehen muss, wenn er nicht den Bezug zu den Gläubigen verlieren will. Selbst wenn dies bedeuten sollte, manche seiner Positionen zu revidieren und neu zu überdenken. Wenn Muslime eine kritische Reflexion verweigern, nehmen sie dem Islam seine Seele und reduzieren ihn auf eine Ansammlung von Aussagen und Vorschriften, die für eine Zeit gedacht waren, als die Gemeinschaft auf den nächsten Erneuerer wartete.

Deshalb sage ich: Eine Reform ist nicht nur möglich (und nötig), sie ist sogar Selbstanspruch des Islam und seiner Tradition.

3

Hamed: Das islamische Konzept von Erneuerung bedarf selbst einer Erneuerung

Wenn ich das richtig sehe, spielen Sie auf die Konzepte von *maqasid al-sharia* und *tajdid* an. Unter Ersterem versteht man einen methodologischen Zugang im Umgang mit der Scharia, der sich die grundsätzliche Frage stellt, inwieweit bestimmte Regelungen, die in der islamischen Geistesgeschichte getroffen wurden, heute noch angewandt werden können. *Tajdid* meint allgemein Erneuerung.

Beide Begriffe sind mir natürlich bekannt – und die jeweils dahinterstehenden Konzepte sind aus meiner Sicht ein Teil des Problems. Nehmen wir den Begriff *tajdid* etwas genauer unter die Lupe: Versteht man darunter tatsächlich Erneuerung oder eher die Neuimplementierung der alten Tradition?

Sie haben gerade mit Mohamed argumentiert, also werde ich versuchen, dessen positive Haltung zum Wandel mit einer weiteren seiner Aussagen zu kontern. Sie steht in mehreren Hadith-Sammlungen (Hadithe sind die außerkoranischen Äußerungen des Propheten) und wird von den Gelehrten als authentisch gewertet. Mohamed mahnte seine Gefährten:

»Fürwahr, die wahrhafteste Mitteilung *(aṣdaq al-ḥadith)* ist das Buch Allahs, die beste Leitung ist die Leitung Mohameds, das schlechteste der Dinge sind die Neuerungen, jede Neuerung *(muhdatha)* ist Ketzerei *(bid'a)* und jede Ketzerei ist Irrtum und jeder Irrtum führt in die Hölle.«[6]

In einer anderen Version des Hadiths fügt Mohamed dem obengenannten Satz folgende Ermahnung an:

»Folgt meiner Lebensführung und der Lebensführung meiner rechtgeleiteten Kalifen.«[7]

Offensichtlich wollte Mohamed eben nicht, dass die nachfolgenden Generationen ihre eigenen Wege gehen. Im Gegenteil, er wollte, dass sie ihr Leben auch in Zukunft nach ihm und seinem Vorbild richten sollten.

Der Begriff *hadatha* (Moderne) leitet sich aus *muhdatha* (Neuerung) ab. Weil Neuerungen im oben genannten Hadith verflucht werden, hat die Moderne in der islamischen Welt einen schlechten Ruf. Der Begriff *ibda'a,* Innovation oder Kreativität, leitet sich aus dem Begriff *bid'a* (Häresie, Ketzerei, die Einführung einer neuen Praxis) ab, weshalb Innovationen für Muslime nicht gerade positiv besetzt sind. Insofern bleibt die Frage bestehen: Wollte Mohamed seinen Anhängern wirklich die Freiheit der Entscheidung geben, oder kündigte er nur einen neuen Botschafter alle hundert Jahre an, der in seinem Sinne seine Urbotschaft einer neuen Generation von Gläubigen übermitteln sollte? Meine Zweifel an Ihrer Sichtweise bleiben bestehen.

Es ist außerdem sehr interessant, dass Sie ausgerechnet al-Ghazālī als Erneuerer erwähnen. Die Salafisten berufen sich auf ihn nicht etwa als Modernisierer, sondern als Traditionalisten und zitieren sein Werk »Die Wiederbelebung der religiösen Wissenschaften« immer wieder. Allein der Titel seines Buches (arabisch: »Iḥyā' 'ulūm ad-dīn«) ist irreführend, denn mit *ulūm ad-dīn* ist nicht etwa die Wissenschaft gemeint, die auf Vernunft, Verifizierung und Falsifizierung basiert. Gemeint ist eine Wiederbelebung des religiösen Wissens.

Dass es ihm nicht um das von mir (und auch von Ihnen) geforderte kritische Denken und Hinterfragen geht, zeigt sich schon daran, dass al-Ghazālī die muslimischen Philosophen seiner Zeit massiv anfeindete, weil sie versuchten, die Vernunft und die griechische Philosophie in ihr Denken zu integrieren. Al-Ghazālī nannte die Philosophie, die die Vernunft hochschätzt, eine »Irreführung« und verfasste eine ganze Abhandlung über die Irrwege der Philosophen, die bis heute den Salafisten Argumente liefert, warum kritisches Denken eine Gefahr für den Glauben sei.

Selbst nach al-Ghazālīs Tod hatten seine herablassenden Schriften über die Philosophen fatale Konsequenzen für freie Denker. Ein wirklicher Erneuerer wie Averroës (1126–1198) wurde durch die Argumente des vermeintlichen Erneuerers zum Ketzer erklärt und musste Andalusien verlassen. Seine Bücher, darunter eine medizinische Enzyklopädie und unzählige Kommentare zu den Werken des Aristoteles, wurden in Córdoba verbrannt. Averroës' Versuche, die Religion mit Vernunft, Wissenschaft und Philosophie zu versöhnen, galten als Ausdruck seiner »Irregeleitetheit«. Wohingegen nach den Büchern von al-Ghazālī, in denen die Religion zum Maß aller Dinge erklärt wird, bis heute an allen Schulen und Universitäten unterrichtet wird. Wenn das Erneuerung sein soll, dann weiß ich nicht, wie Rückständigkeit aussieht!

Bei der Gelegenheit fällt mir gleich noch jemand ein, der ebenfalls als »Erneuerer« in die Geschichte des Islam einging: Mohamed Ibn Abdel-Wahhab. Ja, der Begründer des Wahhabismus, jener radikalsten und reaktionärsten Auslegung des Islam. Dieser Mann wird von vielen Gelehrten als *mujadded,* als Erneuerer, verstanden. Eigentlich absurd: Während man in der zweiten Hälfte des 18. Jahrhunderts in Europa die Gedanken von Kant, Spinoza, Montesquieu und John Locke diskutierte, machte sich Mohamed Ibn Abdel-Wahhab im heutigen Saudi-Arabien daran, die Sufi-Mausoleen zu zerstören und die Schiiten militärisch zu bekämpfen. Sein Verständnis von »Erneuerung« war es, den Islam von allem Unislamischen zu reinigen und die Gläubigen aufzufordern, zum Wortlaut des Korans und zur Lebensführung des Propheten zurückzukehren.

Auch Hassan al-Bannā, der Gründer und erste geistliche Führer der Muslimbruderschaft, der Mutter aller modernen islamistischen Terrororganisationen, wird übrigens von vielen Gelehrten als »Erneuerer« gesehen.

Zieht man all das in Betracht, ist klar, dass Muslime nicht nur ihr Denken erneuern sollten, sondern auch ihre Definition von Erneuerung. Solche veralteten Konzepte und ihre Gallionsfiguren können nicht ernsthaft als Vorbild für eine wirkliche, heutige Reform dienen. Im Gegenteil: Der Islam, seine Texte und seine Gelehrten verpassen gläubigen Muslimen seit Jahrhunderten ein enges Korsett im Denken und Handeln, das ihnen wenig Bewegungs- und Entscheidungsfreiraum lässt.

Es ist keine Erneuerung, wenn wir die Schnüre dieses Korsetts ein wenig öffnen. Wir müssen die Menschen dazu ermutigen, dieses Korsett abzulegen. Wenn ein Auto veraltet ist, die

Bremsen nicht mehr funktionieren und jeden Tag auf der Stra-
ße ein Schaden droht, ist es keine Reform, wenn wir dieses
Auto mit einer schönen Farbe lackieren. Wir müssen die
Bremsen reparieren und auch dem Fahrer beibringen, dass er
nicht der Einzige ist, der die Straße benutzt, und dass er eine
Verantwortung trägt!

Diese Verantwortung allein an die Gläubigen übertragen zu
wollen, wäre vermessen. Natürlich schwebt uns beiden das
diffuse Bild eines Aufstands der Gläubigen gegen die religiösen Instanzen oder die Staatsregierungen ihrer Heimatländer
vor. Aber wie wir leider beim arabischen Frühling gesehen haben, braucht es Unterstützung. Auch und gerade von den Reli-
gionsführern, die damit beweisen könnten, dass es ihnen mit
wirklicher Erneuerung ernst ist.

Und genau das sehe ich nicht. Und ich frage mich auch, ob
die Mehrheit der Muslime bereit ist, diesen großen Schritt zu
wagen. Gestatten Sie mir hierzu ein kleines Beispiel aus meinem Alltag: Ich fliege oft und höre seit einiger Zeit kurz vor
dem Start die Crew sagen, Reisende, die ein Smartphone der
Marke Galaxy 7 besitzen, mögen dieses bei den Flugbeglei-
tern abgeben. Hintergrund dieser Aufforderung ist die Tatsache, dass einige wenige Mobiltelefone dieser Generation in
Flammen aufgegangen waren – wegen eines defekten Akkus.
Samsung hat reagiert und wegen rund hundert dieser Vorfälle
eine große Rückrufaktion gestartet. Nutzer, die dem nicht
nachgekommen waren, geben ihre Geräte bereitwillig bei der
Crew ab. Sie fühlen sich deshalb nicht diskriminiert, denn sie
verstehen, dass ihre Geräte ein Risiko darstellen. Keiner von
ihnen beklagt eine Galaxy-Phobie, nur weil er / sie auf eine potenzielle Gefahr hingewiesen wird.

Jede Firma, die ein Produkt auf den Markt bringt und kurz
darauf merkt, dass dieses Produkt fehlerhaft ist oder ein Risiko für die Gesundheit der Verbraucher darstellt, zieht das Pro-

dukt sofort vom Markt ab, entschuldigt sich bei den Opfern oder Geschädigten, und arbeitet fieberhaft daran, den Fehler zu beheben. Nur die Islam-Firma tut das nicht! Je mehr Fehler im Namen des Islam geschehen, je mehr Opfer er fordert (auch und gerade unter Glaubensbrüdern und -schwestern), desto mehr vermarkten »Firmenlenker« wie »Aktionäre« ihn als das Beste, was Gott der Menschheit je beschert hat. Wobei ich eher sagen würde: was Mohamed Gott in den Mund gelegt hat. Aber das ist ein anderes Thema …

Was ich damit meine: Statt einen Fehler oder eine Schwäche zu sehen und zu beheben, macht man alles andere für das Problem verantwortlich, nur nicht den Islam oder die Muslime. Solange die aktuellen Religionsführer und Staatenlenker nicht erkennen, dass manche Probleme islamimmanent sind, werden sie auch den mündigen Bürger nicht unterstützen, sondern gewaltsam bekämpfen.

Deshalb kann ich gar nicht anders, als Ihnen, lieber Mouhanad, und allen Theologen ganz plakativ zu sagen: Der Islam-Lkw ist sehr, sehr schwer beladen mit überkommenen, restriktiven Traditionen und hat Probleme mit der Balance. Die Bremsen sind längst defekt und die Fahrer sind berauscht von ihrer eigenen Unfehlbarkeit. Wir sollten also aufhören, diesen Lkw zu verteidigen, sondern die Gefahr erkennen, die von ihm ausgeht. Es handelt sich nicht um ein Missverständnis oder eine falsche (nicht mehr zeitgemäße) Interpretation.

Selbst wenn man einige kosmetische Korrekturen an diesem »Fahrzeug« vornehmen würde – etwa für die Gleichstellung von Mann und Frau vornehmen würde (wobei das sehr viel mehr als nur Kosmetik wäre) – blieben systemimmanente Fehler. Hinzu kommt: Selbst wenn Mohamed wirklichen Wandel vorgesehen hätte, was ich nicht glaube, dann haben ihn die Gelehrten offenbar gründlich falsch verstanden. Ihr Diktat, legitimiert durch den Koran und das Leben des Pro-

pheten ist das Korsett, in dem die Gläubigen seit Urzeiten fest-
stecken.

4

Mouhanad: Nicht der Islam verhindert Reformen, sondern der Mensch

Lieber Hamed, verkürzt zusammengefasst sagen Sie:»Stoppt
den Islam-Lkw! Der Wagen hat sich als mangelhaft, wenn
nicht gar als irreparabel erwiesen, also muss er aus dem Ver-
kehr gezogen werden.« Ich sage: Mir ist bewusst, dass der Wagen Schwächen hat, aber es lohnt sich, diese Schwächen zu
benennen und zu beheben.

Gestatten Sie mir ein Gegenbeispiel: Kriege, Intoleranz,
Ausbeutung und Unterdrückung gibt es, seit es Menschen
gibt. Aber niemand würde deshalb auf die Idee kommen zu
sagen, wir müssen die Erde von diesem Risiko – von den
Menschen – befreien!

Es geht doch bei vielen philosophischen oder soziologi-
schen Debatten darum, die Schwächen des Menschen zu erkennen und zu lindern. Es geht darum, den Menschen zu kul-
tivieren, ihn zu sozialisieren, auf dass er lernen möge, sich
gegenseitig zu würdigen und so ein friedliches Zusammenleben zu ermöglichen. Es geht nicht um die Abschaffung des
Menschen, sondern darum, Rahmenbedingungen zu schaffen
und Justierungen vorzunehmen, die ein gedeihliches Miteinander ermöglichen.

Genauso verhält es sich meiner Meinung nach mit der Religion. Daher verstehe ich die Botschaft des Islam im Sinne dieser grundsätzlichen Äußerung des Propheten Mohamed:

»Ich wurde entsandt, um die guten Charaktereigenschaften zu vervollkommnen.«[8]

Darum geht es! An den Menschen zu appellieren, das Gute in sich hervorzuheben und das Schlechte ins Gute umzulenken, sich und seinen Charakter also zu vervollkommnen. Sie selbst betonen immer wieder, dass die Mehrheit der Muslime friedlich und friedliebend sei. Der Islam scheint einen Menschen also offensichtlich nicht automatisch zu einer Gefahr zu machen. Unsere Aufgabe sollte es heute also sein, die Defizite des Islam zu diagnostizieren und Lösungen zu suchen. Das Problem dabei ist natürlich eines, auf das ich bereits hingewiesen habe: *Den* Islam gibt es nicht, er ist kein einzelnes Subjekt, das für sich selbst sprechen, sich vorstellen, beschreiben, verteidigen oder argumentieren könnte. Der Islam besteht aus einer Vielzahl von Subjekten, nämlich aus der Vielzahl der Muslime und dem, was sie in ihrem Alltag daraus machen.

Ich glaube sehr wohl, dass ein Großteil der Muslime bereit wäre, die Bremsen des Lkw auszutauschen, um im Bild zu bleiben. Sofern sie dazu ermuntert werden. Sofern sie den Islam, wie ich das bereits geschildert habe, als sich über die Zeiten erneuernde Religion verstehen können. Als nicht statisch-abgeschlossen, sondern im Wandel begriffen.

Die Adressaten unseres Streitgesprächs wären demnach auch nicht Reformverweigerer, die sagen: »Der Islam ist der Islam, er ist vollkommen, so wie er ist, wir brauchen keine anderen Lesarten, wir brauchen keine Reformen und keine Aktualisierung unseres Islam-Verständnisses.« Reformverweigerer werden jede Aufforderung zu einem kritischen Hinterfragen bzw. zum Überprüfen der geläufigen Positionen und Argumente im günstigsten Fall einfach als »liberal« oder »verwestlicht« abtun. Im schlechtesten Fall werden sie diese aber als »nicht authentisch« oder »häretisch« verteufeln. Bei diesen Reformverweigerern, die übrigens in der Regel selten eine fundierte theologische Ausbildung haben, aber natürlich genau wissen, was *den* Islam ausmacht und wie die *einzig wahre* Auslegung des Korans lautet, wird man nicht auf Gegenargumente zu kritisierten Haltungen stoßen. Hier geht es in der Tat um Abwehr und Abschottung, nicht um Dialog. Diese Abschottung ist meines Erachtens nicht immer getragen von tiefer Überzeugung, sondern von Unsicherheit.

Es gibt aus meiner Sicht zwei Typen von Reformverweigerern: Einerseits solche, die Reformen bewusst ablehnen, weil sie sich mehr oder weniger bedingungslos zu den klassischen theologischen Positionen bekennen und diese bewusst verteidigen, auch wenn es um die Tötung von unschuldigen Nichtmuslimen bzw. um deren Versklavung geht. Das sind diejenigen, die in einer ideologischen Erstarrung steckengeblieben sind und sich völlig verschließen. Bei ihnen besteht die Gefahr, dass sie sich dem Fundamentalismus oder sogar Extremismus zuwenden.

Den anderen Typus von Reformverweigerern bilden Muslime, die an einem Unterlegenheitsgefühl gegenüber dem Westen leiden. Sie unterstellen, dass alles, was das Etikett »Erneuerung«, »Reform« und dergleichen trägt, nur dazu dienen soll, den Islam zu schwächen und zu bekämpfen. In einigen Gesprächen mit solchen Menschen musste ich feststellen, dass eine konkrete Auseinandersetzung über Inhalte nicht möglich ist. Wenn ich frage: »Welche Positionen genau stören Sie an reformorientierten Muslimen?«, kommen Antworten wie: »Sie wollen dem Westen gefallen«, »Sie wollen den Islam verwässern«, »Sie vertreten einen Islam light«. Man hakt vergeblich nach, warum Wandel automatisch eine Schwächung bedeutet und warum darin nicht auch eine Stärkung liegen könnte.

Der Grund dafür liegt auf der Hand: Es geht eigentlich nicht um Inhalte. Ohne jemandem zu nahe treten zu wollen: Aus

Erfahrung kann ich sagen, dass die meisten dieser Reformverweigerer ein grundsätzliches intellektuelles Problem haben.
Wer von ihnen setzt sich wirklich ausführlich mit islamischen
Primärquellen auseinander, wer von denen, die behaupten,
den Islam in seiner Vielfalt wirklich zu kennen, macht sich die
Mühe, sich mehrere Jahre seines Lebens in theologische Diskurse einzulesen, um zu wissen, wovon er / sie eigentlich re-
det, wenn er / sie meint, wir Muslime bräuchten keine Aktualisierung unseres Verständnisses vom Islam?

Gerade wenn man, wie ich, auf die vielfältige und fruchtbare Diskurstradition verweist, darauf, dass vieles erst in der
Auseinandersetzung entstanden ist und der Islam keineswegs
als fertige Religion zu uns kam, kann man das zarte Pflänz-
chen der Reformwilligkeit zum Wachsen bringen.

Wir können die Menschen erreichen und sie zum kritischen
Hinterfragen dessen, was sie bislang als *den* Islam hingenommen haben, bewegen, wenn es uns gelingt, ihnen zu zeigen,
dass Mündigkeit und kritisches Denken zum Selbstverständnis des Islam gehören. Daher verweise ich ja auch immer wieder auf fruchtbare Positionen innerhalb der islamischen Tradition. Niemand ist vollkommen, auch Gelehrte nicht. Aber wie
Sie richtig sagen, genießt jemand wie al-Ghazālī hohe Anerkennung bei den Muslimen. Ich mache mich deshalb für jene
seiner Positionen stark, die heute für uns von Relevanz sind,
und rezipiere diese, um damit die Masse der Gläubigen zu erreichen.

Al-Ghazālī war es zum Beispiel, der die koranischen Bilder
vom Paradies und von der Hölle allegorisch und keineswegs
wortwörtlich auslegte. Sein Buch »Die Wiederbelebung der
religiösen Wissenschaften« trägt diesen Titel, weil er schon
damals, im 10. / 11. Jahrhundert, den Tod der spirituellen Seele
des Islam beklagte. Er betonte die Spiritualität und die Reinheit des Herzens als Hauptziele der islamischen Lehre und

ging in seinem Buch ausführlich darauf ein. Gerade diese Spiritualität brauchen wir heute noch dringender als im 11. Jahrhundert. Wenn al-Ghazālī etwa beklagt, dass die breite Masse der Gläubigen unter Fasten nur das Nichtessen und Nichttrinken versteht, was würde er wohl heute sagen, wenn er erleben würde, dass das Fasten während des Ramadan zu einem reinen Essensfestival geworden ist, ohne dass von seinem spirituellen Überbau viel übrig geblieben ist? Hier brauchen wir al-Ghazālī, um mit seinen Aussagen die Gläubigen der Gegenwart zu erreichen und sie aufzurütteln.

Al-Ghazālī hat übrigens die Philosophen, nicht jedoch die Philosophie kritisiert. Im Gegenteil, er hat sich die Logik des Aristoteles zu eigen und für seine Theologie fruchtbar gemacht. Er hat versucht, mit philosophischen Argumenten gegen die Philosophen vorzugehen. Ich gebe allerdings zu, dass er ihnen am Ende den Glauben abgesprochen hat – eine unakzeptable Position, die wir heute klar zurückweisen müssen. Was jedoch nicht heißt, dass wir alles Weitere, was al-Ghazālī vertreten hat, verwerfen müssen. Luther hat sich auch sehr unglücklich zu Juden und Muslimen geäußert, viele seiner aufklärerischen Gedanken werden hingegen im evangelischen Christentum bis heute rezipiert.

Dass al-Ghazālī von Salafisten vereinnahmt wird, wie Sie geschrieben haben, stimmt meines Erachtens absolut nicht. Im Gegenteil, er gilt für sie als Mystiker und daher im besten Fall als Häretiker. Denn der Salafismus lehnt, wie Sie wissen, jede abweichende Auslegung des Islam strikt ab.

Die muslimischen Gelehrten interpretieren die von Ihnen zitierte Aussage des Propheten, wonach jede Neuerung Ketzerei sei, so, dass es hier nur um Neuerungen, die die Grundsätze des Islam betreffen, geht. Zum Beispiel, dass jemand aus den fünf täglichen Gebeten zehn machen möchte. Wenn die Mehrheit der Gelehrten diese Aussage als Verbot einer jeden Neuerung verstanden hätte, hätten sich in kürzester Zeit nach dem Ableben des Propheten nicht so viele Schulen sowohl im sunnitischen als auch im schiitischen Islam gebildet. Diese Vielfalt im Verstehen des Islam wurde meist als positive Innovation empfunden. »Die innerislamische Vielfalt ist eine Barmherzigkeit Gottes«, lautet ein bekanntes Sprichwort unter den Gelehrten. Reform bedeutet, die Muslime an diese Vielfalt und Dynamik zu erinnern, denn – und in diesem Punkt sind wir beide uns einig – das Bewusstsein für diese Vielfalt und für die Notwendigkeit von Innovation ist heute leider verloren gegangen.

Ein Punkt ist mir auch sehr wichtig: Reformer können die breite Masse der Muslime nur dann erreichen, wenn sie glaubwürdig sind, wenn sie also das, was sie an Positionen vertreten, auch leben. Ein Reformer, der selbst Spiritualität lebt, wird die Menschen eher erreichen und überzeugen als einer ohne diese Spiritualität. Ein Reformer, den die Menschen in der Moschee antreffen, der mit ihnen betet und bereit ist, seine Ansichten mit ihnen zu diskutieren, wird eher Erfolg haben als ein abgehobener Reformer, der in seinem Elfenbeinturm sitzt und seine Arbeit lediglich als eine intellektuelle Herausforderung betrachtet.

5

*Hamed: Die Unterschiede zwischen den verschiedenen
Rechtsschulen sind marginal und reichen nicht aus,
um als Vorbild einer Reform zu dienen*

Sie haben in These 2 zu Recht darauf hingewiesen, dass es
verschiedene Rechtsschulen im Islam gibt, und aufgrund dieser Tatsache argumentiert, dass Vielfalt quasi geistesgeschicht-
lich gegeben sei. In Ihrer letzten These führen Sie diesen Gedanken fort und kommen zu dem Schluss, dass sich Muslime
auf die diskursive Tradition innerhalb des Islam bzw. seiner
Rechtsschulen berufen sollen. Ich sage: Eine wirkliche Reform darf sich nicht der Positionen dieser Rechtsschulen bedienen, sondern muss sich davon emanzipieren!

Denn es stimmt zwar, dass es mehrere Rechtsschulen, ja
sogar mehrere Glaubensrichtungen im Islam gibt. Aber Minderheiten wie die von Ihnen zitierten Ibaditen, Ahmadiyya und
Aleviten werden von der Mehrheit der Muslime nicht als isla-
misch, sondern eher als abtrünnig betrachtet. Selbst die Sufis
haben heute große Schwierigkeiten, als gleichberechtigte
Muslime anerkannt zu werden. Ebenso werden die Schiiten
von den meisten Sunniten gehasst und umgekehrt.

Die Haltung, nur die eigene Gruppierung sei die einzig
wahre, hat mit einer Aussage Mohameds zu tun, der prophe-
zeite, dass die Muslime sich nach seinem Tod in über siebzig
Gruppen spalten und die Anhänger aller dieser Sekten außer
einer in der Hölle landen würden. Leider versäumte es der
Prophet, jene gerettete Sekte klar zu benennen. Das hatte Folgen: Heute halten sich die Vertreter jeder Glaubensrichtung im
Islam für die gerettete Sekte, weshalb andere Gruppierungen
konsequent ausgegrenzt oder bekämpft werden. Denn auf sie
wartet die Hölle.

Von Vielfalt und Freiheit im Glauben und im Diskurs kann also keineswegs die Rede sein – schon gar nicht, wenn man die eigene Position notfalls mit Gewalt durchsetzt.

Es stimmt auch, dass sich die vier sunnitischen Rechtsschulen erst Jahrhunderte nach Mohamed herausgebildet haben und dass dem lange und intensive theologische Auseinandersetzungen vorangegangen waren. Die Frage ist allerdings, wie sehr sich diese Schulen tatsächlich voneinander unterscheiden. Die Abweichungen finden sich eher in Kleinigkeiten: Die eine Rechtsschule ist der Auffassung, ein Muslim müsse die Waschung vor dem Gebet erneuern, wenn er die Hand einer Frau berührt hat; die andere meint, er dürfe die Hand einer Frau überhaupt nicht berühren, und die liberalste Schule vertritt die Haltung, er müsse nur dann die Waschung erneut vollziehen, wenn er beim Berühren der Frau Lust empfunden habe. Diese feinen Abstufungen sind für mich Makulatur, wenn ich erfahre, dass alle Schulen sich darin einig sind, dass Apostaten oder Homosexuelle des Todes seien oder dass drei dieser Schulen den Tod sogar für einen Muslim vorsehen, der nicht regelmäßig in der Moschee betet.

Abgesehen davon lassen alle vier anerkannten Rechtsschulen des sunnitischen Islam einen Spielraum für eigene Meinungen nur dann zu, wenn es zu einem bestimmten Sachverhalt keinen Korantext und auch keinen Hadith des Propheten gibt. Allerdings lassen die über 6000 Verse des Korans und die Zigtausenden von Hadithen kaum eine Angelegenheit im Alltag eines Muslims unberührt – von der Geburt über das Essen, den Toilettengang, das Geschäftsgebaren bis hin zur Heirat, dem Geschlechtsverkehr oder den Beerdigungsritualen am Ende des Lebens.

Bevor ein Gelehrter heute also eine eigene Meinung zu einem bestimmten Sachverhalt äußert, ist er verpflichtet, diese Meinung mit dem Verhalten des Propheten und dessen Äußerungen abzugleichen. Wird er nicht fündig, sollte er zunächst Analogien herstellen. Wenn ein Imam zum Beispiel sagt, Muslime dürfen Auto fahren, wird er das nicht damit begründen, dass ein Auto praktisch, schnell und aus der modernen Welt nicht mehr wegzudenken sei. Sondern damit, dass der Prophet einst selbst die Verkehrsmittel seiner Zeit – Kamele – nutzte und die Verkehrsmittel unserer Zeit eben Autos seien. Die gleichen Gelehrten würden das Autofahrverbot für Frauen in Saudi-Arabien heute damit begründen, dass es zu Zeiten des Propheten einer Frau verboten war, sich ohne Begleitung ihres Mannes mit einem Kamel fortzubewegen!

Wo bitte ist da der Spielraum? Und was bitte ist daran wirkliche Erneuerung? Wer sich genötigt fühlt, solche verbalen Verrenkungen vorzunehmen, transportiert nur den Geist von gestern ins Heute. Und dieser Geist sagt: Gott und der Prophet haben alles im Leben geregelt.

Es gab im Islam aus meiner Sicht nur zwei Denkschulen, die eine Hoffnung auf Reformen jemals hätten beleben können: die Mu'taziliten, die den Islam mit Vernunft und griechischer Philosophie versöhnen wollten, und die Sufis, die in der Religion eine Quelle der Spiritualität und Selbsterkenntnis gefunden haben. Die erste Schule ist leider kurz nach ihrem Entstehen im 9. Jahrhundert in Bagdad wieder in der Bedeutungslosigkeit versunken, nachdem sie von den Sunniten der Häresie bezichtigt worden war. Ihr größtes Verbrechen war es, dass sie den Koran nicht als das ewige Wort Gottes sah, sondern als von Menschen erschaffenes Wort Gottes. Der Koran sei als Reaktion auf bestimmte Ereignisse erschaffen und offenbart worden.

Die mystischen Sufis wiederum kämpfen seit Jahrhunderten um Anerkennung innerhalb der Welt der Muslime und mussten immer wieder mit Krieg und Zerstörung ihrer Heiligtümer rechnen. Es ist ein Armutszeugnis, dass die islamische Theo-

logie, ob alt oder neu, diese beiden Gruppen und ihre Denkanstöße nicht im Ansatz ernsthaft geprüft, gewürdigt und in
das islamische Denken integriert hat.

Diese Selbstamputation ist bezeichnend für die Geschichte
der islamischen Theologie. Deshalb gab es im Laufe der Zeit
auch keine wirklichen Reformen und keinen Prozess, den man
mit dem Begriff »Aufklärung« versehen könnte, sondern nur
zaghafte Optimierungs- und Restaurierungsversuche. Wirkliche Erneuerungen waren zwar von einigen wenigen Einzel-
kämpfern wie Wāsil ibn ʿAtāʾ, Averroës, Ali Abdel-Rāziq oder
Nasr Hamid Abu Zaid immer wieder angestrebt worden, aber
alle zerschellten letztlich am Fels der islamischen Orthodoxie.
Auch bei den wunderbaren Namen, die Sie in Ihren Thesen
genannt haben, handelt es sich eher um einzelne Intellektuelle,
die keinen Einfluss auf die theologischen Fakultäten und
Schulen hatten und haben. Sie sind wie vereinzelte Rinnsale,
die sich allerdings nicht zu einem Strom namens Aufklärung
vereinen. Ähnlich wie es den Reformern der Vergangenheit
ergangen ist, werden auch diese Rinnsale irgendwann im Sand
der Tradition versickern.

Wissen Sie, lieber Mouhanad, was für mich Reform bedeu-
tet? Wenn die modernen Gelehrten es wagen würden, den
Menschen zu sagen: Der Prophet suchte nach den besten Pro-
blemlösungen für seine Zeit und empfahl ebendiese seinen
Anhängern. Da er aber nicht in die Zukunft blicken und unsere
Zeit nicht kennen konnte, konnte er für unsere Zeit auch keine
Regeln aufstellen. Die Gelehrten müssten den Mut haben zu
sagen: Wir sollten das, was Mohamed im 7. Jahrhundert formuliert hat, nicht als Gesetz, sondern als Ratschlag verstehen.
Wir sollten seine Aussagen wieder und wieder überprüfen.
Wenn sie unserer jetzigen Lebenswirklichkeit diametral ent-
gegenstehen oder unsinnig erscheinen, sollten wir nach Alter-
nativen suchen. Und zwar nach *wirklichen* Alternativen, nicht

nach Vehikeln, die nur den Geist von damals in die Gegenwart transportieren. Denn wenn die Vergangenheit die Gegenwart dominiert, ist Zukunft nicht möglich.

6

Mouhanad: Weder der Koran noch die Hadithe regeln Details des Lebens der Muslime

Lieber Hamed, Sie haben die These aufgestellt, wonach eine wirkliche Reform sich nicht der Positionen etablierter islamischer Rechtsschulen bedienen, sondern sich davon emanzipieren sollte. Das stimmt aus meiner Sicht aber nur zum Teil, denn nicht alles, was die muslimischen Theologen über die Jahrhunderte gesagt und geschrieben haben, ist schlecht. Man sollte keine pauschale Emanzipation oder Befreiung von der Tradition fordern, sondern man muss genauer hinschauen und sich mit den einzelnen Positionen dieser Schulen kritisch auseinandersetzen. Hinzu kommt, dass eine Reform bei den Gläubigen wohl nur dann auf Akzeptanz stoßen würde, wenn man nicht von ihnen verlangt, ihre sämtlichen Überzeugungen abzulegen. Eine Reform muss authentisch sein, sie muss sich mit der eigenen Tradition kritisch auseinandersetzen, darf diese jedoch nicht einfach verwerfen.

Ich muss Ihnen auch in einem anderen Punkt widersprechen: Dass der Prophet alles im Leben eines Muslims bis ins Detail geregelt hat, stimmt so nicht. Darauf, dass der Koran mit seinen 6236 Versen nur in 82 Versen juristische Aussagen macht, habe ich bereits hingewiesen. Wenn es um die Hadithe geht, wird die Sache etwas komplizierter: Sie wurden erst 200 Jahre nach dem Tod Mohameds systematisch erfasst. Was wirklich auf den Propheten zurückgeht und was nicht, das werden wir nie mit hundertprozentiger Sicherheit sagen können. Daher haben die verschiedenen Schulen unterschiedliche Gewichtungen dieser Hadithe vorgenommen und sind dadurch zu unterschiedlichen Aussagen gekommen.

Weder aus dem Koran noch aus den Hadithen selbst können wir heute ein politisches, ein wirtschaftliches oder ein gesellschaftliches System ableiten. Auch keine Maßgaben für das Bildungs-, Gesundheits- oder Verkehrssystem. Im Koran und in den Hadithen finden wir auch keine Strategien, wie sich Arbeitslosigkeit bekämpfen ließe. Reformer verstehen den Koran und die Hadithe daher eben nicht als Blaupause für die Etablierung eines juristischen, politischen oder gesellschaftlichen Systems, sondern an erster Stelle als Quelle für Spiritualität. Die Texte sollen den Menschen in seinem Inneren berühren und wollen ihn bereichern. Reformer verstehen das politische und juristische Wirken Mohameds als Ausdruck seines Versuchs, die ethischen Prinzipien, die er verkündet hat, mit den ihm im 7. Jahrhundert zur Verfügung stehenden Mitteln und Erfahrungen umzusetzen. Heute müssen wir uns Gedanken darüber machen, wie wir unsere Gesellschaft gerechter, humaner, verantwortungsvoller und barmherziger gestalten können, und zwar mit den Mitteln und Erfahrungen, die uns heute zur Verfügung stehen.

Ich teile Ihre Meinung, dass islamische Strömungen, die die Vernunft betonen, wie die muslimischen Philosophen oder die Mu'taziliten, gute, anschlussfähige Überlegungen hinterlassen haben, die auch für uns heute dienlich sein können. Allerdings braucht eine Reform auch einen politischen Willen. Denn es stimmt nicht, wenn Sie schreiben, dass es das größte Verbrechen der Mu'taziliten war, dass sie den Koran nicht als das ewige Wort Gottes sahen, sondern als vom Menschen erschaffenes Wort Gottes. Ihr größtes Verbrechen war ein ande-

res: Sie waren für die erste islamische Inquisition verantwortlich, nachdem sie sich mit der politischen Macht verbündet
hatten. Der Kalif al-Ma'mūn (786–833) hatte sich die Auffassung der Mu'taziliten zu eigen und daraus eine für das Volk
verbindliche Staatsdoktrin gemacht. Wer widersprach, dem
drohten harte Sanktionen bis hin zur Todesstrafe. Sehr schnell
haben also auch die Mu'taziliten die Vernunft abgelegt und
ihre Ansichten mittels Gewalt durchgesetzt. Dieses Beispiel
aus der islamischen Geschichte macht einmal mehr deutlich,
wie notwendig es ist, die Religion von den politischen Machtansprüchen herrschender Regime zu befreien. Um den Islam
zu reformieren, müssen zuerst die politischen Strukturen in
den islamischen Ländern reformiert werden. Säkularität und
Demokratie werden heute dringender benötigt denn je, um
dem Islam den freien Raum zu bieten, sich jenseits politischer
Machtansprüche zu entfalten. Sich dafür einzusetzen braucht
Mut. Und genau diesen mutigen Geist müssen wir Muslime
heute dringend an den Tag legen.

7

Hamed: Die Zeiten für eine Fundamentalreform
des Islam sind nicht günstig

Wenn Sie mit einer Reform Erfolg haben wollen, werden Sie
in der Tat einen mutigen Geist brauchen! Denn unabhängig
davon, ob man Fundamentalkritik am Islam, wie ich das tue,
übt oder versucht, den Islam moderat zu modernisieren und
der heutigen Welt anzupassen, wird man von vielen Muslimen, nicht nur von den radikalen, angegriffen. Deshalb habe
ich in meiner langen Auftaktthese auch erwähnt, dass die Zei-

ten sowohl für eine gemäßigte als auch erst recht für eine Fundamentalreform des Islam nicht günstig sind.

Die Auflösungserscheinungen und politischen Unruhen in vielen islamischen Ländern lassen die Idee einer Reform als Gefahr erscheinen. Die alte Generation ist an Machterhalt interessiert, sie ist stur und sich der Richtigkeit ihrer Positionen sicher, niemand sieht hier einen Bedarf für Reformen. Die junge Generation leidet an moralischer Desorientierung und Identitätsunsicherheit. Ein neues Islamverständnis, das am Ende einer Reform stehen müsste, würde diese Unsicherheit vergrößern.

Das Festhalten einerseits und die Angst vor weiterer Verunsicherung und Destabilisierung andererseits bremst jede Reform. Hinzu kommt, dass jene, die eine Reform vorantreiben wollen, großen Gefahren ausgesetzt sind. Es wäre nicht das erste Mal in der Geschichte, dass Reformer als Häretiker gebrandmarkt und für vogelfrei erklärt werden. Nicht nur in muslimischen Ländern, auch im Westen ist es schwierig, Partner zu finden, die einen Reformkurs unterstützen würden. Westliche Intellektuelle halten Islamkritik eher für bigott, während muslimische Intellektuelle sich vornehmlich mit dem Aufpolieren des Images des Islam beschäftigen.

Mir ist bewusst, dass Sie als Theologe versuchen, Muslime nicht vor den Kopf zu stoßen. Ich als Kritiker habe es leichter, weil ich niemandem gefallen muss. Ich sage meine Meinung deutlich und kompromisslos und kann den Widerspruch, sofern es sich dabei um Argumente handelt, aushalten. Der Preis dafür ist aber, dass ich dauerhaft unter Polizeischutz leben muss.

Wenn Sie, lieber Mouhanad, es ernst meinen mit Ihrem Reformvorhaben, werden Sie reichlich Gegenwind erfahren. Sie werden den Mut brauchen, nicht jede Position erst zigmal abzuwägen und jedes Argument zu testen, bevor Sie es öffentlich machen. Ihre Gegner werden so oder so versuchen, Sie zu stoppen. Vermutlich wird auch die Mehrheit der Muslime, vielleicht noch nicht einmal die Mehrheit der deutschen Muslime, nicht auf Ihrer Seite stehen. Aber wann stand die Mehrheit schon auf der Seite der Reformer? Selten zu Anfang, wenn diese ihre Arbeit aufnahmen. Es waren immer kleine Gruppen, die Gesellschaften durch revolutionäre Ideen oder Taten grundlegend verändert haben. Wie sehr, konnte man oft erst in der Rückschau ermessen.

Außergewöhnliche Zeiten erfordern außergewöhnliche Maßnahmen, und große Reformen brauchen große, gewagte Schritte. Bei Ihnen vermisse ich weder die Aufrichtigkeit noch die Ausdauer, doch manchmal vermisse ich tatsächlich den Mut, mehr zu wagen. Auch wenn ich weiß, dass das mit einem Risiko verbunden ist.

Wenngleich ich an die Reformierbarkeit des Islam an sich nicht glaube, so glaube ich doch daran, dass wir mit unserer Diskussion das Denken der Menschen verändern können. Das bedeutet aber auch, dass wir uns selbst keine Denkverbote auferlegen. Es bedeutet, dass wir den Blick auf das große Ganze wagen und nicht versuchen, an einzelnen Aspekten der Tradition oder einzelnen Aspekten der Auslegung durch die Gelehrten herumzudoktern. Als Reformer sollte man sich von diesem Diskurs verabschieden. Gegen buchstabentreue Theologen kann man keine Schlacht gewinnen. Der Schlüssel zu einem Erfolg liegt nicht in einer anderen oder besseren Deutung der Tradition, sondern in der Emanzipation von der Bevormundung, die diese Tradition für sich beansprucht.

Reform bedeutet, die Ketten, die den Menschen am Fortschritt hindern, nicht nur mit einer schönen neuen Farbe zu lackieren, sondern diese Ketten zu sprengen! Gerade der Islam legt den Gläubigen viele Ketten an. Viele davon sind eigentlich menschengemacht, wurden aber mit einem göttlichen

Stempel versehen, weshalb sie als unantastbar gelten. Sie von diesem göttlichen Sockel zu holen, würde bedeuten, den Islam seines innersten Kerns zu berauben. Man kann sich lebhaft ausmalen, was dann passieren würde – wo doch schon die leiseste Kritik an einem einzelnen Aspekt des Islam als Angriff auf die ganze Religion verstanden wird.

8

Mouhanad: Ohne Religionskritik kann es keine Reform im Islam geben

Das ist natürlich ein berechtigter Einwand. Kritik am Islam wird sehr oft mit Diffamierung verwechselt, sie wird persönlich genommen und als Kritik auch an der Person des Gläubigen verstanden. Religionskritik will aber in der Regel eine Religion nicht niedermachen, sondern deren Schwachstellen identifizieren. Würden die Religionsvertreter und die Gläubigen diese Sichtweise teilen, würden sie verstehen, wie sehr Religionskritik ihnen dabei helfen kann, sich selbst, das eigene Glaubensverständnis bzw. die Glaubensinhalte immer wieder von Neuem zu überprüfen. Religionskritik fällt nur dann auf fruchtbaren Boden, wenn die Anhänger einer Glaubensrichtung bereit sind, sich dieser Kritik nicht nur zu öffnen, sondern diese auch in das eigene Denken zu implementieren. Selbst wenn dies dazu führen sollte, einige religiöse Positionen zu verwerfen, weil sie nicht mehr plausibel erscheinen bzw. nicht mehr argumentativ haltbar sind.

Religionskritik ist ein wichtiger Motor, um eine Religion lebendig und dynamisch zu halten. Religionen sind keine statischen Konstrukte, sie wandeln sich mit den Menschen, die diese Religionen leben. Gleichwohl wird Religionskritik – vor allem im islamischen Diskurs – nicht als positive Kraft wahrgenommen, sondern als Bedrohung. Meist haben gerade diejenigen ein Problem damit, die sich ihrer eigenen Überzeugung nicht sicher sind. Die Weigerung, sich mit Religionskritik auseinanderzusetzen, ist in meinen Augen ein Zeugnis von Schwäche. Denn wenn ich mir meines Glaubens sicher bin, wovor soll ich Angst haben?

Jeder Gläubige sollte sich immer als ein nach der Wahrheit suchender Mensch verstehen. Jeder Impuls, der diesen Suchprozess vorantreibt, müsste eigentlich mehr als willkommen sein. Die Aufforderung, immer kritisch zu bleiben und nichts unreflektiert hinzunehmen, ist bereits im Koran zu finden.

Ein Beispiel: Abraham wird im Koran als kritischer Geist geschildert, der die Traditionen seines Volkes hinterfragte, der nach Gott suchte und zweifelte, bis er die Wahrheit fand. Selbst als er bereits zum Glauben gefunden hatte, stellte er Gott immer wieder kritische Fragen, bis seine Zweifel versiegten. In Sure 2, Vers 260 heißt es:

> »Und (damals) als Abraham sagte: ›Herr! Lass mich sehen, wie du die Toten lebendig machst!‹ Gott sagte: ›Glaubst du denn nicht (dass ich das kann)?‹ Er sagte: ›Doch. Aber ich möchte eben ganz sicher sein.‹ Gott sagte: ›So nimm vier Vögel und richte sie (mit dem Kopf) auf dich zu (und schlachte sie)! Hierauf tu auf jeden Berg ein Stück von ihnen! Dann ruf sie, worauf sie (eilends) zu dir gelaufen kommen! Du musst wissen, dass Gott mächtig und weise ist.‹«

Heute sucht man in den meisten Lehrplänen für den islamischen Religionsunterricht oder die islamische Theologie vergeblich nach einem Schwerpunkt »Religionskritik«. Man will einfach nichts von Kritik hören. Genau wie damals lehnt man sich bequem zurück und sagt: »Wir nehmen eure Botschaft nicht an.« Die Aussagen von Gelehrten und die Tradition werden zu Götzen gemacht und verherrlicht, und die Menschen werden aufgefordert, sich diesen Götzen kritiklos zu unterwerfen. So wird Religion tatsächlich zum Instrument der Bevormundung der Gläubigen.

Ich würde mir so sehr wünschen, dass wir Muslime lernen, Religionskritik nicht nur zu würdigen, sondern sie sogar zu fordern. In der kritischen Auseinandersetzung liegt die Chance einer Weiterentwicklung. Das gilt nicht nur für die Religion, das gilt für jeden von uns als Individuum. Wenn wir unseren Freunden oder unseren Familien einen Maulkorb verpassen würden im Sinne von: »Ich erlaube euch nur, mich zu loben, ich will aber keine Kritik hören«, würden wir in unserer Entwicklung stehen bleiben, in Selbstlügen verharren und unser Umfeld notfalls zu einer Lüge nötigen.

Wollen wir Muslime weiter mit der Selbstlüge leben, dass unser Verständnis vom Islam unfehlbar ist? Oder wollen wir uns mit den Schwachpunkten unserer Argumente auseinandersetzen? Und sollten wir nicht eher dankbar sein für diejenigen, die uns mit diesen Schwächen konfrontieren? Auch wenn Kritik manchmal eine böse Intention haben kann, was ich Ihnen, lieber Hamed, nicht unterstelle, ist sie dennoch ernst zu nehmen und auf ihre inhaltliche Plausibilität zu prüfen. Viele Muslime machen dagegen den Fehler, dass sie nur mit Emotion und kaum mit Rationalität reagieren.

9

Hamed: Der Islam braucht keinen Luther, sondern eine Coco Chanel

In der Tat bietet weder die islamische Theologie noch die islamische Erziehung einen Raum für Religionskritik. Kritiker von heute werden mit den damaligen Gegnern Mohameds in Mekka und Medina verglichen, die die Absicht hatten, seine Botschaft zu torpedieren. Deshalb ist es für Muslime leichter, solche Kritiker als Feinde zu bekämpfen, statt sich mit den Inhalten ihrer Kritik auseinanderzusetzen. Das ist sicher kein rein islamisches Phänomen, das hat es fast in jeder Religion schon gegeben.

Auch Luther hatte es damals nicht leicht, als er seine Kritik an der katholischen Kirche formulierte. Auch er wurde anfangs als Ketzer verleumdet und war den Anfeindungen vieler Würdenträger ausgesetzt. Und doch gibt es viele Gründe, warum die Kritik Luthers in eine Reform des Christentums mündete, während Religionskritik im Islam noch immer keine Früchte trägt.

Luthers reformatorische Thesen hatten Erfolg, weil:

a. er einen konkreten Gegner bzw. eine konkrete Praxis hatte, gegen die er vorgehen konnte;

b. seine Ablehnung des Ablasshandels auf breite Zustimmung vor allem unter den Armen stieß, die durch den Kauf von Ablassbriefen noch tiefer ins ökonomische Elend getrieben wurden;

c. er von einflussreichen Fürsten unterstützt wurde, die ihm Unterschlupf gewährten;

d. die wenige Jahrzehnte zuvor erfolgte Erfindung des Buchdrucks durch Johannes Gutenberg eine Verbreitung seiner Thesen möglich machte und

e. Luther sich mit seiner reformatorischen Kirchenpolitik
auf das Vorbild Jesu Christi und das Neue Testament berufen konnte.

Dieser letzte Aspekt ist aus meiner Sicht der wichtigste für den
Erfolg seiner Thesen. Luther konnte sowohl aus dem Verhalten Jesu als auch aus dem Neuen Testament belegen, dass mit
»Reue« und »Buße« ein innerer Zustand gemeint war und
nicht ein Sündenerlass gegen Bezahlung. Seine 95 Thesen
kreisten daher um die Diskrepanz zwischen dem damaligen
Gebaren der Kirche und dem eigentlichen Geist des Evangeliums. Luthers Botschaft war klar: Lasst uns zum Wort des
Evangeliums und zum Vorbild Jesus zurückkehren.

Wissen Sie, lieber Mouhanad, wer in der islamischen Geschichte immer wieder die Rolle von Luther gespielt hat? Es
waren die Hanbaliten und Salafisten, die reaktionärsten Schulen des Islam. Wann immer die Muslime eine Öffnung der Gesellschaft wagten und einen halbwegs normalen Umgang mit
Alkohol, Gesang und Nichtmuslimen pflegten, leisteten die
muslimischen Protestanten Widerstand und forderten die
Rückkehr zu dem, was der Prophet gesagt und getan hat.

Und anders als bei Jesus liegt genau darin ein Problem.
Denn Mohamed hat nicht gesagt: »Gebt Gott, was Gottes ist,
und gebt dem Kaiser, was des Kaisers ist«, sondern er war
selber Kaiser und kassierte Tribut. Er hat nicht gesagt: »Wer
von euch ohne Sünde ist, der werfe den ersten Stein«, sondern
er bestrafte laut als authentisch geltenden Hadithen eine Ehebrecherin mit der Steinigung und eine Diebin mit dem Abhacken der Hände.

Das, was Mohamad praktizierte, fordert auch der Koran:
Körperstrafen für Diebe, Ehebrecher und diejenigen, die sich
gegen Gott und seinen Gesandten auflehnen; und er verbietet
Muslimen, Mitleid mit Menschen zu haben, die diese Strafen
erleiden.

Der Prophet hat laut Koran und Sunna (mit *sunan* wurden einst Bräuche, Sitten und Normen arabischer Stämme bezeichnet, die im Zuge der Islamisierung eine religiöse Bedeutung erhielten; seitdem wird Sunna als Kurzbegriff für *sunnat an-nabī,* »Handlungsweise des Propheten«, verwendet) Eroberungskriege geführt und von Kriegsbeute gelebt. Er war mit mehreren Frauen gleichzeitig verheiratet und schlief auch mit Sklavinnen und kriegsgefangenen Frauen. Er ruft die Gläubigen im Koran dazu auf, sich mit Juden und Christen nicht zu befreunden, nennt diese »Ungläubige« und fordert die Muslime auf, gegen die Ungläubigen zu kämpfen, bis sie erniedrigt Tribut zahlen oder den Islam annehmen.

Wann immer also eine Gruppe von Muslimen im Sinne Luthers dazu aufgerufen hat, nach dem Vorbild des Propheten und seiner Urgemeinde zu leben, waren nicht Reformen die Folge, sondern Eroberungskriege, reaktionäre Scharia-Staaten oder blutrünstige Terrororganisationen. Der Prophet taugt einfach nicht als Vorbild für das politische Handeln unserer Zeit. Er mag es für seine Zeit gewesen sein, nicht aber darüber hinaus.

Doch der Koran räumt ihm genau diese Position ein und behauptet, er sei der letzte Gesandte Gottes für die gesamte Menschheit. Damit bestätigt der Koran und zementiert zugleich die universelle Vorbildfunktion des Propheten jenseits von Zeit und Raum.

Deshalb braucht der Islam keinen Luther, der dazu auffordert, sich auf den Kern und Geist der Botschaft zu besinnen, sondern eine Revolution im Stile der französischen, die die Ehe von Herrschaft und Religion bricht und den Muslimen die Chancc gibt, sich von beiden zu emanzipieren. Der Islam braucht einen Erasmus von Rotterdam und einen Moses Mendelssohn, die eine Bildungsrevolution herbeiführen. Der Islam braucht eine Coco Chanel, die durch Kreativität und Eigensinn die französische Frau im wahrsten Sinne aus dem Korsett befreite und ihr mehr Selbstbewusstsein und Bewegungsfreiheit ermöglichte. Und nicht zuletzt braucht der Islam eine Monty-Python-Truppe, die durch Humor und Satire die veralteten Denkstrukturen aufbricht und den Massen die Angst vor den Legenden und dem Höllenfeuer nimmt!

Also, wie viel Prophet und wie viel Koran im Gepäck wollen Sie auf Ihrem Weg in die Reform mitnehmen? Wie vieles davon muss entsorgt werden? Und wie können Sie sich davor hüten, das zu tun, was Sie mir immer vorwerfen? Nämlich bei meiner Kritik zu selektiv mit den Texten umzugehen? Können Sie mit gutem Gewissen sagen: Ja, der Prophet hat zwar Kriege geführt, Menschen umgebracht, Körperstrafen vollstreckt und Ungläubige, Juden und Christen verflucht, aber trotzdem können wir aus seinem Leben und aus den Primärquellen des Islam Grundregeln für ein gelungenes Zusammenleben im 21. Jahrhundert ziehen?

Ich bin gespannt.

10

Mouhanad: Nicht auf den Wortlaut des Korans und der Hadithe kommt es an, sondern darauf, was wir heute daraus machen

Ich würde auch meinen, dass der Islam keinen Luther braucht, und zwar genau aus den von Ihnen genannten Gründen: Die Forderung vieler Salafisten, zurück zu den Wurzeln, zum Koran und zum Propheten zu kehren, ist eine Utopie. Denn was wissen wir denn schon von diesen wahren Wurzeln?

Die Biographie des Propheten wurde viele Generationen

nach seinem Tod geschrieben. Auch seine Aussagen wurden erst spät schriftlich festgehalten. Der Gelehrte al-Buchārī (810–870), der im sunnitischen Islam als die höchste Autorität gilt, wenn es um die Aussprüche des Propheten (Hadithe) geht, hat selbst zugegeben, dass er von den gesammelten etwa 600 000 Hadithen gerade 7000 für authentisch hielt. Diejenigen, die er nicht für authentisch gehalten habe – und das war der Großteil –, habe er einfach verworfen.

Es gab also offensichtlich schon während der ersten Jahrhunderte des Islam massive Bestrebungen, je nach Interessenlage einiges hinzuzuerfinden und anderes zu streichen. Wir haben heute kein hieb- und stichfestes oder gar wissenschaftlich abgesichertes Material über das Leben und Wirken des Propheten. Wir Theologen behelfen uns daher mit Kriterien, die wir erstellen, um das Wirken Mohameds zu beschreiben. Ich sehe gerade im Kriterium der Barmherzigkeit das überzeugendste. Nicht weil ich hier selektiere, sondern weil das Kriterium der Barmherzigkeit im Koran am häufigsten betont wird. Es ist das zentrale Attribut Gottes und er hat Mohamed gesandt, um eben diese Barmherzigkeit in alle Welt zu entsenden (Sure 21:107). Aber über diesen Aspekt werden wir im weiteren Verlauf dieses Buches sicher noch ausgiebig streiten. Für den Moment will ich damit nur sagen: Das Leben des Propheten und die Auseinandersetzung mit den Primärquellen bietet viel Raum für Interpretation. Den Koran zu lesen bedeutet zwangsläufig, ihn auszulegen. Daher ist die Vorstellung der Salafisten, zurückzukehren zum Koran / zu Mohamed, um den Islam in seiner reinen Form zu verstehen, eine reine Utopie. Denn es gibt nicht die eine, wahre Lesart.

Zurück zum Geist des Islam heißt für mich, diesen Spielraum zu nutzen. Wenn wir islamische Quellen heute auslegen, dann sollten wir dabei unser Verständnis von humanistischen Werten, von der Würde, der Verantwortlichkeit und der Freiheit des Menschen sowie seiner Rechte in den Vordergrund stellen.

Der Mensch an sich – und mit ihm Religionen und Weltanschauungen – sind einem ständigen Wandel unterworfen. Auch das Christentum von heute ist nicht mehr das Christentum von vor 400 Jahren. Es sind wir Menschen, die Religionen auslegen und ihre Haltungen einbringen, und mit unserer eigenen Entwicklung entwickelt sich unser Verständnis von Religion.

Nur Fundamentalisten meinen, Religionen seien in sich abgeschlossene, statische Größen. Damit wollen sie nur ihr eigenes Verständnis als einzig legitimes und wahres festigen. Es geht um Macht und nicht um den Glauben an sich. Insofern geht es aus meiner Sicht also nicht um die Frage, wie viel Prophet und wie viel Koran ich im Gepäck auf den Weg in die Reform mitnehmen möchte, sondern um die Frage, wie ich mit dem Koran und dem Propheten umgehe. Darum, für welche Lesart und für welches Narrativ ich mich starkmache.

Sie schreiben, dass der Koran die Gläubigen dazu aufrufe, sich mit Juden und Christen nicht zu befreunden. Ich lese aber im Koran auch solche Verse:

>Gott verbietet euch nicht, gegen diejenigen pietätvoll und gerecht zu sein, die nicht der Religion wegen gegen euch gekämpft und die euch nicht aus euren Wohnungen vertrieben haben. Gott liebt die, die gerecht handeln.« (Sure 60:8)

Im Koran finden wir zu beiden Narrativen Aussagen. Salafisten picken sich genau dieselben Verse heraus, die Sie selektiv zitieren, um ihren Hass gegen Nichtmuslime religiös zu untermauern. Wir sollten aber seriös bleiben und unseren Lesern nicht verschweigen, dass im Koran sowohl friedliche Verse stehen, die sogar Juden, Christen und anderen Nichtmuslimen das ewige Heil versprechen (wie Suren 2:62 und 5:69), als auch weniger friedliche Verse, auf die Sie verwiesen haben.

Was machen wir mit diesen widersprüchlichen Positionen
im Koran? Einfach das nehmen, was gerade passt? Das wäre
unseriös. Daher betone ich die Notwendigkeit der historischen
Kontextualisierung des Korans. Wie Sie selbst bereits festge-
stellt haben, sind seine widersprüchlichen Aussagen dem Um-
stand geschuldet, dass sie in unterschiedlichen historischen
Kontexten verkündet wurden. Das Phänomen kennen wir übrigens auch aus der Bibel. Christliche Exegeten verorten die
Gewaltpassagen in ihrem historischen Kontext. Das sollten
wir auch mit den Gewaltpassagen oder den Körperstrafen im
Koran tun. Wenn wir sie absolut setzen, machen wir nichts
anderes, als die Salafisten es tun. Wir dürfen ihnen die Deutungshoheit nicht überlassen. Das setzt aber einen objektiven
Umgang mit dem Koran und seinem Verkünder voraus. Lassen Sie uns also den Propheten und die Texte etwas genauer
ansehen.

Teil II

Der Koran: Anleitung zum Hass oder Botschaft des Friedens?

11

Hamed: Der Koran ist so widersprüchlich,
dass er allen Positionen recht gibt

Lieber Mouhanad, Sie sagen, es komme darauf an, für welche Lesart und für welches Narrativ man sich entscheidet. Da stimme ich ganz mit Ihnen überein. Es gibt nicht *den* Islam, wohl aber die Vielzahl der Muslime und das, was sie in ihrem Alltag daraus machen. Es kommt aber darauf an, an wem bzw. an was sie sich orientieren. Die Rechtsschulen bieten aus meiner Sicht keine wirklichen Alternativen; sie sind sich erstens zu ähnlich und zweitens haben sie sich selbst zu Autoritäten erhoben, die glauben, Hüter der Wahrheit zu sein – einer Wahrheit, die es ja selbst nach Ihrer Meinung gar nicht geben kann.

Bleiben also die Primärquellen, wie zum Beispiel der Koran und die Hadithe: Ich selbst habe oft genug betont, dass es die Entscheidung der Gläubigen ist, welchen Botschaften des Korans sie folgen. Der Botschaft der Liebe oder der des Hasses. Das Problem dabei ist: Die Botschaften des Korans sind so widersprüchlich, dass sie dem Mörder Argumente bieten, warum Andersgläubige zu töten sind und Terroranschläge rechtens. Gleichzeitig bieten sie aber auch dem moderaten Muslim Argumente, um sich von solchen Gräueltaten zu distanzieren und sie sogar als unislamisch zu bezeichnen. Wie soll ein

»normaler« Gläubiger sich hier zurechtfinden? Warum ist die letzte Botschaft Gottes an die Menschen so widersprüchlich?

Gerade weil sie so ist, wie sie ist, birgt dieser Text eine große Gefahr. Er kann nach Belieben instrumentalisiert werden. Gerade auch von Theologen, die in extremistischen Kreisen hofiert werden. Und von Politikern, die diese Kreise offen oder verdeckt unterstützen.

In meinem Koran-Buch habe ich erklärt, wie es zu diesen Widersprüchen kommt. Der Koran ist über einen Zeitraum von 23 Jahren entstanden und eng mit dem Leben und Wirken des Propheten verknüpft. Suren aus den ersten dreizehn Jahren betonen das friedliche Nebeneinander der Religionen, ein gutes Zusammenleben und Vergebung. Suren der letzten zehn Jahre dagegen dokumentieren die Kriege Mohameds und geben Zeugnis von den Gesetzen, die er eingeführt hat, um die Macht seiner neuen Gemeinde in Medina zu stützen. Das ist die Phase der Gewalt und Unterdrückung jener, die seinen Weg nicht mitgehen wollten.

Würde man den Koran ausschließlich im historischen Kontext seiner Entstehung betrachten, würde man erkennen, dass der Text buchstäblich auf geänderte Parameter in Mohameds Leben reagiert. Während seine Gemeinde in Mekka nur aus einer Handvoll Anhänger bestand, konnte er keinen Aufstand wagen. Suren, die dieser Zeit zugeordnet werden, sind vom Tonfall her ausgleichend und poetisch. Sie enthalten eher universelle, ethische und moralische Richtlinien, die sich so auch in der Bibel oder der Thora finden. Als der Prophet in Medina zu großer Macht gekommen war, änderte sich der Tonfall: Alle Suren, die Krieg und Gewalt verherrlichen und dazu aufrufen, gegen die Ungläubigen vorzugchen, stammen aus dieser Zeit.

Der Prophet und mit ihm der Koran haben also eine Phase der Radikalisierung durchlaufen. Warum? Hatte der Verkünder im tiefsten Inneren schon immer diese Haltung, in Mekka aber schlicht nicht die Mittel, seine Pläne in die Tat umzusetzen? Dann wären die friedlichen Passagen, in denen das Toleranzpotenzial des Korans betont wird, nichts anderes als Sand in den Augen seiner Gegner, um diese in Sicherheit zu wiegen.

Wenn er diese Haltung erst entwickelt hat, muss man sich fragen, weshalb. Weil er sich bedrängt fühlte, ausgegrenzt von den Mekkanern, denen er Rache geschworen hatte, weil sie ihn aus der Stadt gejagt und verlacht hatten? Weil er mit seiner »Peace-Botschaft« die Massen nicht begeistern konnte? Weil es verlockend war, die neue Macht auch anzuwenden?

Niemand wird je eine Antwort auf diese Fragen geben können. Insofern gebe ich Ihnen recht, wenn Sie sagen: Es kommt darauf an, welcher Diskurs sich durchsetzt. So oder so wird sich jede Seite von einem maßgeblichen Teil des Korans trennen müssen.

Wenn es darum gehen soll, Predigern und Anhängern der dunklen Seite des Islam ernsthaft den argumentativen Boden zu entziehen (und nicht nur wortreich auszuweichen, warum Anschläge nicht zum so friedliebenden Islam passen), muss der Koran anders angewandt und der Islam anders gelebt werden.

Niemand kann bestreiten, dass es überall dort, wo der Islam politisch die Macht hat, zur Unterdrückung von Frauen, zu Gewalt gegen Minderheiten und zu gravierenden Menschenrechtsverletzungen kommt. Das lässt sich anhand objektiver und unabhängig gefertigter Statistiken messen. Nicht belegen lässt sich hingegen, dass der Islam etwas damit zu tun hat, dass die Mehrheit der Muslime friedlich eingestellt ist. Wir können nicht empirisch belegen, ob Muslime, die gute Taten vollbringen, die weltoffen und tolerant sind und Gewalt verurteilen, dies aus religiösen Gründen tun. Im Gegenzug wissen wir aber leider sehr wohl: Wenn Muslime eine Frau steinigen, einen Homosexuellen umbringen oder einen Terroranschlag durchführen, führen sie religiöse Argumente dafür ins Feld.

Die friedliche Mehrheit macht sich nicht erst schuldig, wenn sie die demokratiefeindliche und gewaltverherrlichende Rhetorik des Islamismus offen unterstützt, sondern bereits, wenn sie diese duldet. Sie macht sich schuldig, wenn sie nicht gegen den IS auf die Straße geht, sondern gegen einen Karikaturisten, der den Propheten gezeichnet hat. Sie macht sich schuldig, wenn sie nicht gegen radikale Imame und Theologen vorgeht, sondern sich über Islamkritiker aufregt. Die Mehrheit ist in dem Moment irrelevant, in dem sie der gewalttätigen Minderheit die Deutungshoheit über den Islam überlässt.

Sie haben recht, dass der Islam das ist, was Menschen daraus machen. Aber es wäre falsch zu behaupten, dass Muslime, die im Namen ihrer Religion Gewalt anwenden, den Islam missverstehen oder gar missbrauchen. Nein, sie *ge*brauchen ihn nur. Sie setzen das um, was unmissverständlich in seinen Texten steht. Und haben kein Problem damit, friedlich-tolerante oder mystische Töne zu ignorieren. Sie müssen den Text nicht drehen und wenden und so lange verbiegen, bis er zu ihren Argumenten passt. Das müssen eher die Reformer tun, wenn sie versuchen, ein Konzept, das zum Funktionieren einer kleinen Wüstengemeinde vor 1400 Jahren erdacht wurde, auf die großen, komplizierten, multiethnischen Gesellschaften von heute zu übertragen. Das erfordert viel theologische Akrobatik – und die selektive Auswahl passender Suren.

Die muslimische Gemeinde ist in der Tat sehr vielfältig. Man kann nicht die Sufis aus dem Senegal mit den Wahhabiten in Saudi-Arabien, nicht mit den Schiiten im Irak, nicht mit den al-Ahmadiyya-Anhängern in Pakistan oder den Aleviten in Berlin oder den Alawiten in Syrien vergleichen. Doch das Problem, mit dem wir heute konfrontiert sind, ist nicht das, was Muslime unterscheidet, sondern das, was sie verbindet: Der Islamismus ist die einzige islamische Kraft, die Kulturen, Ethnien und Sprachen überwindet. Ein Islamist in Indonesien denkt und handelt genauso wie ein Islamist in Ägypten, Irak, Syrien, Mali, Nigeria oder Nordamerika. Es kann nicht sein, dass all diese Menschen, die sich nie begegnet sind, den Islam auf die gleiche Art und Weise und mit den gleichen Texten und Argumenten missbrauchen.

Ein kleines Gedankenspiel: Würde heute ein muslimischer Papst gewählt, der alle Gruppen hinter sich vereinen würde, und würde dieser Papst sagen, nur die mekkanischen Suren des Korans sollen heutigen Gläubigen zum Vorbild gereichen – wie lange würde er wohl am Leben bleiben? Den Koran zu verfälschen, und das wäre eine massive Verfälschung, heißt, Gottes Wort zu verfälschen.

12

*Mouhanad: Der Selbstanspruch des Korans als
»Botschaft der Barmherzigkeit« soll vor beliebiger
Auslegung schützen*

Lieber Hamed, nun haben Sie die Rolle Luthers eingenommen, denn Sie schreiben, ich solle den Wortlaut der Primärquellen (also Koran und Sunna) ernst nehmen. Gleichzeitig kritisieren Sie aber die Salafisten, gerade *weil* sie alles wortwörtlich nehmen und sich weigern, den Koran in seinem historischen Kontext zu interpretieren. Zu Recht verweisen Sie immer wieder auf ein gewisses »Ping-Pong-Problem« bei den Suren, weil man im Koran die verschiedensten Positionen zu einem Thema findet. Es gibt dort Verse, die Juden und Christen kritisieren; es gibt aber auch eine Fülle an Versen, die diese Andersgläubigen würdigen, ihnen sogar die ewige Glückseligkeit versprechen, wie zum Beispiel die bereits erwähnten

Suren 2:62 oder 5:69. Beide sind übrigens medinensisch, also
in ebenjener Phase entstanden, der Sie besondere Intoleranz
vorhalten. Und beide Verse versprechen schon in ihrem Wortlaut Nichtmuslimen die ewige Glückseligkeit. Hier müssen
also nicht Reformer, sondern Fundamentalisten den Text so
lange verbiegen, bis er zu ihren Argumenten passt.

Diese verschiedenen, ja zum Teil widersprüchlichen Positionen im Koran kann man nur durch eine historische Kontextualisierung erklären. Genau das fordern Sie ja auch. Wenn der Koran also von Juden oder Christen spricht, dann meint er nicht
alle Juden oder alle Christen zu allen Zeiten, sondern er richtet
sich in einer bestimmten Situation an eine bestimmte Gruppe.
Als Mohamed nach Vorbildern für seine neue Religion suchte,
fand er Anregungen bei den beiden »alten« monotheistischen
Religionen. Sie waren zunächst »die Gelehrten des Buches«,
um deren Anerkennung der Prophet rang. In Ihrem Koran-Buch
haben Sie analysiert, wie und warum daraus später die »Verfälscher des Buches« wurden. Es gab also eine Reihe von Anläs-
sen und Situationen, die zu dieser neuen Einschätzung führten.
Und die unsere gemeinsame Auffassung bestärken, dass der
Koran in seinem historischen Kontext gelesen werden sollte.
Insofern wäre es falsch, eine kritische Sure zu den Nichtmuslimen in den Status der Allgemeingültigkeit zu heben.

Sie werden mir nun entgegenhalten, dass spätere (angeblich
radikalere) Suren frühere (angeblich gemäßigtere) aufgeho-
ben haben. Doch nicht alle Gelehrten vertreten diese Meinung,
die im Übrigen auch nur ein Konstrukt der Gelehrten war und
ist, da sie die widersprüchlichen Positionen im Koran nicht
anders zu erklären wussten als durch das Prinzip der sogenannten Abrogation. Damit ist gemeint, dass spätere Suren im
Zweifelsfall frühere aufheben. Das ist aber eben nur ein Hilfskonstrukt, auf das wir heute getrost verzichten können, wenn
wir den Koran historisch kontextualisieren. Zudem stimmt es

auch nicht, dass spätere Suren prinzipiell radikaler sind als
frühere. In den späteren Suren stoßen wir auf eine Fülle von
versöhnlichen Aussagen, wie zum Beispiel jene, die Juden
und Christen ewige Glückseligkeit versprechen (z. B. Suren
2:62 und 5:69).

Ich betone den koranischen Selbstanspruch der Barmherzigkeit als wichtigstes Kriterium des Korans, um den Text
selbst vor der Beliebigkeit der Auslegung zu schützen. Jede
Interpretation muss daraufhin überprüft werden, ob sie damit
im Einklang steht. Wird Barmherzigkeit zum Maßstab genommen, der über allem steht, können menschenfeindliche Positionen nicht aus dem Koran abgeleitet und legitimiert werden.
Daher widerspreche ich auch Ihrer Aussage, wonach Muslime, die im Namen ihrer Religion Gewalt anwenden, den Islam
nicht missverstehen, sondern ihn nur gebrauchen. Denn der
Selbstanspruch des Korans, eine Botschaft der Barmherzigkeit zu sein, lässt sich keineswegs mit Gewalt und Menschenverachtung vereinbaren.

Natürlich gibt es »Exklusivisten« unter Gelehrten und
Gläubigen, die Gott unterstellen, er sei an Etiketten wie »Muslim« oder »Christ« interessiert. Und dass er die einen errettet
und die anderen verdammt. Das führt zu einer Aushöhlung der
Religion, denn es geht dann nicht länger um ihren spirituellen
und ethischen Kern oder um ihre Inhalte. Sondern nur darum,
sich über den anderen zu stellen. Diese Exklusivisten stützen
sich dabei vor allem auf zwei koranische Verse, um ihre ablehnende Haltung zu begründen:

»Die Religion bei Gott ist der Islam.« (Sure 3:19) Und: »Be-
kennt sich jemand zu einer anderen Religion als zum Islam,
wird Gott sein Bekenntnis nicht annehmen.« (Sure 3:85)
Übersehen wird hierbei jedoch, dass der Begriff »Islam« im
Koran keine bestimmte Religion bezeichnet, sondern nur den
Glauben an den einen Gott. So werden im Koran unter ande-

rem Abraham (Sure 3:67), Lot (Sure 51:36), Noah (Sure 10:72), Josef, der Sohn Jakobs (Sure 12:101), Salomon (Sure 27:91) und die Anhänger Jesu allgemein (Sure 5:111) als Muslime bezeichnet. Und das sind Menschen und Gruppen, die lange vor Mohamed gelebt haben. Jeder, der sein Leben auf Gott hin ausrichtet, ist demnach ein Muslim.

Exklusivisten ignorieren das und meinen, dass Gottes Gnade und seine Zuwendung nur ihnen und niemandem sonst zuteilwerden. Deshalb bekämpfen sie die Vielfalt. Nach diesem Verständnis hat der Andersgläubige keine Existenzberechtigung, er ist per definitionem abzulehnen. Und wenn diese Ablehnung im Namen Gottes geschieht, dann nimmt sie absolute Züge an und wir wären nicht mehr weit von dem entfernt, was man Religionskrieg nennt. Die Geschichte der drei monotheistischen Religionen kennt das zur Genüge. Mit anderen Worten: Im Exklusivismus an sich steckt eine Grundlage für Gewalt – aber nicht per se im Koran, der als Botschaft der Barmherzigkeit verstanden werden will.

13

Hamed: Auf dem Exklusivismus gründet die Existenzberechtigung des Islam

Lieber Mouhanad, wenn man den von Ihnen zitierten Vers (Sure 3:85) in der offiziellen deutschen Übersetzung des Korans, die von al-Azhar herausgegeben wurde, liest, kann man den exklusivistischen Charakter des Islam gut erkennen. Dort heißt es:

»Bekennt sich jemand zu einer anderen Religion als zum Islam, wird Gott sein Bekenntnis nicht annehmen. Am Jüngsten Tag wird er zu den Verlierern gehören.« (Sure 3:85)

Es ist verständlich, dass eine neue Religion zunächst versucht, sich durch ältere Religionen zu legitimieren, und erst später beginnt, sich von den alten abzugrenzen, um die Konturen der eigenen Identität zu schärfen. Ähnlich ist auch die erste Generation der Christen mit dem Judentum verfahren. Jede Religion braucht auch einen eigenen Wahrheitsanspruch. Doch das Problem mit dem Islam liegt nicht nur in seiner Exklusivität, sondern auch in der Verteuflung und somit in der Ablehnung der Existenzberechtigung der anderen.

Deshalb kann ich Ihr Argument nicht stehen lassen, dass jeder Mensch, der an Gott glaubt, aus muslimischer Sicht ein Muslim sei, auch wenn er Mohamed als Gesandten Gottes nicht anerkennt. Denn im gesamten Koran geht es nicht allein um die Idee des Monotheismus, sondern darum, wie Mohamed diesen Monotheismus auslegt. Sehr oft erscheinen Allah und Mohamed im Koran als eine untrennbare Einheit, die den gleichen Willen haben und auch gemeinsam Entscheidungen treffen. Häufig werden Menschen im Koran davor gewarnt, sich gegen Allah und seinen Gesandten aufzulehnen. Im Glaubensbekenntnis des Islam reicht es nicht aus, zu bezeugen, dass es nur einen Gott gibt, sondern ein Muslim muss im gleichen Atemzug bezeugen, dass Mohamed dessen Gesandter sei.

Schön wär's, wenn man den Begriff »Muslim« erweitern würde, um alle Monotheisten zu inkludieren, denn dann hätten sowohl Terroristen als auch Exklusivisten keinerlei Argumentationsgrundlage mehr. Aber so einfach ist das leider nicht. Der Islam würdigt nicht allein den Glauben an einen Gott an sich, sondern macht gleichzeitig den Glauben an Mohamed und die Befolgung der Befehle des Propheten zur Voraussetzung für das Heil Gottes. Konsequenterweise erscheint das Paradies im Koran als ein exklusiver Ort, zu dem nur jene von Mohameds Anhängern Zugang erhielten, die seine Botschaft unterstützten und in seiner Armee kämpften. Nicht nur Ungläubige, sondern auch Juden, Christen und sündige Muslime haben in diesem Club keinen Platz.

Mohamed brauchte diese Exklusivität einerseits, weil er – wie Sie angedeutet haben –, sich von Juden und Christen nicht ernst genommen fühlte, und andererseits, um seine Anhänger für den bewaffneten Kampf für die Sache Gottes zu motivieren. Wie sonst sollte ein gläubiger Muslim sein Leben für den Dschihad opfern, wenn sowieso alle, die an den einen Gott glauben, auch ins Paradies kommen könnten, selbst wenn sie bequem auf dem Sofa sitzen blieben?

Dementsprechend musste der Koran die Authentizität der Thora und der Evangelien später angreifen, damit der Koran als das endgültige, verbindliche Wort Gottes erscheint. Juden und Christen galten fortan als »Verfälscher des Buches«. Diese Autorität und Exklusivität sind die Grundlage für Fundamentalisten und Terroristen, die den Koran als Legitimation für Gewalt gegen Andersgläubige und Sünder sehen. Deshalb ist es absurd, zu behaupten, alle Menschen, die an den einen Gott glauben, seien Muslime. Während man versucht, Terroristen, die im Namen des Islam Gewalt ausüben und dies durch klare Passagen aus dem Koran legitimieren, ihr Muslim-Sein abzusprechen!

14

Mouhanad: Der Koran ist Gottes Menschenwort

Natürlich ergibt der Satz: »Terroristen, die im Namen des Islam Terror ausüben, sind keine Muslime«, keinen Sinn. Selbstverständlich sind sie Muslime, weil sie sich mit dem Islam identifizieren. Aber sie interpretieren ihn so, wie sie ihn interpretieren *wollen,* nämlich im Sinne von Gewalt und Terror. Die Mehrheit der Muslime hängt aber einer anderen Interpretation an. Und auch sie findet die Legitimation für ihre Haltung im Islam und seinen Primärquellen.

Ich gebe also zu, dass beide Positionen im Koran entsprechende Quellen finden. Hierin sehe ich allerdings kein Problem, sondern eine Chance für Reformen: Da der Islam keine Kirche kennt, obliegt es dem Diskurs, zu bestimmen, welches Islamverständnis sich letztendlich durchsetzt. Wir können bestimmte Diskurse stark machen. Wir können jene stärken, die sich für den Islam als Botschaft der Liebe und der Barmherzigkeit einsetzen. Und wir können ihnen dafür Belege liefern, dass der Islam keine statische, sondern immer schon eine dialoghafte Religion war.

Der Koran ist kein monologisches Buch im Sinne einer Selbstrede Gottes, sondern er ist das Ergebnis einer lebendigen Kommunikation zwischen Gott und seiner Gemeinde im 7. Jahrhundert auf der arabischen Halbinsel. Deshalb lesen wir im Koran Sätze wie: »Sie fragen dich (Mohamed) nach diesem und jenem, sag ihnen dieses und jenes.« Diese Formulierungen machen klar, dass es sich beim Koran keineswegs um einen starren, fertigen Monolog handelt, sondern um etwas, das aus einem Dialog heraus entstanden ist. Ganz offensichtlich findet eine Kommunikation statt, bei der mehrere Akteure zu Wort kommen.

Natürlich steht es für Muslime außer Frage, dass der Koran auf Gott zurückgeht. Aber er ist auch, wie der ägyptische Koranforscher Nāsr Hamid Abū Zaid (1943–2010) das formulierte, »Gottes Menschenwort«. Denn der Koran als Buch, wie wir es heute kennen, wurde dem Propheten Mohamed nicht gedruckt und schön gebunden übergeben, sondern in verschiedenen Phasen verkündet und erst nach seinem Tod zusammengetragen.

Im Koran selbst heißt es:

»Wir haben den Koran in einer arabischen Rede verkündet, damit ihr ihn versteht.« (Sure 43:3)

In dieser Sure steckt bereits eine Definition dessen, was der Koran ist. *Qur'ān* meint ursprünglich Vortrag, Verkündung oder Lesung. Mohamed hat die Botschaft Gottes mündlich empfangen und mündlich weitergegeben. Er und seine Gemeinde waren die ersten Adressaten dieser Botschaft, und damit sie gehört wurde, bediente sich Gott ihrer Sprache.

In seiner Entstehung war der Koran dynamisch, er ist das Resultat einer Kommunikation zwischen Gott und Mensch. Der Koran als Buch, als heilige Schrift des Islam, ist hingegen fixiert. Form und Inhalt verändern sich nun nicht mehr. Wenn ich heute im 21. Jahrhundert im Koran lese, dann lese ich, Esel und Pferde seien meine Transportmittel (Sure 16:8). Ich lese von Körperstrafen aus dem 7. Jahrhundert, von der Ungleichheit der Geschlechter oder der Religionen und von Regeln, die Sklaverei betreffend, die seit der Abschaffung der Sklaverei obsolet sind.

Sofern man der statischen Lesart folgt und den Koran als »vom Himmel gefallenes Werk« betrachtet, gerät man hier in ein Dilemma. Ein Gläubiger kann nicht einfach neue Begriffe einsetzen, denn eine Veränderung der Sprache wäre eine Verfälschung des Korans. Jede Abweichung ein Akt der Häresie. In der Koranforschung spricht man hier von einer synchronen Lesart des Korans. Demgegenüber steht die diachrone Lesart, die nicht nur den historischen Kontext der Verkündigung berücksichtigt, sondern auch die Prozesshaftigkeit seiner Entstehung. Sie erkennt an, dass der Koran in seiner jetzigen Form das Ergebnis vieler Interaktionen über einen langen Zeitraum hinweg ist. Genau in dieser Erkenntnis liegt für den Gläubigen ein Ausweg aus seinem Dilemma: Er hat die Möglichkeit, den Koran in seiner ursprünglichen Form zu verstehen – als Kommunikation mit Gott, die nie aufhört und auch im Hier und Jetzt stattfindet.

Schon Imam Ali, der vierte und letzte der rechtgeleiteten Kalifen (599–661), sagte: »Es ist nicht der Koran, der spricht, sondern die Menschen bringen ihn zum Sprechen.« Wenn man dieser Sichtweise folgt, hat der Mensch immer wieder die Chance, den Dialog mit Gott von Neuem zu suchen und seine Botschaft neu zu decodieren. Daher ist es im Islam geboten, den Koran immer und immer wieder zu lesen und zu rezitieren. Wäre der Inhalt wirklich statisch, würde es ja ausreichen, den Koran ein- oder zweimal in seinem Leben zu lesen. Man hätte die Botschaft verstanden und bräuchte den Text nie wieder zu lesen, wozu auch? Aber so ist es eben nicht. Muslime müssen den Koran immer neu lesen und neu auslegen, um die Kommunikation mit Gott lebendig zu halten.

Nun könnte man einwerfen, dass eine solche Vorgehensweise zu Beliebigkeit in der Auslegung der Schrift führen würde. Schließlich hat jeder Mensch unterschiedliche Anliegen, die er mit Gott kommunizieren möchte, und der Koran soll jedem gerecht werden. Wie Sie, lieber Hamed, bereits angemerkt haben, wird im Koran der Extremist ebenso fündig wie der Friedliebende. Sie übersehen dabei aber einen entscheidenden Aspekt: Der Koran selbst gibt den Rahmen vor, innerhalb dessen wir uns in seiner Auslegung bewegen dürfen.

Ich habe bereits darauf hingewiesen, dass das höchste Attribut, das der Koran Gott verleiht, »der Barmherzige« ist. Barmherzigkeit walten zu lassen ist nicht nur der Selbstanspruch Gottes, sondern auch eine Forderung an den Verkünder seiner Botschaft. So heißt es im Koran:

»Wir haben dich, Mohamed, lediglich als Barmherzigkeit für alle Welten entsandt.« (Sure 21:107)

Jede Lesart des Korans, die im Widerspruch zu diesem wichtigsten Kriterium der Barmherzigkeit steht, ist daher zu verwerfen. Salafisten und Extremisten, die im Namen des Korans Hass gegen Andersgläubige schüren und Gewalt legitimiert sehen, treten dieses Kriterium der Barmherzigkeit mit Füßen.

Natürlich stehen Aussagen im Koran, die für uns heute unbarmherzig klingen. Aber wie ich schon betont habe, solche Aussagen finden wir in allen heiligen Büchern. Die wichtige Frage ist weniger die danach, was wo steht, sondern die nach unserem heutigen Umgang damit. Ein historisches Bewusstsein, das von einem Gott ausgeht, der in der Zeit spricht, der sich auf die Menschen, deren Tiefen wie deren Höhen, einlässt, hilft uns heute dabei, uns weniger nach dem Wortlaut der heiligen Schriften auszurichten, als vielmehr nach dem Sinn des Gesamtkontextes.

Ich gebe Ihnen ein Beispiel: Sehr oft hört man von muslimischen Extremisten wie auch von Islamkritikern den Satz: »Der Koran erlaubt das Töten von Nichtmuslimen, weil dort steht: ›Tötet Ungläubige, wo immer ihr sie findet.‹« So ein Satz klingt natürlich mehr als unbarmherzig, aber wenn wir nachsehen, in welchem Kontext dieses Sure steht, ergibt sich folgendes Bild:

»Und kämpft um Gottes willen gegen diejenigen, die gegen euch kämpfen! Aber begeht keine Übertretung! Gott liebt die nicht, die Übertretungen begehen. Und tötet sie, wo ihr sie zu fassen bekommt, und vertreibt sie, von wo sie euch vertrieben haben! Der Versuch (Gläubige zum Abfall vom Islam) zu zwingen ist schlimmer als Töten … Wenn sie jedoch aufhören, so ist Gott barmherzig und bereit, zu vergeben … Wenn sie jedoch aufhören, darf es keine Übertretung geben.« (Sure 2:190–193)

Der Kontext der Verse macht klar, dass es hier um eine Haltung der Selbstverteidigung geht und keineswegs um eine pauschale Legitimation von Gewalt gegen Nichtmuslime. Unterdrückten, die gewaltsam verfolgt werden, die Erlaubnis zur

Gegenwehr zu erteilen, ist keineswegs Ausdruck fehlender Barmherzigkeit. Dennoch will ich nicht bestreiten, dass es Positionen innerhalb der islamischen Theologie gibt, die Gewalt gegen Nichtmuslime legitimieren. Aber eben daher benötigt man Reformen, um solchen Positionen eine klare Absage zu erteilen.

15

Hamed: Der Koran versteht sich als das letzte Manifest Gottes. Und so wird er nicht nur von Fundamentalisten, sondern auch von »normalen« Gläubigen verstanden

Wenn ich das richtig sehe, plädieren Sie dafür, den Koran immer wieder neu zu kontextualisieren. Denn der Islam und seine Schriften seien nicht vom Himmel gefallen, sondern aus einer Form der Kommunikation und orientiert an den Bedürfnissen einer bestimmten Zeit entstanden. Wunderbar, in diesem Punkt sind wir uns schon mal einig.

Ein Schwachpunkt Ihrer Argumentation liegt aber in der Decodierung bzw. der Übertragung des Wortes »im Dialog mit Gott« auf die aktuelle Lebenswirklichkeit. Wie soll ein Gläubiger Sätze des Korans verstehen, die da lauten: »Allah schreibt euch vor …«, »Allah hat entschieden …«? Soll er sie nun als konkrete Handlungsanweisungen verstehen oder sie übertragen? Im Sinne von: »So, wie ich das verstehe, will mir der Koran sagen, dass …«? Dann könnte es aber auch sein, dass der Koran bzw. mein Zwiegespräch mit Gott mir morgen etwas ganz anderes sagen will.

Religion als beständigen Dialog zwischen Gott und seiner Schöpfung zu sehen, ist ein schönes Bild. Es ist sicher auch richtig, dass der Gläubige so seinen Glauben erneuern und lebendig halten kann. Das Problem mit dem Koran ist allerdings, dass er sich als letztgültiges Manifest Gottes an die gesamte Menschheit – und nicht nur für eine kleine Schar vor 1400 Jahren versteht. Wenn das wirklich Gottes Absicht war, kann er kein Interesse daran haben, dass jeder nach Belieben an seinen Aussagen heruminterpretiert.

Und dass der vermeintlich gesetzte Rahmen der Barmherzigkeit als Orientierungshilfe offenbar nicht ausreicht oder bewusst ignoriert wird, zeigt doch die bittere Realität. Wenn Sie fordern, wir sollten mit unseren Werten – Humanismus, Aufklärung, Menschenrechte usw. – in den Dialog mit Gott / dem Koran eintreten und sein Wort so auf unsere Lebenswirklichkeit hin überprüfen, dann ist das schön und gut. Nur: Auch der IS gleicht seine Lebenswirklichkeit mit den Texten des Korans und der Biographie Mohameds ab. So wie er einst Mekka eroberte und die Ungläubigen von der arabischen Halbinsel vertrieb, ziehen sie in den Krieg gegen den Westen – und verstehen sich dabei als Vollstrecker eines göttlichen Plans.

Oder sollten sie IHN am Ende gründlich missverstanden haben? Ich glaube nicht. Denn wenn wir den Koran genauer lesen, versteht sich seine Botschaft nicht nur als eine direkt von Gott offenbarte, sondern auch als eine, die über uns gekommen ist, um andere Botschaften wahlweise zu vervollkommnen oder zu tilgen. Auch wenn ich mich wiederhole: In Sure 3, Vers 19 heißt es:

»Wahrlich, die Religion bei Allah ist der Islam.«

Und in Sure 9, nach Auffassung der meisten Gelehrten die letzte große Sure des Korans, ist zu lesen:

»Er (Allah) ist es, der seinen Gesandten mit der Rechtleitung und der Religion der Wahrheit gesandt hat, um ihr die Oberhand über alle Religionen zu geben, auch wenn es den Götzendienern zuwider ist.« (Sure 9:33)

Wo ist da der Spielraum für eine Decodierung?

Die klare Botschaft aus diesen beiden Versen ist doch: Der Islam ist gekommen, um über alle anderen Religionen zu siegen, sich zur einzig wahren Religion zu erheben – und nicht, Teil eines interreligiösen Dialoges zu sein. Ich bestreite nicht, dass für Muslime der Dialog zu einem bestimmten Zeitpunkt eine Strategie im Umgang mit Andersgläubigen war, namentlich zur Zeit in Mekka und während der ersten beiden Jahre in Medina. Die späteren Passagen des Korans hoben diese Haltung jedoch auf und verfluchten jeden, der Mohameds Botschaft nicht folgte. Sure 9 ist ein Manifest des Hasses nicht nur gegen Pagane, sondern ebenso gegen Juden, Christen, Beduinen und sogar Muslime, die Mohamed die Steuern verweigerten oder nicht mit ihm in den Dschihad ziehen wollten. Der IS tut nichts anderes, als diese Sure in die Tat umzusetzen!

Nein, ich denke man muss die Geschichte des Korans andersherum lesen. Nicht Gott hat den beständigen Dialog gesucht und mit seinen Geboten und Anweisungen auf die sich wandelnden Lebensumstände und Bedürfnisse der Gläubigen reagiert. Sondern Mohamed und seine Gemeinde haben ihre Lebenswirklichkeiten, ihre Bedürfnisse, Träume und Ängste auf Gott übertragen. Daraus sind Texte entstanden, die zwar schöne lyrische und spirituelle Passagen beinhalten, aber auch trockene primitive Texte über Kriegshandlungen und vormoderne Vorstellungen von Recht und Gesetz, die sogar hinter frühere Hochkulturen zurückfielen.

Es bringt nichts, sich zu verrenken und zu versuchen, in diesen Texten nach Richtlinien für unsere heutige Lebenswirklichkeit zu suchen. Wir sollten den Koran als literarisches Zeugnis oder historisches Dokument lesen, um uns ein Bild zu machen, wie die Menschen damals in diesem Raum gelebt und gedacht haben. Nur so kann eine Kontextualisierung stattfinden. Und nur so kann man radikalen Kräften die Legitimation für ihr Tun entziehen. Denn auch für sie würde dann gelten, dass der Koran keine Handlungsanweisungen für die Gegenwart enthält.

16

Mouhanad: Der Koran muss in seiner Gesamtheit gelesen werden. Einzelne Verse herauszupicken, öffnet Tür und Tor für Missbrauch aller Art

Sie beharren leider noch immer auf einer Lesart des Korans, die eigentlich nur Fundamentalisten und Salafisten anwenden. Sie gehen von einem Gott aus, der die Menschen wie Marionetten behandelt, und deshalb finden Sie es befremdlich, dass dieser Gott dem Menschen die Freiheit gegeben haben soll, den Koran selbst zu interpretieren. Sie sind der Meinung, dass Gott dem Menschen eine detaillierte Bedienungsanleitung offenbart hat. Dies hat er aber zum Glück nicht getan, weil dies nur auf Kosten der menschlichen Freiheit gegangen wäre.

Ich verstehe den Koran so, dass Gott dem Menschen vertraut und ihn daher nicht bevormunden will. Natürlich geht er damit das Risiko ein, dass der Mensch diese ihm verliehene Freiheit missbrauchen könnte. Fundamentalisten lehnen diese Sicht ab, sie projizieren auf Gott das Bild eines Tyrannen, der die Menschen wie seine Marionetten behandelt, und daher lesen sie den Koran als Ansammlung von Instruktionen. Der Mensch hat hierbei nichts zu sagen, sondern nur zu folgen. Was aber ist das für ein defizitäres Gottesbild?

Sie machen den Fehler, lieber Hamed, mit einzelnen Versen aus dem Koran zu argumentieren. Das bedeutet aber immer Selektion. Ich möchte Ihnen noch ein weiteres Beispiel liefern, wie groß der Unterschied ist, wenn man einen Vers herauspickt oder ihn im Gesamtkontext des Korans betrachtet. Sie haben den folgenden Vers aus Sure 3 zitiert:

»Wahrlich, die Religion bei Allah ist der Islam.«

Wenn Sie im Koran blättern, werden Sie feststellen, was der Koran selbst unter »Islam« versteht. Sie werden feststellen, dass Figuren, die uns aus dem Alten Testament bekannt sind, wie Noah, Moses, Abraham, Lot und Josef, genauso als »Muslime« bezeichnet werden, wie die Anhänger Jesu. Der Koran spricht vom Glauben an den einen Gott und nennt dies »Islam«.

Der von Ihnen zitierte Vers wird von muslimischen Fundamentalisten gerne ohne seinen gesamtkoranischen Bezug zitiert, um die Exklusivität des Islam zu betonen. Verstehen Sie, lieber Hamed, warum ich ein so großes Problem mit Ihrer Lesart des Korans habe? Sie ist genau dieselbe, gegen die ich bei Fundamentalisten vorgehe. Wenn Sie einzelne Verse zitieren, ignorieren Sie die vielen anderen, die etwas anderes sagen, und müssen sich letztlich den Vorwurf gefallen lassen, den Islam – genau wie die Salafisten das tun – ideologisch zu lesen. Das würde bedeuten, dass Sie ein vorgefertigtes Bild vom Islam haben und nur noch nach einer Untermauerung Ihrer Sichtweise suchen.

Ich glaube an die Vernunft des Menschen und daran, dass er ein moralisches Wesen ist. Ich habe ein Buch mit dem Titel »Gott glaubt an den Menschen« geschrieben, und das habe ich ernst gemeint. Denn ich glaube an einen Gott, der an mich glaubt und mir vertraut und deshalb kein Problem damit hat, mir das Ruder in die Hand zu geben. Fundamentalisten hingegen glauben nicht an den Menschen, sie glauben an einen Gott, der ebenfalls nicht an den Menschen glaubt, sondern ihm unterstellt, er brauche eine Bedienungsanleitung für sein Leben, die keinen Raum für Interpretation offenlässt. Wir brau-

chen Reformen, um den Gläubigen Mut zu machen, an sich
selbst und an die eigene Vernunft zu glauben. Sie müssen sich
trauen, den Koran selbst in die Hand zu nehmen und ihn zu
decodieren!

Sie wiederholen immer wieder den Vorwurf, die späteren
Suren wären Ausdruck der Dialogunfähigkeit des Korans, nur
in der mekkanischen Phase habe der Text aus strategischen
Gründen Nichtmuslime toleriert. Gleichzeitig wissen Sie aber,
dass zum Beispiel die fünfte Sure im Koran (also die letzte
bzw. vorletzte, die verkündet wurde) zu einem Zeitpunkt offenbart wurde, als Mohamed auf dem Zenit seiner Macht
stand. Genau in dieser Sure liest man vom Versprechen an Juden und Christen, in die ewige Glückseligkeit zu gelangen
(Sure 5:69). Und in Vers 48 der gleichen Sure fühlt man sich
an die Ringparabel in Lessings »Nathan der Weise« erinnert:

> »Und wir sandten zu dir in Wahrheit das Buch hinab, bestä-
> tigend, was ihm an Schriften vorausging und über sie Ge-
> wissheit gebend. (…) Jedem von euch gaben wir einen
> Weg. Wenn Gott gewollt hätte, hätte er euch zu einer einzi-
> gen Gemeinde gemacht. Doch er will euch in dem prüfen,
> was er euch gegeben hat. Wetteifert nun nach den guten
> Dingen (…).«

Natürlich stehen in der fünften Sure auch andere Verse, die
weniger freundlich klingen, aber wir müssen eben all diese
Aussagen, wie Sie ja fordern, ohne sich selbst daran zu halten,
als historische Zeugnisse lesen. Indem Sie aber immer wieder
darauf beharren, der Islam sei schlecht und nicht reformierbar,
weil im Koran und in der Sunna dies und jenes stehe, lesen Sie
selbst den Koran und die Sunna nicht als historische Zeugnisse, sondern als normative Texte mit einem klaren Wei-
sungscharakter. Wir beide wollen aber doch gerade gegen diese Lesart vorgehen, oder?

17

*Hamed: Der Koran als direktes Wort Gottes lässt
keinen Spielraum für Interpretationen*

Mir vorzuwerfen, ich würde den Koran genauso lesen und
auslegen, wie die Salafisten das tun, geht dann doch ein wenig
zu weit. Ich habe das bislang einzige Buch im deutschsprachigen Raum verfasst, das eine Gegenüberstellung von Friedens-
und Gewaltpassagen vornimmt und beide in deren historischen Kontext stellt. Im Gegensatz zu mir halten die Salafisten
den Koran für zeitlos und lehnen eine historisch-kritische
Kontextualisierung per se ab.

Des Weiteren halten Sie mir vor, ich würde selektiv mit dem
Koran umgehen. Nun, Sie tun nichts anderes! Sie zitieren den
einzigen Satz aus dem Koran, in dem es heißt, auch Juden und
Christen müssten am Jüngsten Tag nicht traurig sein – und
halten das für maßgebend. Wenn ich aber aus der gleichen
Sure und aus vielen weiteren zig Passagen zitiere, in denen
Juden und Christen explizit als Ungläubige bezeichnet werden
und in denen Muslime aufgefordert werden, Gewalt gegen
diese Ungläubigen anzuwenden, dann werfen Sie mir vor, selektiv mit dem Text umzugehen. Sie picken sich einen einzigen Satz heraus, in dem es heißt, Gott würdigt die Kinder
Adams – und werten das dann als Beleg dafür, dass Gott an
alle Menschen glaubt. Aber wenn ich im Gegenzug vierzig
andere Verse zitiere, in denen Gott den Menschen im Allgemeinen als Lügner, Versager und anmaßend beschimpft, oder
wenn ich auf 400 Verse verweise, in denen er dem Menschen
mit Höllenqualen droht, dann ist es selektiv.

So kommen wir nicht weiter! Wir können diese Widersprü-
che nur verstehen und auflösen, wenn wir begreifen, dass nicht
Gott hinter dem Koran steckt, sondern Mohamed. Der wollte

Juden und Christen mal für seine neue Religion gewinnen, dann war er ihnen wieder feindselig gesinnt usw. Mal wollte Mohamed seine Anhänger motivieren, indem er ihnen sagte, dass Gott an sie glaubt. Dann wieder war er von den Menschen in seinem Umfeld frustriert, weil sie seine Botschaft ablehnten, deshalb verfluchte und bedrohte er sie. Das ist Opportunismus oder von mir aus auch Pragmatismus. Aber genau wegen dieses offensichtlichen Zusammenspiels von Aktion (ein Ereignis im Leben Mohameds) und Reaktion (der Prophet lässt Gott darauf reagieren) können wir heute weder den friedlichen noch den gewaltbejahenden Passagen etwas abgewinnen.

Gleichwohl wird das getan. Weil für Gläubige und Exegeten der Koran als letztgültiges Wort Gottes gilt. Ja, auch das Judentum und das Christentum gelten als Offenbarungsreligionen, und ja, es finden sich auch im Alten Testament ähnliche Stellen, die Ungläubige verfluchen und Gewalt verherrlichen. Doch für die Mehrheit der Christen und Juden ist das Alte Testament zwar eine Botschaft, aber nicht das *direkte* Wort Gottes. Den Gläubigen ist bewusst, dass die Texte von Menschen über Jahrhunderte verfasst wurden. Die Sprache, die Erfahrungen und Vorstellungen dieser Verfasser flossen in sie ein. Das schafft eine gewisse Distanz zum Gesagten und lässt Spielraum für Umdeutung und Spiritualisierung.

Anders der Koran, dessen Worte dem Propheten Mohamed *persönlich* »offenbart« wurden. Auch wenn die Verkündigung später niedergeschrieben wurde, bleibt eines unverändert: Hier spricht Gott direkt, hier hasst er selbst, hier verabschiedet er Gesetze und bejubelt Krieger, die für seine Sache töten und getötet werden, hier befiehlt er Enthauptungen und Verstümmelungen. Dazu kommt – wie bereits erwähnt – die islamische Vorstellung, dass dieses direkte und letzte Wort Gottes nicht nur an ein bestimmtes Volk gesandt worden ist, sondern

als Maßgabe für die gesamte Menschheit. Das verleiht Mohamed, dem Koran und dem Islam an sich eine ungeheure universelle Macht über alle Zeiten. Der Koran hat den Anspruch,
die endgültige Antwort auf alle Fragen, die die Menschheit
bewegen, geben zu können, und zwar für immer und ewig und
an allen Orten. Denn wenn Gott zum letzten Mal spricht, bevor er für immer schweigt, muss es ein umfassendes Zeugnis,
ein Manifest oder vielmehr eine Verfassung sein, wonach die
Menschen sich zu richten haben. Genau diesen Anspruch formuliert der Koran (in der gleichen Sure 5, die Sie zitiert haben) so:

»Wer nicht nach dem waltet, was Allah (als Offenbarung)
herabgesandt hat, das sind die Ungläubigen.« (Sure 5:44)

Im darauffolgenden Vers in der gleichen Sure wiederholt er
dieses Gebot erneut fast im gleichen Wortlaut:

»Wer nicht nach dem waltet, was Allah (als Offenbarung)
herabgesandt hat, das sind die Ungerechten.« (Sure 5:45)

Und um nur ja keinen Zweifel daran aufkommen zu lassen,
was er von seinen Dienern erwartet, wiederholt Allah zwei
Verse weiter:

»Wer nicht nach dem waltet, was Allah (als Offenbarung)
herabgesandt hat, das sind die Frevler.« (Sure 5:47)

Sure 5 gilt, wie Sure 9, als eine der letzten Suren des Korans.

Der Koran lässt keinen Zweifel daran aufkommen, was
Gott von den Gläubigen will: Unterwerfung. Er formuliert
klare Gebote und Verbote, verlangt deren strenge Einhaltung
und droht denjenigen mit harter Strafe, die dies nicht tun.

Wer wollte es den »einfachen« Muslimen verübeln, dass sie
keine Lust auf Umdeutung, Decodierung und Kontextualisierung haben, sondern auf Nummer sicher gehen und Gottes Gebote so umsetzen, wie sie klar formuliert im Koran stehen?

Gerade im innerislamischen Diskurs wird die Orthodoxie
den Kampf gegen die Reformer stets gewinnen, weil sie auf

Authentizität und Kontinuität setzt und weil sie die unantastbaren Texte im Rücken hat. Ein Großteil der Exegese, die man
ja vor allem braucht, weil der Koran so widersprüchlich ist,
setzte auf Restauration und Bewahrung. Dabei kam den Gelehrten zugute, dass der Mensch im Allgemeinen nicht besonders revolutionär veranlagt ist, sondern dass er jede Veränderung oder Umwälzung eher mit Skepsis beäugt. Der Mensch
will Stabilität und Sicherheit, kein Durcheinander. Selbst Lügen klingen für ihn manchmal süßer als bittere Wahrheiten.
Wobei aus meiner Sicht die Wahrheit selbst nicht bitter ist; es
ist der Prozess der Wahrheitsfindung, der uns so schmerzhaft
scheint. Dieser Prozess beginnt ganz allgemein damit, sich aus
Lethargie und Ignoranz zu lösen, zu erkennen und anschließend eine Veränderung herbeizuführen. Weil dieser Prozess
langwierig sein kann und manchmal schmerzhaft wie eine Geburt, wurden Reformer – egal aus welchem Bereich – fast nie
zu ihren Lebzeiten von der eigenen Gesellschaft gewürdigt.
Ob Kirchenkritiker im Mittelalter oder Dissidenten aus der
Sowjetunion, alle haben nicht nur die Macht der Mächtigen zu
spüren bekommen, sondern auch den Unmut der Massen auf
sich gezogen. Erst im Nachhinein war man für diese religiösen
oder politischen Ketzer dankbar. Der Islam allerdings war seinen Ketzern noch nie dankbar.

Es fällt den Gelehrten leicht, jede Abweichung als fehlgelei-
tet zu verdammen. Denn der Koran lehrt, dass es keine andere
Religion nach dem Islam geben darf. Die Gemeinschaft der
Drusen beispielsweise, die im 11. Jahrhundert in Ägypten als
Abspaltung der ismailitischen Schia entstand, wird bis heute
nicht anerkannt. Ihre Lehre sieht unter anderem die Gleichberechtigung von Mann und Frau vor und erkennt die Vernunft als
höchste Autorität an. Ibn Taymiyya, einer der führenden sunni-
tisch-hanbalistischen Gelehrten, ließ zwei Rechtsgutachten
über diese Gemeinschaft anfertigen, die zu einem vernichten-

den Ergebnis kamen. Drusen seien Häretiker, ihr Unglauben noch größer als der von Juden, Christen oder Götzenanbetern. Wer Zweifel daran äußere, sei genau wie die Drusen selbst ungläubig.

Und wo findet Ibn Taymiyya die Legitimation für seine Haltung? Im Koran.

Gleiches geschah mit dem Bahaismus, dem weltweit immerhin acht Millionen Menschen angehören. Im Mittelpunkt dieser Lehre, die sich dem friedfertigen und an humanitären Grundsätzen ausgerichteten Miteinander aller Menschen verschrieben hat, steht der Glaube an einen transzendenten, monotheistischen Gott. Nach ihrer Auffassung schöpften alle großen Religionsstifter aus ein und derselben Quelle: Gott. Die Unterschiede zwischen den Religionen gelten als Ausdruck kultureller Prägungen.

Im orthodoxen Islam gelten die Bahai als vom wahren Glauben Abgefallene. Mitte des 19. Jahrhunderts wurden im Gründungsland Iran bis zu 20000 Menschen dieses Glaubens ermordet. Bis heute gelten die Bahai als »Gefahr für die nationale Sicherheit des Landes«[1].

Wie soll angesichts dessen ein »normaler« Muslim ermutigt werden, seine eigene Interpretation des Korans zu wagen? Zumal nach dem Koran nicht etwa ein Neues Testament kam, wie im Christentum, sondern die Sunna. Diese »Handlungsweisen des Propheten« gelten nach dem Koran als zweite wichtige Quelle des Islam, vor allem in Fragen des Rechts. Derjenige, der die Sunna befolgt, wahrt die Eintracht in der Gemeinschaft der Muslime.

Während seiner sogenannten Abschiedswallfahrt *(Haddsch)* kurz vor seinem Tod im Jahr 632 soll Mohamed gesagt haben: »Ich habe euch etwas Klares und Deutliches hinterlassen. Wenn ihr daran festhaltet, werdet ihr niemals in die Irre geleitet werden. Gottes Wort und die Sunna seines Propheten.«

Mit Sunna meint Mohamed hier alles, was er tat, was er
sagte oder wem oder was er zustimmte.

Auch das ist eine klare Ansage: Es ist nicht an den Gläubigen, neue Ansätze zu verfolgen, sonst werden sie der Verfolgung anheimfallen. Und noch etwas ist interessant an dieser
Aussage: Nicht nur Gott hat etwas hinterlassen, sondern auch
ich, der Prophet, habe etwas Klares und Deutliches hinterlassen, und wenn ihr (neben den göttlichen) diese meine Anweisungen befolgt, werdet ihr niemals in die Irre geleitet werden.

Das ist eine enorme Selbstermächtigung. Die Aussagen des
Propheten stehen auf einer Stufe mit denen Gottes. Und wenn
ich nun den Bogen zurückschlage, wiederhole ich die These,
dass Mohamed Gott die Worte in den Mund gelegt hat, und
nicht umgekehrt. Wäre das nicht ein guter Beleg dafür, wie
notwendig es ist, den Koran vom Sockel der göttlichen Unantastbarkeit herunterzuholen?

18

Mouhanad: Die Orthodoxie zählt auf
unmündige Gläubige, Reformer setzen hingegen
auf mündige

Lieber Hamed, hat der Koran wirklich den Anspruch, die endgültige Antwort auf alle Fragen, die die Menschheit bewegen,
geben zu können, und zwar für immer und ewig und an allen
Orten? Wenn dem so sei, warum meinen muslimische Gelehrte in Indonesien heute, dass sich der Islam mit der Demokratie
vereinbaren lässt, die Gelehrten in Saudi-Arabien sehen es
aber völlig anders? Die muslimischen Gelehrten streiten sogar
darüber, wie man richtig betet, welches die richtige Form der

Waschung vor dem Gebet sei usw. Nicht einmal das ist eindeutig geregelt, weder im Koran noch in der Sunna.

Der bekannte Gelehrte Abu Hanifa (699–767), nach dem
die erste der vier sunnitischen Rechtsschulen benannt wurde,
erlaubte das Trinken alkoholischer Getränke, solange sie nicht
aus Trauben gemacht sind und man sich damit nicht hem-
mungslos betrinkt, weil der Koran nur von einem Weinverbot
spricht, nicht jedoch von einem generellen Alkoholverbot.
Auch daran, ob nur das Fleisch von geschächteten Tieren erlaubt sei, scheiden sich die Geister. Die Liste ließe sich pro-
blemlos fortsetzen.

Ein Koran, der nicht einmal diese einfachen Dinge klar geregelt hat, kann nicht den Anspruch erheben, alle Belange der
Menschheit geregelt zu haben. Das tut er auch nicht; alles regeln zu wollen ist lediglich der Anspruch von Islamisten, nicht
jedoch der des Korans. Seine Gebote und Verbote scheinen
auch deshalb nicht so klar formuliert zu sein, weil er kein Ge-
setzesbuch sein will, sondern ein Buch, das den Menschen
Spiritualität und Ethik vermitteln will.

Die Orthodoxie gewinnt den Kampf gegen Reformer, nicht
weil sie auf Authentizität und Kontinuität, sondern weil sie auf
unmündige Gläubige setzt, die sich in den Händen von religiösen Autoritäten fallen lassen und bereit sind, sich diesen zu
unterwerfen. Aber gerade deshalb brauchen wir Reformen, die
den Menschen deren Recht auf Mündigkeit und Selbstbestimmung zurückgibt.

Man muss also nicht nur den Koran vom Sockel der Unantastbarkeit holen, sondern die Exklusivisten in ihre Schranken
weisen, die im islamischen Kontext längst nicht nur unter
Salafisten zu finden sind. Ihre Haltung ist leider Teil des
»Mainstreams« innerhalb der islamischen Lehre. Den Exklusivisten möchte ich die Frage entgegenhalten, wie sich ihre
Auffassung mit der koranischen Rede von einem barmherzi-

gen, allen Menschen in bedingungsloser Liebe zugewandten
Gott vereinbaren lässt. Und gleich noch die Frage nachschie-
ben, an welchen Gott diese Exklusivisten eigentlich glauben?

Ist es ein gerechter Gott, wenn dieser sich das Recht heraus-
nimmt, Menschen nicht wegen etwas, das sie verbrochen haben, sondern nur wegen dem, was sie sind, in die ewige Ver-
dammnis zu schicken? Ist dieser Gott im Grunde nicht ein
gewalttätiger, willkürlicher Gott? Und worin unterscheidet
sich dieser Gott von Attentätern, die unschuldige Menschen
umbringen, nur weil sie Andersgläubige sind?

Wenn Gott tatsächlich das Recht für sich in Anspruch
nimmt, im Jenseits das Höllenfeuer für Andersgläubige brennen zu lassen, dann steckt darin eine gewisse Legitimation für
Extremisten, Gewalt gegen Andersgläubige auch im Diesseits
auszuüben. Warum soll etwas verwerflich sein, das Gott sich
offenbar selbst erlaubt und in Ordnung findet?

Einer solchen Sichtweise kann ich nur noch einmal entgegenhalten, dass im Koran der Begriff Islam nicht mit einem bestimmten religiösen Inhalt (christlich, jüdisch, muslimisch …)
besetzt ist, sondern mit der grundlegenden und dem Menschen
innewohnenden Sehnsucht, sich auf die Suche nach dem einen
Gott zu begeben:

> »So richte dein Angesicht auf die Religion im reinen Glau-
> ben, getreu der Natur [arab.: *fitra*], in welcher Gott die Men-
> schen erschaffen hat! Nicht zu verändern ist die Erschaf-
> fung Gottes. Dies ist die Religion, die gerade. Aber die
> meisten Menschen wissen nicht.« (Sure 30:30)

Demnach wird jeder Mensch als Suchender geboren.

Nun gibt es Menschen, die Gott nicht kennen, weil sie noch
nichts von ihm gehört haben, oder die ihn ablehnen, weil sie
vielleicht ein verzerrtes Bild von ihm haben. Diese Menschen
sind keine Leugner, denn das, was sie leugnen, ist nicht Gott.
Ihre ablehnende oder indifferente Haltung dem Gottglauben

gegenüber stammt nicht aus bewusstem Leugnen, sondern aus Nichtüberzeugung bzw. Unwissenheit. Nur wem die Wahrheit ersichtlich ist und wer diese trotzdem leugnet, der ist nach der Auffassung des Korans ein *kāfir*, ein Leugner. Allen anderen muss die Hoffnung gemacht werden, dass sie im Grunde potenzielle Angehörige der Gemeinschaft Gottes sind, wenn sie ihrer inneren Sehnsucht nach einer unbedingten, ja transzendenten Liebe folgen und sich auf die Suche begeben.

Die Intention sollte sein, das Tor zu Gott offen zu halten, und zwar für alle Menschen, denn Gott sucht nach den Menschen, da er durch sie seine Liebe und Barmherzigkeit verwirklichen kann.

19

Hamed: Der Islam erkennt keine anderen Religionen an, sondern duldet deren Anhänger als Steuerzahler und Bürger zweiter Klasse. Nichtgläubige haben weder eine Würde noch eine Existenzberechtigung

Lieber Mouhanad, Sie müssen sich schon entscheiden: Wollen Sie den Islam als Religion verstehen, die den Glauben an Mohamed als Propheten und den Koran als Botschaft Gottes voraussetzt? Oder wollen Sie ihn als Ausdruck der universellen Sehnsucht eines jeden Menschen ansehen, sein Leben auf Gott hin auszurichten?

Anders gefragt: Wollen Sie den Islam von seiner Exklusivität befreien (die er meines Erachtens hat) und von seinem Wahrheitsanspruch (den er aus meiner Sicht ebenfalls für sich reklamiert)? Wie würde Ihr neuer Wahrheitsanspruch denn lauten, wenn Sie Juden, Christen und Muslime mit ins Boot

der Barmherzigkeit nehmen wollen – wo doch schon Abweichler der gängigen Auslegung des Islam aus ebendiesem Boot
gestoßen werden? Verfolgt und hingerichtet, nicht nur im Jenseits, sondern bereits im Diesseits.

Sie müssen doch zugeben, dass Allah im Koran keineswegs
eine neutrale Instanz ist, die es den Menschen selbst überlässt,
welchen Pfad sie auf dem Weg zu ihm beschreiten. Allein,
dass Gott sich selbst zum Ziel der Suchenden erklärt, bedeutet
bereits eine Einschränkung. Nur dieses Ziel, nur ER, verheißt
Erkenntnis und Erlösung. Und nur wer für sich selbst erkennt,
dass er überhaupt ein Suchender ist, darf sich einer potenziell
erretteten Gruppe zugehörig fühlen. Genau das haben Sie so-
eben postuliert. Und was ist mit dem Rest? Der verharrt nicht
etwa bedauernswerterweise in Unkenntnis, nein, dessen Leben ist nicht nur sinnentleert, seine Unkenntnis und Ignoranz
werden bestraft. Und damit es nicht so lange dauert, fühlen
sich nicht nur radikale Kräfte bemüßigt, ihn bereits im Hier
und Jetzt zu strafen.

Seine fehlende Neutralität zeigt sich immer wieder: Gott ist
sehr parteiisch, er kämpft auf der Seite der Anhänger Mohameds und tötet deren Gegner eigenhändig. Er begibt sich also
höchstselbst in die Niederungen des irdischen Daseins und
greift vor Ort sowohl direkt als auch indirekt ein. Er nennt
Ungläubige »unrein«, »schlimmer als die Tiere«, er verflucht
Christen, die glauben, Jesus sei der Sohn Gottes, und er verun-
glimpft Juden, indem er sie »Affen« und »Schweine« nennt.
Wo bleibt denn hier die universelle Menschenwürde, die doch
angeblich allen Kindern Adams innewohnt?

Lassen Sie uns mal einen kleinen Test machen: Würden Sie
sagen, dass ein Christ, der glaubt, Jesus sei der Sohn Gottes
und am Kreuz für die Sünden der Menschen gestorben, aus
islamischer Sicht wirklich ein gleichwertiger Gläubiger ist,
der wie ein Muslim in die Barmherzigkeit Gottes aufgenom-

men werden kann? Nennt der Koran solche Christen nicht unmissverständlich »Ungläubige«?

Natürlich gibt es im Koran – auch in der Medina-Phase –
Verse, die Juden und Christen relativ wohlgesinnt sind. Und
andere, die unmissverständlich klarmachen, wie mit ihnen
zu verfahren ist. Es gibt Verse, die die Juden als wissende
Schriftbesitzer und Christen als gütige, gottesfürchtige Gläubige bezeichnen, und andere, die sie für Ungläubige erklären.
Wie Gott mit den Ungläubigen verfährt, lässt sich in Sure 4
nachlesen:

> »Diejenigen, die nicht an unsere Zeichen glauben, werden
> wir (dereinst) im Feuer schmoren lassen. Sooft (dann) ihre
> Haut gar ist, tauschen wir ihnen eine andere (dagegen) ein,
> damit sie die Strafe (richtig) zu fühlen bekommen. Allah ist
> mächtig und weise.« (Sure 4:56)

Mächtig ist ein Gott, der solches vorsieht, ganz sicher – aber
weise und barmherzig?

Vergisst man, dass es sich hier (angeblich) um die Position
Gottes handelt, kann man diesen Widerspruch leicht auflösen.
Es geht in erster Linie um die Haltung Mohameds gegenüber
diesen beiden monotheistischen Religionen. Zu Beginn seines
Wirkens waren nur die ungläubigen Mekkaner Gegner des
Propheten. Da sie ihn und seine Botschaft über Jahre verhöhnten, suchte er nach Argumenten, die seine Vorstellungen einer
neuen monotheistischen Religion stärkten. Er suchte Verbündete im Geiste und glaubte, sie unter Juden und Christen gefunden zu haben. Er orientierte sich an ihren Geboten und
übernahm vieles aus ihren Erzählungen und integrierte es in
den Koran.

Genau zu jener Zeit war der Tenor des Korans zu den beiden großen monotheistischen Glaubensgemeinschaften denn
auch sehr positiv. Mohamed erwartete nun, dass Christen und
Juden seine Botschaft bestätigen würden. Er behauptete sogar

laut Koran, er werde namentlich in einer Prophezeiung sowohl in der Thora als auch im Neuen Testament erwähnt. Als Juden und Christen Mohameds Botschaft nicht bestätigten und ihn in ihren heiligen Büchern namentlich auch nicht finden konnten, änderte sich die Sprache des Korans. Sie wurde polemischer und immer hasserfüllter. Die Krönung dieser neuen Feindseligkeit findet sich in Sure 9, der letzten Sure des Korans, in der es heißt:

>»Kämpft gegen diejenigen, die nicht an Allah und den Jüngsten Tag glauben und nicht verbieten, was Allah und sein Gesandter verboten haben, und nicht der wahren Religion angehören – von denen, die die Schrift erhalten haben – (kämpft gegen sie), bis sie kleinlaut *(saghiruun)* aus der Hand Tribut entrichten.« (Sure 9:29)

Bei dieser Haltung, die entstanden ist aus einer tiefen Kränkung und Zurückweisung des Propheten, ist es bis heute geblieben. Der Krieg bestimmt die Beziehung zu Juden und Christen, und er wird so lange währen, bis sie erkennen, dass sie nicht der wahren Religion angehören. Zu Mohameds Zeiten hieß das: bis sie ihn anerkennen und die *dschiziya,* also die Kopfsteuer entrichten. Dann dürfen sie als Bürger zweiter Klasse unter muslimischer Herrschaft leben. Und um nicht auf dumme Gedanken zu kommen, werden sie die Macht der Muslime durch allerlei Schikanen regelmäßig zu spüren bekommen.

Heute leben kaum mehr Juden in der islamischen Welt. Und die größte verfolgte religiöse Gruppe weltweit ist die der Christen. Der IS, al-Qaida und Boko Haram trachten ihnen nach dem Leben, und die Gesetzgebung in den meisten islamischen Staaten schränkt ihre Rechte deutlich ein. Zwar müssen Christen seit dem 19. Jahrhundert keine Kopfsteuer mehr zahlen, doch sie sind vor dem Gesetz nicht gleichgestellt. Sie werden von Führungspositionen bei der Polizei, in der Armee und im Justizwesen ferngehalten. Sie dürfen keine neuen Kirchen bauen oder alte restaurieren. Während Muslime in der islamischen Welt und auch im Westen öffentlich missionieren dürfen, gilt das Missionieren der Christen in der islamischen Welt als ein Verbrechen.

Wenn man den Koran nicht als Gottes Wort versteht, sondern als ein Protokoll, das den schwierigen Prozess einer Gemeindebildung dokumentiert und damit auch tiefe Einblicke in die Seele Mohameds und seine Gedankenwelt gewährt, kann man sehr wohl verstehen, dass es eine Art Bruderzwist oder Hassliebe ist, die die Haltung des Korans zu Juden und Christen definiert. Zunächst waren sie Vorbilder und Stichwortgeber für Mohamed, später waren sie politische und theologische Konkurrenten, gegen die er sich abgrenzen wollte. Am Ende mussten nicht nur ihre Argumente, Gebote und Glaubensinhalte verworfen werden, nein, sie sollten gleich vernichtet werden, sofern sie ihrem Irrweg nicht abschworen.

Das ist nicht nur irgendeine blutrünstige Geschichte aus dem Koran, wie es ebenso blutrünstige Geschichten im Alten Testament gibt. Es ist die gelebte Realität, die nicht nur ungläubige Christen, Juden, Atheisten usw. treffen kann, sondern sich auch gegen Mitbrüder und -schwestern richtet, die in den Augen der Hüter der Wahrheit vom rechten Weg abgekommen sind. Was wollen Sie den Opfern dieses Islamverständnisses sagen? Dass das alles ein großes Missverständnis ist? Dass Gott barmherzig und allumfassend ist?

In der Bibel heißt es, dass Gott den Menschen nach seinem Antlitz geschaffen hat. Dass er ihm seinen Odem und Geist eingehaucht hat. Ich frage mich, welchen Geist er manchen Muslimen eingehaucht hat. Haben sie ihn wirklich so sehr missverstanden? Oder liegt es nicht auch an dem Bild, das Gott von sich im Koran vermittelt hat? Oder an dem, das Mohamed von ihm zeichnen wollte?

20

Mouhanad: Es gehört zum Wahrheitsanspruch des Islam, dass es unterschiedliche Wege zu Gott gibt

Sie fragen mich, lieber Hamed, wie mein »neuer« Wahrheitsanspruch denn lauten würde, wenn ich Juden, Christen und
Muslime mit ins Boot der Barmherzigkeit nehmen wollte.
Aber warum wäre mein Wahrheitsanspruch neu, wenn ich dies
täte? Der Koran selbst unterstreicht, dass es unterschiedliche
Wege zu Gott gibt und dass es gottgewollt ist, dass es eine religiöse Vielfalt gibt (Sure 5:48).

Sie fragen mich weiter, ob ich sagen würde, dass ein Christ,
der glaubt, Jesus sei der Sohn Gottes und am Kreuz für die
Sünden der Menschen gestorben, aus islamischer Sicht wirklich ein gleichwertiger Gläubiger wäre, der wie ein Muslim in
die Barmherzigkeit Gottes aufgenommen werden könnte. Ich
lasse hier den Koran selbst antworten (und sogar mit einer
Sure aus der medinensischen Phase):

> »Die Muslime, und diejenigen, die dem Judentum angehö-
> ren, und die Christen und die Sabäer – (alle) die, die an Gott
> und den Jüngsten Tag glauben und Rechtschaffenes tun, de-
> nen steht bei ihrem Herrn ihr Lohn zu, und sie brauchen
> keine Angst zu haben, und sie werden (nach der Abrech-
> nung am Jüngsten Tag) nicht traurig sein.« (Sure 2:62)

Der Koran schließt sie keineswegs aus. Er kritisiert lediglich,
was wohl auch jeder heutige Christ kritisch sehen würde:
nämlich die »Tatsache«, Jesus sei der biologische Sohn Gottes
(»gezeugt« durch den Heiligen Geist und jungfräulich empfangen von Maria) und die latent polytheistische Ausrichtung
des Christentums, bestehend in der Trinität von Gott, Jesus
und Heiligem Geist.

Wie ich bereits erwähnt habe, gibt es »Exklusivisten« unter

Gelehrten und Gläubigen, die Gott unterstellen, er würde Menschen in Schubladen mit der Aufschrift »Muslim« oder »Christ« einsortieren. Und dass er die einen erretten und die anderen verdammen würde. Diese Haltung hat zur Folge, dass es nicht länger um den spirituellen oder ethischen Kern der Religion geht, sondern nur darum, sich über den anderen zu stellen.

Der Koran selbst hält bereits eine Antwort für all jene bereit, die ihre Religion als die einzig wahre betrachten:

»Und die Juden sagen: ›Den Christen fehlt die Sachkunde‹, und die Christen sagen: ›Den Juden fehlt die Sachkunde.‹ Dabei lesen sie doch die Schrift. Sie reden wie diejenigen, die kein Wissen haben. Am Tag der Auferstehung wird Gott zwischen ihnen richten, worüber sie uneins waren.« (Sure 2:113)

Der Koran will damit nicht Juden oder Christen an sich kritisieren, sondern die grundsätzliche Haltung, anderen die ihnen gebührende Anerkennung abzusprechen.

Leider haben sich manche Vertreter der muslimischen Gemeinschaft eine andere Interpretation dieses Verses zurechtgelegt. Sie stützen sich dabei vor allem auf die Verse 19 und 85 der Sure 3, in denen es heißt, die Religion bei Gott sei der Islam. Sie ignorieren, dass mit Islam im Koran der Glaube an den einen Gott gemeint ist – und nicht der an eine bestimmte Religion. Es ist also nicht der Koran selbst, der Andersgläubigen die Daseinsberechtigung abspricht, sondern die exklusivistische (Miss-)Interpretation des Textes.

Man darf allerdings den Exklusivismus nicht mit dem eigenen Wahrheitsanspruch verwechseln. Der Wahrheitsanspruch will sagen, dass mein Glaube für mich wahr ist. Der absolute Wahrheitsanspruch will aber mehr sagen, und zwar, dass mein Glaube der einzig richtige ist, und das ist der Exklusivismus, der in der Geschichte und in der Gegenwart immer wieder zu

Spannungen bis hin zu Kriegen geführt hat. Das ist mit einer Buslinie, die zum Hauptbahnhof führt, zu vergleichen. Direkt vor meiner Wohnung ist die Haltestelle der Buslinie 17, die mich zum Hauptbahnhof fährt, 500 Meter entfernt ist die Buslinie 16, die ebenfalls zum Hauptbahnhof fährt. Für mich ist die Linie 17 die richtige, für meinen Nachbarn, der 500 Meter entfernt von mir ist, ist die Linie 16 die richtige, meine wäre die falsche für ihn. Wir beide wollen aber zum Hauptbahnhof und treffen uns dort. Religionen sind nur Wege zu Gott, sie selbst sind nicht das angestrebte Ziel, deshalb macht es keinen Sinn über die richtige Religion zu streiten. Die viel wichtigere Frage betrifft unser Gottesverständnis. Von welchem Gottesbild reden wir, wenn wir von Gott sprechen?

Teil III

Das Gottesbild im Islam: Barmherziger Hirte oder grausamer Tyrann?

21

Mouhanad: Der Gott des Islam ist ein barmherziger Gott

Im Koran wird Gott mit verschiedenen Eigenschaften beschrieben, wobei seine Barmherzigkeit (arab. *rahma*) am häufigsten vorkommt. So beginnen etwa 113 der 114 koranischen Suren mit der Formel »Im Namen Gottes, des Allbarmherzigen, des Allerbarmers«. Die Barmherzigkeit ist auch das Einzige, zu dem sich Gott im Koran selbst verpflichtet. In Sure 6, Vers 12 heißt es:

»Er hat sich selbst der Barmherzigkeit verpflichtet.«

Diese Aussage wiederholt sich in derselben Sure noch einmal in Vers 54. Der Koran beschreibt die Barmherzigkeit Gottes als absolut, während seine Strafe relativ bleibt:

»Meine Strafe trifft, wen ich möchte, und meine Barmherzigkeit umfasst alle Dinge.« (Sure 7:156)

Nun könnte man meinen, die Formulierung »meine Strafe trifft, wen ich möchte« lasse jede Menge Raum für Willkür. Aber da Gottes Barmherzigkeit alles umfasst, lässt er auch bei der Strafe Barmherzigkeit walten. Die Strafe Gottes ist kein Gegenpol zu seiner Barmherzigkeit, sondern Teil derselben. Oder, wie der Prophet Mohamed es in einem Hadith formulierte:

»Als Gott die Schöpfung bestimmte, schrieb er auf seinen
Thron: ›Meine Barmherzigkeit steht über meinem Zorn‹ [in
einer anderen Überlieferung heißt es: ›… ist schneller als
mein Zorn‹].«[1]

Auch wenn im Koran von der Strafe Gottes die Rede ist, an
keiner Stelle beschreibt sich Gott selbst mit dem Namen »der
Bestrafende«; stattdessen fordert er seinen Propheten auf:

»Verkünde den Menschen, dass ich der unübertrefflich Ver-
zeihende, der Barmherzige bin, und meine Strafe, sie ist
schmerzhaft.« (Sure 15:49–50)

Die Rede von der Strafe Gottes richtet sich stets gegen Unge-
rechtigkeiten. Ein Gott, der sich selbst zur Barmherzigkeit
verpflichtet hat, ist dem Menschen bedingungslos zugewandt,
er ist ein Gott, der an der Seite des Menschen steht und sich für
ihn interessiert. Er freut sich für ihn und mit ihm, er trägt die
Sorgen des Menschen und teilt sein Leid, er ist für ihn da.
Exemplarisch möchte ich hier auf Sure 93 verweisen, die in
der westlichen Koranforschung als eine der ersten – wenn
nicht gar als die allererste Koransure – gilt:

»Dein Herr hat dich weder vergessen, noch ist er unbeküm-
mert (…) er wird dir geben, dass du zufrieden sein wirst.
Hat er dich nicht als Waise gefunden und dir Aufnahme gewährt? Dich auf dem Irrweg gefunden und rechtgeleitet?
Und dich bedürftig gefunden und reich gemacht?«

Dieser Gott zeigt Emotionen und eine tiefe Verbundenheit zu
seiner Schöpfung, er nimmt sich der Menschen bedingungslos
in allen ihren Nöten an.

22

Hamed: Der islamische Gott ist der unbarmherzigste aller Götter

Und welche Sure beginnt *nicht* mit der wunderbaren Formel »Im Namen Gottes, des Allbarmherzigen, des Allerbarmers«? Sure 9! Also die letzte offenbarte Sure im Koran. Und warum fehlt die Gnade Gottes hier? Weil diese Sure ein Manifest des Hasses und der Gewalt ist. In ihr wird ausführlich erklärt, wie der Prophet mit den Ungläubigen, mit den Sündern und Zweiflern unter den Muslimen, aber auch mit Juden, Christen und Steppen-Arabern zu verfahren hat.

Die Sure beginnt mit der einseitigen Aufkündigung aller Friedensverträge, die in der Vergangenheit mit den Ungläubigen geschlossen worden waren. Selbst jenen, die bis dahin nicht aktiv gegen Mohamed und seine Anhänger vorgegangen waren, wurde nur eine kurze Schonfrist eingeräumt. Wenn die heiligen Monate vorüber seien, sollten Mohamed und die Gläubigen über alle Ungläubigen herfallen und sie töten:

»Schuldlosigkeit sei von Allah und seinem Gesandten denjenigen von den Götzendienern, mit denen ihr einen Vertrag geschlossen habt. Ziehet deshalb im Lande vier Monate lang umher und wisset, dass ihr Allah nicht zuschanden machen könnt und dass Allah die Ungläubigen zuschanden macht. Und eine Ankündigung sei von Allah und seinem Gesandten an die Menschen am Tag der großen Pilgerfahrt, dass Allah los und ledig der Götzendiener ist, ebenso wie sein Gesandter. Ausgenommen sind jedoch diejenigen der Götzendiener, mit denen ihr einen Vertrag geschlossen habt und die es hernach in nichts fehlen ließen und noch keinem wider euch beistanden. Ihnen gegenüber müsst ihr den Vertrag bis zu der (ihnen bewilligten) Frist halten. Siehe, Allah liebt die Gottesfürchtigen. Sind aber die heiligen Monate verflossen, so erschlaget die Götzendiener, wo ihr sie findet, und packet sie und belagert sie und lauert ihnen in jedem Hinterhalt auf. So sie jedoch bereuen und das Gebet verrichten und die Armensteuer zahlen, so lasst sie ihres Weges ziehen. Siehe, Allah ist verzeihend und barmherzig.« (Sure 9:1–5)

Es mutet zynisch an, dass Allah sich selbst am Ende dieser langen Kriegserklärung als »verzeihend« und »barmherzig« bezeichnet. Und spätestens hier wird auch klar, wem seine Barmherzigkeit zuteil wird: Muslimen, die das Gebet verrichten und den Propheten in seinen Kriegshandlungen unterstützen. Denn in der gleichen Sure, in der Juden und Christen verflucht werden, wird Muslimen befohlen, gegen die Ungläubigen zu kämpfen, bis diese bekehrt sind – oder Tribut zahlen. Gleich den Ungläubigen verflucht Gott jene Muslime, die Mohamed nicht in den Krieg folgen wollen oder sich Verfehlungen beim Gebet leisten.

Islamgelehrte wie Ibn Taimīya interpretierten diese Sure als einen Aufruf zur Gewalt – gegen all jene, die nicht an Mohamed und seine Botschaft glauben. Alle islamischen Eroberungskriege, die Vernichtung oder Versklavung von Ungläubigen und der gegenwärtige internationale Terrorismus im Namen Allahs sehen in dieser Sure eine Legitimation.

Warum muss ein barmherziger Gott den Kreis derer, die von der Gunst seiner Barmherzigkeit profitieren können, so dermaßen verringern, dass nur eine kleine Elite einen Zugang dazu hat? Warum braucht er furchterregende Passagen über die Höllenqualen, und das über 400-mal im Koran? Warum erscheint er wie ein eifersüchtiger, wütender Gott, der keine Götter neben sich duldet? Warum setzt er ausgerechnet auf die Angst als »Kommunikationsstrategie« zwischen ihm und dem Menschen?

23

Mouhanad: Die Rede von der Strafe Gottes
ist nicht wörtlich zu verstehen. Sie ist ein Sinnbild
der Konfrontation des Menschen mit den Konsequenzen
seines eigenen Handelns

Bevor ich auf das Thema Jenseits eingehe, möchte ich erneut anmerken, dass es für mich nicht nachvollziehbar ist, wenn Sie, lieber Hamed, einerseits fordern (und dies zu Recht), die historisch-kritische Methode auf den Koran anzuwenden, aber andererseits den Koran einfach wortwörtlich lesen und jeglichen historischen Kontext ignorieren. Und wenn Sie darauf beharren, die neunte Sure sei die letzte, die im Koran verkündet ist, dann ignorieren Sie die moderne historisch-kritische Koranforschung, zum Beispiel von Angelika Neuwirth. Es ist aber nicht seriös, einen kritischen, modernen Zugang zum Koran zu fordern, sich selbst aber der konservativsten Lesart des Korans zu bedienen, eben der wortwörtlichen. Heute wissen wir in der modernen Koranforschung, dass die fünfte und nicht die neunte Sure die letzte ist, die verkündet wurde. Wir wissen auch, dass der Koran an keiner Stelle Pauschalaussagen über Gruppen wie Christen oder Juden macht, sondern unterschiedliche Ereignisse und Gruppierungen in unterschiedlichen historischen Kontexten kommentiert. Auch die neunte Sure spricht nicht von *den* Juden bzw. von *den* Christen.

Sie haben auch den vierten Vers der Sure zitiert, der auf die Zusammenhänge dieser Sure verweist: Es geht um die Mekkaner (Polytheisten), die Verträge mit dem Propheten gebrochen und aufgekündigt haben. Deshalb nimmt der vierte Vers auch all jene aus, »mit denen ihr einen Vertrag geschlossen habt und die es hernach in nichts fehlen ließen und noch keinem wider euch beistanden«.

Vertragsbruch und die Verweigerung des Beistands im Kampf mit den Gegnern des Propheten ist der Grund für diese Lossagung und keineswegs die Religionszugehörigkeit. Der 12. und 13. Vers derselben Sure machen dies noch einmal deutlich:

> »Wenn sie aber nach ihrem Vertrag ihre Eide brechen und euren Glauben angreifen, dann bekämpft die Anführer des Leugnens, sie halten ja keine Eide, sodass sie davon ablassen. Wollt ihr nicht gegen Leute kämpfen, die ihre Eide gebrochen haben und die den Gesandten vertreiben wollen? Sie waren es ja, die euch zuerst angegriffen haben.«

Ich verstehe den harten Ton in dieser Sure nicht als Drohung gegen alle Nichtmuslime. Die Drohung wurde ausgesprochen in einer bestimmten Situation, in der die Gemeinde des Propheten verraten worden war. Daraus eine undifferenzierte überzeitliche Aussage machen zu wollen, ist die Strategie der Extremisten, die im Koran gerne eine Aufforderung sehen wollen, Nichtmuslime zu bekämpfen, weil sie Nichtmuslime sind.

Aber lassen Sie uns nun auf den Jüngsten Tag eingehen. Nicht Gott braucht den Tag des Jüngsten Gerichts, um seine Macht zu demonstrieren, sondern der Mensch bedarf dieses Gerichtstags zur Vervollkommnung seiner selbst: Erst in der Konfrontation mit seinen Sünden kann er Läuterung und Erkenntnis erlangen.

Was hätte Gott davon, den Menschen zu bestrafen, nur um der Bestrafung willen? Was hätte er davon, ihn zu erniedrigen oder an den Rand der Vernichtung zu bringen? Das wäre das Bild eines ungerechten, willkürlichen Gottes, das eines grausamen Despoten. Und das wird Gott aus meiner Sicht nicht gerecht.

Die islamische Formel *allahu akbar,* die im islamischen Gebetsruf mehrmals wiederholt und mit der das rituelle Gebet eingeleitet wird, bedeutet auf Deutsch: »Gott ist größer.« Da keine Vergleichsgröße angegeben wird, will uns die Formel sagen, dass Gott größer ist als unsere Vorstellungskraft. Egal, wie man Gott denkt, er ist größer.

Kann man einen Gott denken, der größer ist als einer, der die Menschen nur mit Mitteln der Gewalt für sich gewinnen kann? Diese Frage beantworte ich mit einem klaren Ja. Ein Gott, der uns mit Liebe und Barmherzigkeit zu sich ruft, ist größer. Ein Gott, der die Menschen nicht zu etwas zwingen, sie nicht manipulieren und ängstigen will, ist größer. Und es ist auch ein Zeichen von Größe, dass dieser Gott will, dass sich die Menschen ihm frei und aus einer inneren Überzeugung heraus zuwenden.

Man könnte nun einwenden, dass im Koran viele Bilder eines drohenden Höllenfeuers vorkommen, und die Frage aufwerfen, wie sich dies mit einem barmherzigen Gott vereinbaren lässt. Auch diese Bilder müssen in ihrem historischen Kontext verortet werden. Sie sollten hochmütige Araber des 7. Jahrhunderts auf den Boden der Demut zurückholen. Diese Bilder sind Bilder und sollten allegorisch verstanden werden. Dies tat zum Beispiel schon al-Ghazālī, indem er betonte, dass das wahre Paradies nicht ewiges Essen und Trinken, nicht erotische Begegnungen in einem Garten meint, sondern die Nähe Gottes. Analog meint Hölle nicht wirklich einen Ort mit brennendem Feuer, sondern beschreibt einen Zustand: das Getrenntsein von Gott. Wenn Gott den Menschen mit seinen Verfehlungen konfrontiert, ist das keineswegs ein Akt der Rache. Er zeigt dem Menschen die Konsequenzen seines Handelns auf, um ihn zur Einsicht und Umkehr zu bewegen.

Eine Reform muss also auch die starren Bilder von Paradies und Hölle aufbrechen und zeigen, dass es sich dabei nicht um »konkrete Orte« handelt, sondern um sinnbildliche Zustandsbeschreibungen der Beziehung zwischen Gott und Mensch.

24

Hamed: Die Rache Gottes und die Warnung davor sind der rote Faden, der sich durch den gesamten Koran zieht

Sie meinen also, dass Allah keine Rache kennt? Dass seine Barmherzigkeit und Güte und seine tiefe Zuneigung zum Menschen alles überstrahlt? Dass es um Sinnbilder geht?

Nun gut, lassen wir Allah doch einfach selbst auf diese gewagte These antworten. In Sure 14 beispielsweise lässt er keinen Zweifel daran aufkommen, dass er es ernst meint mit der Bestrafung von Sündern:

»Und du darfst ja nicht meinen, dass Allah das Versprechen, das er seinen Gesandten gegeben hat, brechen wird. Allah ist mächtig. Er lässt (die Sünder) seine Rache fühlen. (Er wird seine Drohung wahrmachen) am Tag, da die Erde gegen eine andere eingetauscht wird und (ebenso) die Himmel und (da) sie (aus der Masse der übrigen Menschen) vor Allah herauskommen, dem Einen und Allgewaltigen. An jenem Tag siehst du die Sünder in Fesseln aneinandergebunden, mit Hemden aus Teer, das Gesicht von Höllenfeuer bedeckt.« (Sure 14:47–50)

In einer anderen Sure spricht Allah in einer Art und Weise über einen Höllenbewohner, als hätte er eine persönliche Rechnung mit ihm zu begleichen:

»Den Höllenwärtern wird zugerufen: ›Greift ihn und fesselt ihn und lasst ihn hierauf im Höllenbrand schmoren! Hierauf legt ihn (zur Fesselung) in eine Kette, siebzig Ellen lang! Er hat (zu seinen Lebzeiten) nicht an Allah, den Gewaltigen, geglaubt.‹« (Sure 69:30–33)

Einem weiteren Höllenbewohner gegenüber drückt Gott seine *persönlichen* Rachegelüste so aus:

»Den Höllenwärtern wird zugerufen: ›Greift ihn und beför-
dert ihn mitten in den Höllenbrand! Hierauf gießet ihm zur
Strafe heißes Wasser über den Kopf, (mit den Worten): Jetzt
bekommst du es zu kosten. Du bist der Mächtige und Vor-
treffliche.‹« (Sure 44:47–49)
Oder sollten das nur etwas seltsame, verquere Metaphern sein,
mit denen Gott seine Barmherzigkeit und Liebe ausdrücken
will?

Sie selbst stellen die berechtigte Frage, was Gott davon hätte, die Menschen zu bestrafen? Eben! Gott braucht weder die
Strafe noch die Androhung derselben. Der Mensch braucht sie
aber auch nicht. Denn diese Drohgebärden und die dahinter-
steckende Angstpädagogik schaffen keine Tugenden, sondern
Sünden, die sich ins Gewand der Tugend hüllen. Sie schaffen
keine ausgeglichenen, frommen Gläubigen, sondern von
Angst und Schuld getriebene Individuen, die nicht im Stande
sind, das eigene Leben in den Griff zu bekommen und freie
Entscheidungen zu treffen. Sie schaffen ferngesteuerte, labile
Persönlichkeiten, die anfällig sind für psychopathisches Verhalten oder radikale Ideologien.

Sie bemerken zu Recht, dass man Gott nicht gerecht wird,
indem man lediglich das Bild eines Despoten von ihm zeichnet. Allerdings: Derjenige, der hier im übertragenen Sinn »den
Pinsel in der Hand hatte«, war niemand anders als Mohamed.
Er hat Gott zum Sprachrohr gemacht, um seiner Frustration
und Machtlosigkeit gegenüber den mächtigen Händlern von
Mekka Ausdruck zu verleihen. Er hat Gott drohende Botschaften in den Mund gelegt, wie ein kleiner Bub, der älteren Jungs,
die ihn gekränkt und herumgeschubst haben, damit droht, seinen großen Bruder zu holen, der stark ist und sie ordentlich
vermöbeln wird. Mohamed versuchte die Mekkaner mit unterschiedlichen Mitteln dazu zu bringen, ihn als Propheten anzuerkennen. Zunächst stellte er ihnen in Aussicht, dass der neue

Glaube die Araber einigen würde, wovon die mekkanischen Händler profitieren würden. Als sie sich davon nicht beeindrucken ließen, kamen die Drohungen, die Ankündigungen von Höllenqualen nach dem Tod. Da die Mekkaner aber nicht an ein Leben nach dem Tod glaubten, folgten Drohungen, die sich auf das Diesseits bezogen (z. B. Naturkatastrophen). Und als Mohamed schließlich in Medina eine Armee gegründet hatte, wurden die widerspenstigen Mekkaner eben mit dem Schwert bedroht.

Das ist für mich die Art der Kontextualisierung, die das Gewaltpotenzial dieser Passagen neutralisieren könnte. Das ist die Art und Weise, wie der Koran aus meiner Sicht gelesen werden sollte – und das ist genau die Art und Weise, die Salafisten ablehnen würden. Denn diese Lesart würde den Koran nicht länger als Verschriftung einer göttlichen Eingebung werten – sondern als Ergebnis verschiedener taktischer Manöver des Propheten, um seine Macht zu sichern.

Und was die Bilder über die Hölle und das Paradies angeht: Natürlich kann man diese als Metaphern betrachten. Doch wenn man damit einmal anfängt, muss man weitermachen und auch die Geschichte der Offenbarung als Traum oder Sinnbild verstehen. Davor haben die Gelehrten Angst, denn nicht nur sie würden dadurch ihre Autorität verlieren, sondern der Islam selbst als die direkte Botschaft Gottes.

25

Mouhanad: Die vergebende Liebe Gottes
ist größer als seine Strafe

Dann sind wir uns also darin einig, dass Gott selbst nichts davon hat, Menschen zu bestrafen oder zu bedrohen. Einem vollkommenen Gott kann es nur um Liebe gehen. Anders formuliert: Gott sucht Mitliebende. Der Koran bestimmt das Verhältnis zwischen Gott und Mensch folgerichtig als Liebesbeziehung:

>»Er (Gott) bringt Menschen, die er liebt und die ihn lieben.«
>(Sure 5:54)

Gläubig zu sein bedeutet also, Ja zu Gottes Liebe und Barmherzigkeit zu sagen und danach zu leben. So sagte der Prophet Mohamed:

>»Keiner ist gläubig, wenn er seinem Nächsten nicht das wünscht, was er sich selbst wünscht«[2],

und:

>»Derjenige, der satt schläft, aber weiß, dass sein Nachbar hungert, der glaubt nicht an meine Botschaft.«[3]

Kein Muslim würde bestreiten, dass es in der Gott-Mensch-Beziehung um Liebe geht. In der religiösen Praxis vieler Muslime gestaltet sich diese Beziehung allerdings weniger als eine liebend-vertrauensvolle, sondern als eine juristisch-hierarchische. Der Gläubige fragt primär: »Was darf ich und was darf ich nicht?« Der Gläubige macht Gott sozusagen zum Befehlshaber und sich zum Befehlsempfänger.

Gott selbst bleibt bei seiner Haltung: Auch wenn der Mensch sündigt, bleibt er dem Menschen zugewandt, denn seine Barmherzigkeit ist bedingungslos und absolut. Deshalb sagt der Prophet:

>»Gott streckt Arme der Liebe und Vergebung in der Nacht für

diejenigen aus, die am Tag gesündigt haben, und er streckt Arme der Liebe und Vergebung am Tag für diejenigen aus, die in der Nacht gesündigt haben.«[4]

Viele muslimische Erzieher ignorieren diesen Hadith, um den Menschen Angst zu machen und ihnen ein schlechtes Gewissen einzureden. Dabei besagt der Text ganz klar, dass Gott sich dem Sünder nicht verschließt. Er kehrt ihm nicht den Rücken zu, sondern wartet mit offenen Armen auf die Rückkehr des Sünders. Nicht Gott verschließt sich, sondern der Mensch, der Nein zu Gottes Liebe sagt, wendet sich von ihm ab.

In einer anderen Aussage des Propheten wird die Freude Gottes über jeden, der sich ihm wieder zuwendet, bildhaft beschrieben:

»Stellt euch vor, jemand ist alleine in der Wüste mit seinem Kamel unterwegs und plötzlich läuft das Kamel mit all seinem Essen und Trinken davon. Als der Mann es aufgibt, sein Kamel wiederzufinden, und sich resignierend, auf den Tod wartend, auf den Boden legt, steht plötzlich sein Kamel mit Essen und Wasser neben ihm. Stellt euch die Freude dieses Menschen vor! So freut Gott sich über jeden, der sich von ihm ab- und wieder zugewandt hat, mehr als dieser Mensch in der Wüste über das Kamel.«[5]

Reformer sollten dieses koranische Bild eines liebenden Gottes viel stärker kommunizieren, um die Gläubigen von ihrem Auftrag, Liebe – und keineswegs Hass – in die Welt zu tragen, zu überzeugen. Ein liebender Gott ist auch ein gerechter Gott, daher droht er im Koran nicht pauschal den Menschen oder den Nichtmuslimen, sondern den Ungerechten und denen, die andere Menschen unterdrücken. Der raue Ton mancher Drohungen verrät dabei mehr über die historische Situation und über die ursprünglichen Adressaten dieser Drohungen als über Gott selbst. Ihr Ansatz, lieber Hamed, den Koran pauschal als Botschaft des Hasses gegen Nichtmuslime zu lesen, ist auch der Ansatz der Extremisten. Nicht der Koran verhindert Reformen, sondern das Beharren auf einer solchen Lesart, die den Hass letztendlich legitimiert.

26

Hamed: Die Beziehung zwischen Gott und dem Menschen im Islam wird nicht durch Liebe, sondern durch Angst und Unterwerfung bestimmt

Gott sucht also Mitliebende! Für die platonische Liebe Gottes drücken Sie bitte die Nummer 1. Für Paradiesjungfrauen und andere Sauereien im Himmel drücken Sie die Raute-Taste! Und für Selbstmordanschläge steht Ihnen unsere Kundenberatung gerne zur Verfügung!

Sorry, aber die Formulierung »Gott sucht Mitliebende« erinnert mich an Telefonsexwerbungen. Darauf konnte ich wirklich nur mit Humor antworten! Der fehlt uns Muslimen nämlich im Umgang mit unserer Religion, obwohl vieles darin eine Steilvorlage für eine Monty-Python-Satire wäre. Aber das nur nebenbei.

Ist es nicht eher der Mensch, der Liebe sucht und braucht? Und wird er da bei Gott wirklich fündig? Im Koran jedenfalls muss man wirklich sehr lange suchen, um das Wort »Liebe« zu finden. Sie haben es gesucht und tatsächlich gefunden. Was Sie hier aber gerade aus Sure 5 zitiert haben, ist leider nur ein Teil des Verses. Liest man den ganzen Vers, so merkt man, dass es hier weniger um Liebe geht, als vielmehr um Nötigung. Es geht auch nicht um die Beziehung zwischen Gott und dem Menschen im Allgemeinen, sondern um die Beziehung zwischen Gott und Mohameds Anhängern. Es heißt:

»Ihr Gläubigen! Wenn sich jemand von euch von seiner Religion abbringen lässt (und ungläubig wird), hat das nichts zu sagen. Allah wird (zum Ersatz dafür) Leute (auf eure Seite) bringen, die er liebt und die ihn lieben, (Leute) die den Gläubigen gegenüber bescheiden sind, jedoch die Ungläubigen ihre Macht fühlen lassen und die um Allahs willen kämpfen und sich (dabei) vor keinem Tadel fürchten. Das ist die Huld Allahs. Er gibt sie, wem er will. Allah umfasst (alles) und weiß Bescheid.« (Sure 5:54)

Wir kennen diese Sure bereits, es ist jene, in der Allah ankündigte, Anhänger des Propheten, die nicht mit ihm in den Krieg ziehen wollten, auszutauschen durch Menschen, die gegenüber den Ungläubigen hart auftreten und bereitwillig in den Dschihad ziehen. Von Liebe kann hier keine Rede sein, es handelt sich eher um einen Erpressungsversuch.

Auf ein Neues, suchen wir weiter! Noch einmal taucht der Begriff Liebe im Zusammenhang mit Mensch und Gott auf, und zwar in Sure 61. Auch hier wird Liebe allerdings nicht großzügig und selbstlos verteilt, sondern nur unter einer Bedingung gewährt:

»Allah liebt diejenigen, die um seinetwillen in Reih und Glied kämpfen (und) fest (stehen) wie eine Mauer.« (Sure 61:4)

Liebe kennt bekanntlich keine Bedingungen, vor allem die göttliche Liebe sollte über derlei Dinge erhaben sein. Nicht so im Koran.

Nicht nur Gott, auch Mohamed wusste, wie er die Liebe der Gläubigen für seine Zwecke nutzen konnte.

»Sprich: ›Wenn ihr Allah liebt, so folgt mir.‹ Lieben wird euch Allah und euch eure Sünden vergeben; denn Allah ist allvergebend, barmherzig. Sprich: ›Gehorcht Allah und dem Gesandten‹; denn – wenn sie den Rücken kehren – siehe, Allah liebt die Ungläubigen nicht.« (Sure 3:31–32)

Das war's. Mehr von dieser Liebe ist im gesamten Koran nicht zu finden. Aber Halt, wie gut, dass es die Hadithe gibt! Sie haben vorhin folgenden Hadith erwähnt:

»Keiner ist gläubig, wenn er seinem Nächsten nicht das wünscht, was er sich selbst wünscht.«[6]

In die von Ihnen zitierte Übersetzung hat sich leider ein kleiner Fehler eingeschlichen. Exakt übersetzt würde es heißen:

»Keiner ist gläubig, wenn er *seinem Bruder* nicht das wünscht, was er sich selbst wünscht.«

Seinem Bruder, nicht seinem Nächsten. »Seinem Nächsten« wäre tatsächlich umfassend; »seinem Bruder« ist eine Formulierung, die einschränkt und ausgrenzt. Damit kann Bruder im Sinne von Bluts- und Familienbanden gemeint sein oder »Bruder im Glauben«. Muslime sind in der Tat aufgefordert, sich untereinander mit Liebe und Mitgefühl zu begegnen. Gegenüber Anders- und Nichtgläubigen müssen sie sich sogar anders verhalten, wie zwei Koranpassagen deutlich machen. In der ersten heißt es:

»Mohamed ist der Gesandte Allahs. Und die, die mit ihm sind, sind hart gegen die Ungläubigen, doch barmherzig zueinander.« (Sure 48:29)

Die zweite Passage lautet:

»Ihr Gläubigen! Nehmt euch nicht die Juden und die Christen zu Freunden! Sie sind untereinander Freunde (aber nicht mit euch). Wenn einer von euch sich ihnen anschließt, gehört er zu ihnen (und nicht mehr zu der Gemeinschaft der Gläubigen). Allah leitet das Volk der Frevler nicht recht.« (Sure 5:51)

So viel zum Thema Liebe und Inklusion!

Im Koran lernt man einen Gott kennen, der den Menschen im Allgemeinen verachtet und ihm misstraut, der ihn als Versager, Lügner und anmaßend beschimpft.

Ein Gott, der den Menschen wirklich lieben und an ihn

glauben würde, müsste seine Schöpfung auch nicht überwachen. Doch im Koran lässt Allah den Menschen wissen, dass er ihm zwei Engel auf die Schultern setzt. Keine Beschützer, sondern Wächter, die alles, was der Mensch tut und sagt, zu dokumentieren haben.

Ein liebender und weiser Gott müsste den Menschen auch nicht mit Höllenqualen bedrohen. Während der Koran in Sachen Liebe sehr zurückhaltend ist, wird an über 400 Stellen die Hölle erwähnt. Manche dieser Passagen sind nicht nur furcht-, sondern auch ekelerregend, wie jener Vers, den ich an anderer Stelle bereits zitiert habe:

»Diejenigen, die nicht an unsere Zeichen glauben, werden wir (dereinst) im Feuer schmoren lassen. Sooft (dann) ihre Haut gar ist, tauschen wir ihnen eine andere (dagegen) ein, damit sie die Strafe (richtig) zu fühlen bekommen. Allah ist mächtig und weise.« (Sure 4:56)

Weise wäre Gott gewesen, hätte er ein Wesen geschaffen, das ihn erkennt und anerkennt. Agiert hat er bei seiner Schöpfung aber offensichtlich mit einem gehörigen Maß an Sadismus. Denn an einer anderen Stelle erklärt Gott, dass diese Qualen zwar vermeidbar gewesen wären, er es aber genauso beabsichtigt habe:

»Wenn wir gewollt hätten, hätten wir einem jeden seine Rechtleitung gegeben. Aber das Wort von mir ist in Erfüllung gegangen (das besagt): ›Ich werde wahrlich die Hölle mit lauter *Dschinn* (Dämonen) und Menschen anfüllen.‹« (Sure 32:13)

Hier prahlt Allah geradezu damit, dass er gerne Menschen quält. Wo ist hier Liebe und Barmherzigkeit zu spüren?

Wer wahrhaftig liebt, schenkt dem oder der Geliebten von sich aus Liebe, ohne eine Gegenleistung dafür zu erwarten. Der christliche Gott spricht in dieser wahrhaftigen Form von Liebe und Vergebung. Er fordert nicht, sondern er opfert sich sogar selbst für die Menschen. Im Koran dagegen ist es Gott, der von den Menschen verlangt, sich für ihn zu opfern. Es geht nicht um Selbstlosigkeit, sondern um Egoismus. Es geht um Forderungen und um furchtbare Konsequenzen, wenn diese nicht erfüllt werden. Das macht den Unterschied zwischen dem christlichen und dem islamischen Gottesbild aus.

Dieses verheerende Gottesbild hat fatale Folgen für die Erziehung in der islamischen Welt. Ein Kind wird mit Mitteln der Angst erzogen, es wird überwacht und kontrolliert, und es wird von ihm erwartet, sich für die Sache oder die Gemeinschaft (Gottes) zu opfern. Die Angst vor der Hölle bei einem vermeintlichen Fehlverhalten ist allgegenwärtig. Ich habe es bereits erwähnt, aber man kann das gar nicht oft genug wiederholen: Angst schafft selbstunsichere Persönlichkeiten, die zu einer leichten Beute für radikale Strömungen werden können, und für Prediger, die ihnen eine trügerische Sicherheit vermitteln und einen einfachen Weg der »Selbstreinigung« offerieren. Alles, was unislamisch ist, gilt als Sünde. Alles, was Sünde ist, soll mit der Hölle bestraft werden. Der einzig sichere Weg, der Hölle zu entkommen, ist der Märtyrertod. Und so mündet die Angstpädagogik in Terrorismus und Gewalt.

Zu einer ernsthaften Reform gehört daher auch, dieses Gottesbild zu hinterfragen und zu kritisieren und dabei nichts zu beschönigen. Ihr Hauptziel sollte nicht sein, die Ehre Gottes und die seines Propheten zu retten, sondern sich auf die Seite des Menschen zu stellen. Deshalb geht es mir persönlich primär auch nicht um eine Reform des Islam in einzelnen Aspekten. Sondern um eine Reform des Denkens und damit einhergehend um eine Befreiung der Gläubigen von Angst und Bevormundung – auch wenn dies zulasten der Grundlagen des tradierten Islam gehen sollte.

27

Mouhanad: Paradies und Hölle sind Sinnbilder für Phasen, die der Mensch auf dem Weg der Vervollkommnung durchläuft

Zu einer ernsthaften Reform gehört vor allem, sich nicht lediglich negativ klingende Stellen aus dem Koran herauszupicken und diese als Beleg dafür heranzuziehen, wie schrecklich der Islam sei. Nein, es geht darum, den Koran als Zeugnis historischer Ereignisse wahrzunehmen und sich ihm so kritisch anzunähern.

Der Unterschied zwischen dem Islam und dem Christentum besteht darin, dass Christen inzwischen aufgehört haben, die Bibel wortwörtlich zu nehmen; sie verorten ihre Texte in ihrem historischen Kontext. Das selektive Spielchen, das Sie mit dem Koran betreiben, könnte man genauso mit der Bibel spielen. Täte man das, könnte man zu dem Ergebnis kommen, der biblische Gott sei unerträglich grausam.

Lieber Hamed, ich lade Sie also ein, den Koran nicht selektiv zu lesen, sondern historisch-kritisch. Nur, wenn die Gläubigen erfahren, wie barmherzig und gnädig der koranische Gott ist, werden sie die Möglichkeit haben, ohne Angst an diesen Gott zu glauben.

Eines dieser angstbesetzten Themen ist der Jüngste Tag. Der Koran betont, dass jeder Mensch einst im Jenseits mit seinen Taten im Diesseits konfrontiert werden wird. So heißt es über den Jüngsten Tag:

>»Wer einen Funken Gutes im Leben getan hat, wird es (am Gerichtstag) sehen, und wer einen Funken Böses im Leben getan hat, wird es (am Gerichtstag) sehen.« (Sure 99:7–8)

Diese Ankündigung soll den Menschen mahnen, ihn zur Einsicht bewegen und so zu seiner Vervollkommnung beitragen.

Diese Lesart leugnet keineswegs die Existenz von Paradies und Hölle, versucht aber, sie nicht im wörtlichen Sinne als »grünen Garten« bzw. »Ort des lodernden Feuers« zu verstehen, sondern im übertragenen Sinne als Metaphern für Glückseligkeit bzw. Leid.

Keine Frage, im Koran finden sich unzählige bildhafte Beschreibungen des Paradieses und der Hölle. Versteht man die koranische Offenbarung als Kommunikation zwischen Gott und Mohameds Gemeinde im 7. Jahrhundert, dann erschließt sich auch die Notwendigkeit dieser Bilder: Sie sollen abstrakte Kategorien veranschaulichen. Glückseligkeit, Gewissensqualen, überschäumende Freude oder tiefes Leid.

Da der orientalische Kulturkreis für seine bildhafte Sprache vor allem in Gedichten bekannt ist, kann es nicht verwundern, dass diese Sprache auch in den Koran eingeflossen ist. Die Beschreibung des Paradieses als grünem Garten, mit Strömen aus klarem Wasser und hübschen, jungfräulichen Frauen mit großen schwarzen Augen dient im Koran als Sinnbild für einen Zustand tiefer Glückseligkeit. Analog dazu kann die Beschreibung eines riesigen Raumes mit sieben Toren, in dem ein großes Feuer auf die Ungehorsamen wartet, als Ausdruck eines schlechten Gewissens gelesen werden.

Dass es sich nicht um »reale Orte« handelt, lässt sich auch daran erkennen, dass Sure 47, Vers 15 über das Paradies und die Hölle mit folgendem Hinweis beginnt: »Ein Gleichnis vom Paradies …« Ebenso ist in diesem Zusammenhang auch in Sure 13, Vers 35 die Rede von einem Gleichnis.

Wie wir wissen, gibt es Gelehrte und Gläubige, die fordern, dem Koran wortgetreu zu folgen. Wenn sie das ernst meinen, müssten sie auch einräumen, dass Paradies bzw. Hölle nicht als Orte zu verstehen sind, sondern als Sinnbilder. Dass hinter dieser Bildlichkeit übergeordnete Prinzipien und Aussagen stehen, hat schon der große Gelehrte al-Ghazālī im 12. Jahrhundert erkannt: »Wir sprechen jetzt vom Diesseits aus über das Jenseits, wir sprechen also jetzt im Diesseits, der Erdenwelt, haben aber die Erklärung des Jenseits, der Wesenswelt im Auge. Doch ist es undenkbar, dass man die Wesenswelt in der Erdenwelt anders erklären könnte als durch Gleichnisse. Darum sprach Gott: ›Das sind die Gleichnisse, die wir den Menschen prägen. Nur die Wissenden verstehen sie.‹«[7] (Sure 29:43)

Die Hölle ist demnach kein Ort, an dem Gott Rache an dem Menschen nimmt, sondern sie steht symbolisch für das Leid und die Qualen, die der Mensch im Laufe seines Lebens erleidet. Die Hölle ist ein Symbol für die dunklen Seiten, die Verfehlungen und Schwächen des Menschen.

Und noch etwas: Es geht im Übrigen keineswegs um Gläubige und Ungläubige. Sie sprechen in Ihrer Koranübersetzung immer wieder von Ungläubigen, was eine völlig falsche Übersetzung des Wortes *kafir* ist. *Kafir* bedeutet im Arabischen »Leugner«. Ein Leugner ist jemand, der manipuliert, jemand, der zum eigenen Vorteil andere betrügt. Das ist es, was der Koran kritisiert. Würde es um Glauben gehen, würde der Koran nicht an mehreren Stellen Nichtmuslimen das ewige Heil versprechen.

28

Hamed: Der Koran muss von Kindern ferngehalten werden

Ich finde es durchaus kreativ, dass Sie Hölle und Paradies als Metaphern sehen und nicht als Orte des physischen Genusses oder der ewigen Qual. So halten es auch einige Sufis und retten dadurch die Spiritualität und ihre Vorstellung von einer

Liebesbeziehung mit Gott. Doch solche Vorstellungen werden sogar von den meisten Sufis abgelehnt. Die absolute Mehrheit der Muslime und selbstverständlich auch der Gelehrten können sich allerdings nicht vorstellen, dass Gott in Hunderten Stellen das Paradies so konkret als einen Ort beschreibt, an dem es Früchte und Geflügelfleisch gibt, bequeme Sofas und Frauen mit großen Brüsten – nur um damit auf einen Zustand der spirituellen Glückseligkeit hinzudeuten.

Der Koran selbst beschreibt seine Verse als »klargestellt und detailliert«, gedacht für Menschen, die »wissen wollen« (Sure 41:2). Das klingt doch sehr explizit und nicht nach mühevoller Anstrengung für den Leser, der komplizierte und mit Metaphern gespickte Formulierungen erst freilegen muss, um auf ihren wahren Kern zu stoßen. Aber gehen wir für einen Moment davon aus, dass Sie recht haben. Dann frage ich mich allerdings: Warum hat Gott es nötig, Frauen mit großen Brüsten als Metapher für Glückseligkeit anzuwenden? Warum benötigt man unzählige Jungfrauen zur Vervollkommnung? Und verstehen gläubige Frauen diese Metapher auch so? Oder ist es nicht vielmehr Mohamed, der hier indirekt zu seinen Männern spricht und versucht, sie mit verlockenden Aussichten für den Dschihad zu motivieren?

Von Gott würde man doch erwarten, dass er seine Schöpfung – Mann und Frau – gleichermaßen achtet. Und nicht, dass Frauen als Sexobjekte Männern sowohl im Diesseits als auch im Jenseits zur Verfügung stehen. Ich kann nicht verstehen, dass Gott sich auf ein sehr irdisches moralisches Niveau mancher Männer begibt und sie mit Sex als Belohnung motiviert. Zumal er das auch noch in seinem letzten Buch tut, das moralische Standards für alle Zeiten und für die gesamte Menschheit setzen sollte. Stattdessen spricht er in vielen Passagen gezielt Instinkte und Triebe erwachsener Männer an, verführt sie mit Wein und Weib und erschreckt sie gleichzeitig mit grauenhaften Szenen von Verbrennung und Elend. Das Buch verherrlicht den Krieg und unterteilt die Menschen in gute und verfluchte.

Deshalb sollte man den Koran eigentlich von Kindern fernhalten. Dass sie schon in sehr jungen Jahren solche Passagen hören oder selbst lesen und auswendig lernen, halte ich für ein pädagogisches und psychisches Risiko. Viele Stellen des Korans können die Psyche eines Kindes massiv belasten. Hinzu kommt, dass sie so in einem frühen Alter zu hassen lernen, statt ihre Mitmenschen zu achten. Sie können Frauen nicht respektieren, wenn sie lesen, dass Gott Frauen zur Triebbefriedigung der Männer im Paradies bereitstellt. Und sie werden in ihrem Tun von Angst gesteuert sein, von Irrationalität, angesichts des drohenden Höllenfeuers.

Selbst wenn es sich hierbei nur um eine Metapher handeln sollte: Kinder sind nicht imstande, den verborgenen Sinn hinter diesen Bildern zu verstehen. Sie können nicht abstrahieren, sondern nehmen das, war schwarz auf weiß vor ihnen liegt, für bare Münze. Sie brauchen eine Vorbildung, die sie auf solche Passagen mental vorbereitet. Wobei ich der Meinung bin, dass es solche Passagen überhaupt nicht braucht. Nicht als Metapher und schon gar nicht als konkrete Zustandsbeschreibung. Kinder sollten zuerst lernen, zu denken und eigene Urteile zu fällen. Sie sollten lernen, wie sie sich gegen vermeintliche Wahrheiten wehren können, bevor diese Wahrheiten ihr gesamtes Leben und ihre Weltanschauung bestimmen! Später werden sie sich gegen dieses Korsett nicht mehr wehren können, denn dann ist es längst ein Teil ihrer Identität.

29

Mouhanad: Die Barmherzigkeit Gottes
ist kein Freibrief für die Sünde

Zu einer Reform gehört, an die Vernunft der Menschen zu appellieren und die Fähigkeit der Gläubigen, Texte in ihrem historischen Kontext zu verorten, nicht zu unterschätzen. Sie sagen den Gläubigen, es sei zu kompliziert für sie, den Koran historisch zu lesen. Wieso eigentlich? Den Christen ist das schließlich auch gelungen.

Die Aufgabe der Theologie heute besteht darin, Kinder wie Erwachsene über einen zeitgemäßen Umgang mit den heiligen Texten aufzuklären. Dann geht es weder in der Bibel noch im Koran um Sex, Brüste oder um ein brennendes Feuer oder paradiesische Zustände, sondern um die Einladung Gottes an den Menschen, sich in seine Nähe zu begeben.

Die Barmherzigkeit Gottes äußert sich auch in seiner Bereitschaft, die Menschen auch dann »abzuholen« und ihnen zu helfen, wenn sie sich auf dem falschen Weg befinden. Gott lässt den Menschen nicht im Stich, er nimmt ihn an die Hand und begleitet ihn. Gott hat den Menschen auserwählt, ihm in die ewige Glückseligkeit zu folgen. Voraussetzung dafür ist jedoch die Vervollkommnung des Menschen, die damit beginnt, die göttliche Liebe und Barmherzigkeit anzunehmen und sie weiterzugeben. In unsere heutige Welt übertragen, bedeutet dies, sich für die Menschenrechte, für die Bekämpfung von Armut, sozialer Ungleichheit, Analphabetismus usw. – kurz, für das Wohl aller Menschen – einzusetzen.

Die Sünde, verstanden als Ausdruck von Ungerechtigkeit, Ungleichheit, Ausbeutung oder Egoismus, wirft den Menschen allerdings jedes Mal ein Stück auf diesem Weg der Vervollkommnung zurück. Wenn der Koran von der Barmherzig-

keit Gottes spricht, dann sollte dies nicht zu der irrigen Annah-
me führen, der Mensch könne sich erlauben, ungerecht und
egoistisch zu sein. Die Barmherzigkeit Gottes ist kein Freibrief für Sünde und Fehlverhalten. Im Gegenteil. So heißt es
in einem Hadith:

»Gott ist betroffen, wenn jemand sündigt.«[8]

Wenn wir uns die Welt der Gegenwart ansehen, müssen wir
feststellen, dass es in vielen Ländern Elend und Armut gibt,
während in anderen Erdteilen ein Überschuss an Luxus
herrscht. Ich verstehe den Islam in diesem Zusammenhang als
Aufruf zur Empathie und Solidarität: Die Gläubigen sind aufgefordert, sich für eine gerechte Welt einzusetzen, für das
Wohl aller. In ihrem verantwortungsvollen Einsatz verwirklichen sie Gottes Liebe im Hier und Jetzt und gelangen selbst zu
einem höheren Grad der Vervollkommnung.

30

Hamed: Der Mensch hat Gott, die Sünde und
den Teufel erschaffen, nicht umgekehrt

Lieber Mouhanad, ich will Ihnen mal sagen, wie das Konzept
von Gott und Hölle und Sünde und Paradies zustande kam –
zumindest aus meiner Sicht. Als wir im Rahmen der Evolution
zu Menschen wurden, standen wir ziemlich alleine da. Wir
waren einsam und hatten Angst. Wir waren umgeben von vielen Naturphänomenen und Gefahren, die wir weder abwehren
noch erklären konnten. Wir sahen, wie unsere Mitmenschen
vor unseren Augen getötet wurden. Wir wollten wissen, wohin
sie nach dem Tod gehen, aber bekamen keine Antwort. Wir
selbst mussten töten, um zu überleben, und später töteten wir,

um uns zu bereichern. Überlebenskampf, Angst und Schuldgefühle haben uns belastet.

Unsere Schwächen und Grenzen als Menschen waren wie Ketten, die unsere Potenziale einschnürten. Wir sahen die Vögel, wie sie frei am Himmel flogen, und wünschten uns, Flügel wie sie zu haben. Wir sahen die Bäume, wie sie ihre Wurzeln tief in die Erde schlugen, wie ihre Äste und Blätter mit dem Wind tanzten, wie sie in voller Blüte standen und Früchte trugen.

Wo waren unsere Wurzeln? Wieso schien alles in der Natur so selbstverständlich zu sein? Ein Werden, ein Sein, ein Welken – und dort, wo ein Baum verrottete, entstand neues Leben. Wir trauerten um unsere Entwurzelung und fragten uns, wie sich unsere Unzulänglichkeiten lindern ließen. Deshalb erfanden wir eine transzendentale Macht und projizierten all das auf sie, was wir nicht sein konnten. Anfangs beteten wir die Sonne, die Sterne, das Wasser und die Steine an. Weil wir vergänglich sind, war für uns alles, was uns überdauert, Gott. Später beteten wir weibliche Götter an, Isis und Ishtar, weil sie, wie die Natur, Leben in sich tragen und Leben geben.

Dann kam unsere Arroganz als Männer, wir wollten uns die Erde untertan machen. Wir erfanden den himmlischen Gott und nannten ihn vollkommen, weil wir Mangelwesen sind. Wir nannten ihn Frieden, weil wir voller Gewalt sind. Wir nannten ihn Richter, weil wir uns nach Gerechtigkeit sehnten. Weil wir trotzdem Probleme mit unseren Unzulänglichkeiten hatten, stellten wir uns vor, auch wir könnten Vollkommenheit erlangen. Gott würde uns dabei helfen, er würde uns genau sagen, was er von uns erwartet, damit wir vollkommen werden. Deshalb erfanden wir die Gebote und Verbote, die Scharia und die Strafe.

Aber wir haben uns übernommen. Wir können die Gebote nicht erfüllen, weil sie unmenschlich sind und weil wir nicht

für die Vollkommenheit gedacht waren. Da wir aber Gott nicht
für »seine« unmenschlichen Gesetze tadeln wollten, die wir
ja selbst erfunden haben, erfanden wir die Sünde. Wer gegen
Gebote und Verbote verstieß, war ein Sünder.

Mit der Last der Sünde umzugehen, entpuppte sich jedoch
als gar nicht so einfach. Kurzerhand erfanden wir den Teufel,
damit wir die Verantwortung für unser sündhaftes Verhalten
an ihn als Sündenbock abgeben konnten. Er war nun der große
Verführer, er war es, der uns in die Sündenfalle lockte. Offenbar mit Erfolg, denn die Verfehlungen der Menschen waren
groß. Es musste etwas geschaffen werden, das abschreckt, das
den potenziellen Sünder von der Sünde abhält: die Idee zur
Hölle war geboren.

Ein angstbesetzter, grauenvoller Ort, die Vorstellung, man
könne eines Tages tief unter der Erde in einem lodernden Höllenfeuer schmoren, versetzte uns in tiefe Verzweiflung. Wir
glaubten, daran zu ersticken – und erfanden die Barmherzigkeit Gottes. Er würde uns erretten und uns im Paradies mit
offenen Armen empfangen.

Wir Menschen haben die Religion erfunden, weil wir zu
wunderbaren Träumen und zu schrecklichen Albträumen fähig
sind. Der Kern jeder Religion ist für mich, dass sich in ihr die
Sehnsucht der Menschen ausdrückt. In ihm bündeln sich seine
aufrichtigen Tränen, seine tiefen Ängste und Freuden und seine
grenzenlosen Träume. Das ist für mich das Heiligste, was es
gibt. Deshalb mag ich bei aller Religionskritik Moscheen, Kirchen, Synagogen und Tempel. Ich fühle mich dort immer sehr
wohl, nicht, weil es Gotteshäuser sind, sondern weil es Orte
voller Gefühle sind. Orte der Sehnsucht, in denen der Mensch
innehält, mit sich – oder auch einer höheren Macht – das Gespräch sucht in Form eines Gebets oder auch nur schweigend.

Das, was Menschen in jeder Religion suchen, ist diese Form
von Halt und Aufgehobensein. Diese Sehnsucht, die ich mei-

ne, wohnt allen Menschen inne, sie macht uns gleich und trennt uns nicht voneinander. Wenn wir von Gott, Allah, Buddha ... sprechen, sollten wir damit nicht eine fiktive Macht meinen, die uns nach inhaltlich-religiösen Aspekten voneinander trennt. Wir Menschen bilden eine Schicksalsgemeinschaft auf dieser Welt. Wir sollten uns daran erinnern, dass wir alle die Sehnsucht nach Liebe teilen. Egal, ob wir Christen, Muslime oder Atheisten sind. Egal, welche Hautfarbe wir haben oder wo wir leben. Eine Liebe, die verzeiht und uns annimmt, mit allen unseren Schwächen.

Diese Liebe brauchen wir – aber keine göttliche Instanz (oder unser Konstrukt einer solchen Macht), die uns für unsere Unzulänglichkeiten geißelt, die Bedingungen stellt, Mitgefühl nach Religion und Rasse spendet und die Barmherzigkeit nur nach blinder Gefolgschaft und Unterwerfung verteilt!

31

Mouhanad: Gott zu dienen heißt nicht, sich zu unterwerfen. Sondern meint den Dienst an seiner Schöpfung

Wunderbar, lieber Hamed! Ich sehe, dass wir uns langsam gedanklich annähern. Es geht in der Tat um die in uns innewohnende Sehnsucht nach absoluter Liebe. Gerade deshalb spricht der Koran auch von Liebe als Zentralelement in der Beziehung zwischen Gott und Mensch (Sure 5:54). Und gerade deshalb kritisiere ich Extremisten und andere, die den Gläubigen diesen liebenden Gott wegnehmen, indem sie ihn durch einen grausam-tyrannischen und unbarmherzigen ersetzen. Indem sie ihnen weismachen, Gott sei narzisstisch, nur an sich selbst

interessiert und verlange deshalb die bedingungslose Unterwerfung.

Es geht aus meiner Sicht ganz und gar nicht um Unterwerfung. Sondern der gläubige Mensch dient Gott in dem Sinne,
dass er sich als Medium für Gottes Wirken zur Verfügung
stellt. Zugespitzt könnte man sagen: Gott »braucht« den Menschen, um seine Liebe und Barmherzigkeit auf Erden zu verwirklichen. Diese »Angewiesenheit« Gottes auf den Menschen ist kein Zeichen von Schwäche, denn er hat sich aus
freien Stücken dafür entschieden, durch den Menschen zu wirken.

Mit »Gott dienen« ist keineswegs ein Zustand der Bevormundung oder der Versklavung des Menschen gemeint. Der
Mensch kann durch sein Zutun die Erde fruchtbar machen und
damit die Barmherzigkeit Gottes an die Schöpfung weitergeben. Im Koran heißt es:

»Schau doch auf die Spuren der Barmherzigkeit Gottes!
Schau, wie er die Erde wiederbelebt, nachdem sie abgestor-
ben war.« (Sure 30:50)

Er wirkt durch uns, und wir geben das, was er uns geschenkt
hat, weiter. So verstanden erhält die Offenbarung einen dialogischen Charakter, denn der Mensch selbst kann sie von Mal
zu Mal erneuern, indem er barmherzig und gütig handelt. Genau das ist der Auftrag des Menschen. Der Prophet erzählte:

»Im Jenseits wird Gott einen Mann fragen: ›Ich war krank
und du hast mich nicht besucht, ich war hungrig und du hast
mir nichts zu essen gegeben, und ich war durstig und du
hast mir nichts zu trinken gegeben.‹ Der Mann wird daraufhin erstaunt fragen: ›Aber du bist Gott, wie kannst du krank,
durstig oder hungrig sein?!‹ Da wird ihm Gott antworten:
›Am Tag soundso war ein Bekannter von dir krank und du
hast ihn nicht besucht; hättest du ihn besucht, hättest du
mich dort, bei ihm, gefunden. An einem Tag war ein Be-

kannter von dir hungrig und du hast ihm nichts zu essen gegeben, und an einem Tag war ein Bekannter von dir durstig und du hast ihm nichts zu trinken gegeben.‹‹«[9]

Diese Erzählung erinnert an das Matthäusevangelium, Kapitel 25 (40), das eine ähnliche Geschichte beinhaltet und an deren Ende steht: »Was ihr für einen meiner geringsten Brüder getan habt, das habt ihr mir getan.« Wenn wir mit dieser offenen und liebenden Haltung unseren Mitmenschen begegnen, wirkt Gott durch uns. Wer einzelne koranische Verse aus ihrem Zusammenhang reißt, um Gläubige zum Hass gegen Nichtmuslime zu bewegen, missbraucht und zerstört die uns innewohnende Sehnsucht nach Liebe.

32

Hamed: Nächstenliebe im Islam ist eine rein innerislamische Angelegenheit

Ich habe bereits darauf hingewiesen, dass es in dem von Ihnen genannten Hadith einen kleinen Übersetzungsfehler gibt. Im Original heißt es: »Keiner ist gläubig, wenn er seinem Bruder nicht das wünscht, was er sich selbst wünscht.« *Seinem Bruder,* nicht seinem Nächsten. Muslime sind in der Tat aufgefordert, sich untereinander mit Liebe und Mitgefühl zu begegnen. Gegenüber Anders- und Nichtgläubigen müssen sie sich aber anders verhalten, wie die zwei Koranpassagen, die ich hier gerne noch einmal zitiere, deutlich machen. In der ersten heißt es:

»Mohamed ist der Gesandte Allahs. Und die, die mit ihm sind, sind hart gegen die Ungläubigen, doch barmherzig zueinander.« (Sure 48:29)

Die zweite Passage lautet:

> »Ihr Gläubigen! Nehmt euch nicht die Juden und die Chris-
> ten zu Freunden! Sie sind untereinander Freunde (aber nicht
> mit euch). Wenn einer von euch sich ihnen anschließt, ge-
> hört er zu ihnen (und nicht mehr zu der Gemeinschaft der
> Gläubigen). Allah leitet das Volk der Frevler nicht recht.«
> (Sure 5:51)

Mit anderen Worten: Nächstenliebe im Islam ist keine allgemeine Maßgabe, sie wird exklusiv gespendet, innerhalb der
muslimischen Gemeinde.

Analog dazu ist an keiner Stelle des Korans die Rede von
der Menschenwürde im Allgemeinen. Sie ist immer mit dem
(richtigen) Glauben verknüpft. Die Gnade Gottes richtet sich
nur an die Anhänger Mohameds, die ihm treu ergeben sind
und mit ihm kämpfen. Zwar erlaubt der Koran Muslimen in
bestimmten Situationen z. B. den Kontakt zu nichtmuslimischen Verwandten aufrechtzuerhalten, doch spätere Koranpassagen befehlen ihnen, sich von diesen loszusagen. Daraus re-
sultiert ein großes Problem, das die islamische Welt heute hat:
Die meisten Muslime solidarisieren sich nur mit ihren Glaubensbrüdern. Wenn diesen irgendwo auf der Welt Unrecht geschieht, erfasst eine Welle der Solidarität die Gläubigen. Das
Unrecht allerdings, das etwa Jesiden und Christen im Namen
des Islam quasi vor ihrer Haustür, also in muslimischen Ländern, angetan wird, ignorieren sie. Und bei Anschlägen in der
westlichen Welt wiegelt man mit dem üblichen Mantra ab.

Teil IV

Freiheit und Selbstbestimmung im Islam: Autonomer Mensch oder Marionette Gottes?

33

Mouhanad: Der Mensch ist Subjekt, nicht Objekt der Religion, und Gott würdigt die Freiheit, die er dem Menschen gegeben hat

Ich glaube nicht an einen Gott, der Bedingungen stellt und Unterwerfung fordert. Sondern ich glaube an einen Gott, der seinerseits an den Menschen glaubt, ihm vertraut und ihm das Ruder in die Hand gegeben hat. Der Mensch hat die Gestaltungshoheit, er hat die Freiheit, sich zu entscheiden.

Wie sehr Gott den Menschen achtet, sieht man schon an der koranischen Schöpfungsgeschichte: Die Engel waren von der Idee der Erschaffung des Menschen überhaupt nicht begeistert, sie murrten, sahen keinen Sinn in diesem neuen Wesen. Gott aber ließ sich nicht beirren, und als er den Menschen geschaffen hatte, verlangte er von den Engeln, sich niederzuwerfen. Sie mussten nicht etwa vor Gott niederknien, sondern vor seiner neuen Schöpfung. Damit wollte Gott den Stellenwert des Menschen als im Zentrum des göttlichen Interesses stehend unterstreichen.

Gott würdigt den Menschen von Beginn an. Im Koran heißt es explizit:

»Wir haben den Kindern Adams Würde verliehen.« (Sure 17:70)

Dass der Mensch auch mit Freiheit ausgestattet wurde, zeigt der weitere Verlauf der koranischen Schöpfungsgeschichte. Als Adam, der symbolisch für den Menschen steht, eine Frucht vom verbotenen Baum gegessen hatte, wurde er – anders als in der Bibel – nicht bestraft. Der Islam kennt die Erbsünde nicht. Die Frucht vom Baum der Erkenntnis versetzte Adam / den Menschen erst in die Lage, auf Erden seinen Auftrag als Medium göttlicher Liebe und Barmherzigkeit zu erfüllen.

Diese Erzählung steht symbolisch für den zentralen Stellenwert von Freiheit als konstituierendes Element für das Menschsein. Wer mit Freiheit ausgestattet ist, muss auch die Konsequenzen seines Handelns tragen. Ein freier Mensch ist keine Marionette, sondern Lenker seines Schicksals. Freiheit bedeutet allerdings mehr als nur Wahlfreiheit. Wenn zum Beispiel jemand meint, sich nur mehr von Schokolade ernähren zu wollen, weil ihm Schokolade viel besser als alles andere schmeckt, dann wäre dieser Mensch in Wirklichkeit unfrei. Denn, wie Kant betont, Freiheit ist nur durch Vernunft möglich. Ohne Vernunft folge der Mensch seinen Trieben. Kraft seiner Vernunft sei der Mensch allerdings in der Lage, das Gute zu erkennen und sein eigenes Verhalten entsprechend auszurichten.

Der Islam ruft den Menschen auf, diese Freiheit zu erlangen, indem er sich von seinen Trieben befreit, die ihn in Unfreiheit verharren lassen und zu unvernünftigen Entscheidungen führen. So verstanden soll der Glaube an Gott den Menschen befreien und zur Selbstbestimmung befähigen. Dies setzt aber voraus, den Islam nicht als Ansammlung von Instruktionen zu verstehen, die den Menschen bevormunden und in Ketten legen. Sondern als Medium, dem Menschen einen Weg zur Entfaltung von Spiritualität und Selbstbestimmung aufzuzeigen.

Hier liegt ein wichtiger Ansatzpunkt für Reformen: Sie müssen zum Ziel haben, den Menschen von einem Gottesbild und einem Islamverständnis zu befreien, das sie am Beschreiten dieses Weges hindert. Denn wenn Gott die Freiheit des Menschen würdigt, dann ist es für den Menschen selbst geboten, die Freiheit des anderen entsprechend zu würdigen. Ansonsten würde der Mensch seine eigene Freiheit einschränken, indem er die Freiheit seines Nächsten einschränkt. Wahre Freiheit verwirklicht sich nur dann, wenn sie auch die Freiheit anderer zulässt und anerkennt. Wenn gläubige Menschen Gott gerecht werden wollen, dann müssen sie ihn als Freiheit denken. Entsprechend beschreibt sich Gott selbst im Koran; er ist frei, zu tun und zu lassen, was er will. Gleichzeitig versichert uns Gott, dass er sich selbst damit keinen Freibrief für Willkür ausgestellt hat, da er für sein eigenes Tun den Rahmen der Barmherzigkeit vorgegeben hat (Suren 6:12 und 6:54). Der Mensch kann darauf vertrauen, er kann sich im Leben und im Sterben darauf verlassen, dass Gott barmherzig ist.

Würde Gott die Freiheit des Menschen einschränken, dann würde er damit auch seine eigene Freiheit einschränken, denn Freiheit verwirklicht sich nur durch die Bejahung von Freiheit.

Nun könnte ein Gegenargument lauten, dass Gott unsere Freiheit sehr wohl einschränkt. Denn wenn wir uns gegen ihn entscheiden, droht uns das Höllenfeuer. Kann man hier also noch ernsthaft von Freiheit sprechen? Meine Antwort lautet: »Ja.« Es hängt ganz davon ab, wie wir diese Drohung verstehen. Ich sehe sie keineswegs als Ankündigung eines Racheaktes, sondern als eine mahnende Erinnerung daran, dass jedes Handeln Konsequenzen hat. Wer sich zum Beispiel ungesund ernährt, muss damit rechnen, dass er irgendwann krank wird; eine Gesellschaft, die keine Maßnahmen gegen Korruption, gegen Bildungsdefizite, gegen Arbeitslosigkeit usw. ergreift, muss damit rechnen, dass sie irgendwann nicht mehr funktionieren wird.

34

Hamed: Das Thema Freiheit ist viel zu wichtig, um es Gott zu überlassen

Mir ist aufgefallen, dass Sie im Laufe unseres Streitgesprächs immer wieder Begriffe verwenden, die mit Freiheit nichts zu tun haben. Wenn es um Gott geht, dann heißt es »Gott würdigt«, »garantiert«, »verspricht«, »schenkt« und »droht«. Wenn es um den Menschen geht, ist plötzlich die Rede von »vertrauen«, »sich darauf verlassen«, »ist es geboten«, oder: »Wenn gläubige Menschen Gott gerecht werden wollen, dann müssen sie …« Am Ende folgt schließlich ein Beispiel aus der Kategorie »wenn, dann und wenn nicht, dann nicht«.

Während wir Gottes Garantie seiner Barmherzigkeit und sein Versprechen der Freiheit wörtlich nehmen sollen, sollen wir ihn nicht beim Wort nehmen, wenn er uns die Konsequenzen unserer »freien« Entscheidung mit dem Höllenfeuer illustriert?

Gott selbst mag frei sein. In dem Moment aber, wo wir in ihm eine höhere Instanz sehen, dessen Willen und Plan wir umzusetzen haben, sind wir nicht mehr frei. Und die Religion mag zwar ein Weg sein, um Spiritualität zu erleben, aber wenn Ungemach droht, wenn dieser Weg nicht beschritten wird, ist keine wirklich freie Entscheidung möglich.

Da wir eine Reform des Denkens anstreben, ist die Freiheit des Individuums eine zentrale Frage. Diese Freiheit setzt voraus, dass der Mensch, seine Gedankengänge und seine Entscheidungen nicht ferngesteuert werden dürfen. Er bekommt diese Freiheit nicht geschenkt, sondern erarbeitet sich seine Mündigkeit durch die Ablehnung von Bevormundung. Der Mensch handelt frei, nicht um Gottes Willen umzusetzen, sondern um sich selbst zu verwirklichen. Der Mensch ist quasi zur Freiheit verflucht, wie Jean-Paul Sartre anmerkte.

Diese Freiheit legitimiert sich aus sich selbst und braucht keine Anlehnung an eine höhere Instanz. Der Mensch macht Fehler und trägt dafür die Verantwortung vor seinem Gewissen und vor seinen Mitmenschen, die von seinen Entscheidungen und seinem Tun betroffen sind. Aber er muss sich nicht vor einer unsichtbaren Macht verantworten, die ihm mit harten Konsequenzen droht. Im Islam schränkt Gott die Freiheit des Menschen permanent ein: Er gibt ihm vor, was er zu essen und zu trinken hat, wen er zu lieben und zu heiraten hat, wann er zu schlafen und aufzuwachen und wann und wie oft er zu beten hat. Er schränkt ihn nicht nur in seinem Tun ein, sondern lässt den Menschen durch den Koran wissen, dass er ihn sogar für seine Gedanken zur Rechenschaft ziehen wird, egal ob er diese öffentlich äußert oder für sich behält:

»Ihm gehört (alles), was im Himmel und auf Erden ist. Ihr mögt, was in euren Seelen ist, kundtun oder geheim halten, Allah rechnet (dereinst) mit euch darüber ab.« (Sure 2:284)

Die alles entscheidende Frage, an der sich Freiheit und Selbstbestimmung messen lassen müssen, ist die Frage des Glaubens. Räumt der islamische Gott dem Menschen das Recht ein, *nicht* an ihn zu glauben? Genau diese Freiheit lässt er seiner Schöpfung nicht. Er sagt zwar im Koran, der Mensch könne glauben oder auch nicht, er erinnert ihn aber im gleichen Satz daran, dass diese vermeintlich freie Entscheidung schlimme Folgen haben kann:

»Und sag: (Es ist) die Wahrheit (die) von eurem Herrn (kommt). Wer nun will, möge glauben, und wer will, möge nicht glauben! Für die Frevler haben wir (im Jenseits) ein Feuer bereit, das sie (dann) mit seinen Flammen vollständig einschließt. Wenn sie (darin) um Hilfe rufen, wird ihnen mit Wasser geholfen, das (so heiß) ist wie flüssiges Metall und (ihnen) das Gesicht brät – ein schlimmes Getränk und ein schlechter Ruheplatz!« (Sure 18:29)

Diejenigen, die sich also gegen ihn entscheiden, sind in seinen Augen Frevler, die in der Hölle schmoren werden. In Anbetracht dieser Drohkulisse muss man sich fragen, wie ernst es Gott mit der menschlichen Freiheit wirklich meint.

Dazu noch ein zweites Zitat:

»Wer rechtgeleitet ist, der ist nur rechtgeleitet zu seinem eigenen Besten, und wer irregeht, der geht irre allein zu seinem eigenen Schaden; und nicht soll tragen eine beladene (Seele noch) eine andre Last. Und wir straften nicht eher, als wir einen Gesandten schickten. Und so wir eine Stadt zerstören wollten, erging unser Befehl an die Üppigen darinnen. Und sie frevelten darinnen, und so erfüllte sich an ihr das Wort, und wir zerstörten sie von Grund auf. Und wie viele Geschlechter vertilgten wir nach Noah! Denn dein Herr weiß und schaut die Sünden seiner Diener zur Genüge.« (Sure 17:16–17)

Hier beschreibt Gott, wie er Rache an den Ungläubigen übt. Er bestraft sie, weil sie von ihrem Recht Gebrauch machten, nicht glauben zu wollen. Wozu aber diese Bestrafung, wenn der Unglaube doch nur den Betroffenen selbst schadet? Ist der Unglaube an sich nicht Strafe genug? Nein. Wer an Allah nicht glaubt, wird sowohl im Diesseits als auch im Jenseits bestraft.

Freiheit bedeutet immer auch, eine Wahlmöglichkeit zu haben. In unserem Fall heißt das: die Freiheit, sich für Gott zu entscheiden, aber auch die Freiheit *von* Gott. Und die wird im Islam sanktioniert. Wenn wir Gott wirklich als Freiheit und Barmherzigkeit denken sollen, wie lässt sich das mit Drohkulissen vereinen? Er ist es, der unsere Freiheit nicht respektiert. Und er ist es, der seiner eigenen Schöpfung misstraut. Misstrauen und Liebe vertragen sich nicht. Und Entscheidungen, die aus Angst getroffen werden, werden nicht frei getroffen.

35

*Mouhanad: Ohne die Freiheit,
seine Religiosität selbst zu bestimmen,
kann es keine aufrichtige Religiosität geben*

Sie haben einen Vers aus dem Koran zitiert, der die Freiheit,
auch die Freiheit von Gott, legitimiert:

>»Wer nun will, möge glauben, und wer will, möge nicht
>glauben! Für die Ungerechten haben wir (im Jenseits) ein
>Feuer bereit.« (Sure 18:29)

Sie kommen aber zu einem anderen Schluss, weil Sie das koranische Wort *Zalimun,* was »die Ungerechten« bedeutet, mit
»Frevlern« übersetzen. Es ist diese Abweichung, die Gott als
Tyrannen aussehen lässt, der den Menschen seiner Freiheit beraubt.

In den vier einzigen Stellen im Koran, in denen es heißt,
dass Gott mit den »aufrichtig Handelnden« zufrieden ist, steht
zudem: »Er ist mit ihnen zufrieden und sie sind mit ihm zufrieden.«[1] Der Koran zeichnet also ein Bild von einem Gott, der
sich von den Menschen »evaluieren« lässt und dem es wichtig
ist, dass auch sie mit ihm zufrieden sind. An keiner Stelle im
Koran ist die Rede davon, dass allein Gott mit den Menschen
zufrieden sein will, ohne dass gleichzeitig erwähnt wird, dass
auch sie mit ihm zufrieden sein sollen. Ein Gott, dem das
wichtig ist, ist kein selbstsüchtiger Gott, der den Menschen
bevormunden will. Ein Gott, der sich von uns Menschen beurteilen lässt, würdigt uns über alle Maßen.

Auch wenn Sie von der Rache Gottes sprechen, frage ich
mich, warum Sie darauf beharren, die koranische Rede von
Strafe sei als Rache Gottes zu verstehen. Gerade eine moderne
Lesart des Korans, wie die historisch-kritische Methode, verortet diese Bilder, auf die Sie sich immer wieder berufen, in

ihren historischen Kontext. Indem Sie sich in unserer Diskussion für die fundamentalistische Lesart des Korans starkmachen, ignorieren Sie eine ganze Tradition der jüngeren und jüngsten Zeit, die einen anderen Zugang zum Koran hat. Mit der fundamentalistischen Lesart des Korans können wir in der Tat keine Reformen durchsetzen.

So wie ich den Koran verstehe – und die göttliche Absicht dahinter –, geht es um eine freie Entscheidung, das Angebot Gottes anzunehmen oder auch nicht. Einige Theologen vertreten allerdings noch immer die Ansicht, dass ein Muslim zum Beispiel nicht zu einem anderen Glauben konvertieren dürfe. In diesem Fall drohe ihm die Todesstrafe. Damit zwingt man einen Menschen aber, Religiosität vorzutäuschen. Wenn jemand nicht mehr vom Islam überzeugt ist und deswegen mit dem Tod bedroht wird, dann wird er sich im Zweifelsfall dem Druck beugen und so tun, als wäre er noch ein Muslim. Er würde die Zugehörigkeit zum Islam vortäuschen, um einer Sanktion zu entgehen und sein Leben zu retten. Von diesen menschenfeindlichen Positionen, die Menschen drohen und ihre Freiheit verachten, müssen wir uns heute definitiv distanzieren.

Diese Gelehrten sollten einen Blick in den Koran werfen, der betont, dass es stets um die aufrichtige Absicht geht. Eine gute Handlung ist nur dann gut, wenn auch die Absicht, die dahintersteckt, eine reine und gute ist. Was hätte Gott von jemandem, der nur so tut, als ob er ein Muslim ist? Wieso sollte er die Menschen zum Vortäuschen falscher Tatsachen motivieren wollen?

Seine Religion aufrichtig auszuüben bedeutet, aus innerer Überzeugung zu handeln und nicht aus Zwang. Genau in diesem Sinne verstehe ich den koranischen Vers, in dem es heißt: »Es gibt keinen Zwang in der Religion.« (Sure 2:256) Eine Reform ist auch deshalb wichtig, um uns von menschenfeindlichen Auslegungen mancher Gelehrter zu befreien, die jegliche Rede von Religionsfreiheit ignorieren, um aus dem Islam ein Instrument der Drohung und der Macht zu machen. Freiheit, verstanden als Akt der Selbstbestimmung, bedeutet auch frei zu sein, sich für oder gegen Gott zu entscheiden, ohne die Rache Gottes fürchten zu müssen. Gelehrte, die Gott unterstellen, er würde sich für etwas rächen wollen, nehmen ihm seine Göttlichkeit. Sie holen ihn herab in »unsere Niederungen«, sie legen einen Maßstab an, der ihm nicht gerecht wird. Nicht er ist defizitär, wir sind es. Und wenn wir uns schlecht behandelt fühlen, glauben wir, zurückschlagen zu müssen.

36

Hamed: Nur schwache und kaum umsetzbare Ideen brauchen die Androhung von Gewalt und Zwang

Der Islam mit seinen hohen moralischen Ansprüchen an den Menschen treibt seine Anhänger zu Doppelmoral und Heuchelei. Diese Doppelmoral entsteht durch die Diskrepanz zwischen den Geboten und der Natur des Menschen. Nur schwache und kaum umsetzbare Ideen brauchen hohe Mauern aus Sanktionen und Drohkulissen, um sie zu schützen.

Die bis heute extrem harte Bestrafung von Apostaten ist aber keineswegs im luftleeren Raum entstanden. Die Gelehrten mussten nur einen Blick in den Koran werfen und die Biographie Mohameds heranziehen, um eine Vorlage für ihre Haltung zu finden.

In Mekka hatte der Prophet nur eine kleine Anzahl von Anhängern, die er persönlich gut kannte und auf deren Loyalität er bauen konnte. Sie folgten ihm, weil sie tatsächlich an seine Botschaft glaubten. Anders war die Situation in Medina. Im Zuge der vielen Kriege und der Aussicht auf Kriegsbeute nahmen viele Opportunisten und Wegelagerer den Islam an, um am Gewinn beteiligt zu werden. Mohamed wusste dies und stellte deshalb die Loyalität seiner neuen Anhänger immer wieder auf die Probe. Er versammelte sie fünfmal am Tag zu ungewöhnlichen Zeiten zum Gebet. Wer nicht in der Moschee erschienen war, galt als Heuchler. Jedes Gebet war somit wie eine Militärparade, die den wahren Gläubigen vom vortäuschenden Opportunisten unterscheiden sollte. Er verbot ihnen das Essen und Trinken im Ramadan von Sonnenaufgang bis zum Sonnenuntergang. Man stelle sich das vor, bei 50 Grad im Schatten – und das 16 Stunden lang!

Der Abfall vom Islam galt für Mohamed auch deshalb als Hochverrat, weil ein Muslim automatisch Soldat in seinem Heer war. Wer sich vom Islam abwandte, war aus Sicht des militärischen Führers Mohamed ein potenzieller Überläufer zu den Armeen seiner Gegner. Deshalb verfügte er die Tötung von Abtrünnigen.

Gleichermaßen musste sterben, wer Mohamed durch Satire oder Poesie beleidigte, weil dies seine Autorität vor allem bei den neuen Gläubigen schwächen oder noch unentschiedene Menschen von einem Bekenntnis zum Islam abhalten könnte.

Nach dem Tod von Mohamed blieben diese Gesetze als wichtige Herrschaftsinstrumente bestehen. Da jeder Gläubige Tribut zahlen musste, war deren Zahl entscheidend für die Staatskasse. Abtrünnige oder Ungläubige bedeuteten weniger Steuereinnahmen für die Kalifen. Den unterschiedlichen Herrschern war es immer egal, ob ihre Untertanen tatsächlich gläubig waren oder das nur vortäuschten. Wichtig für sie war und ist es bis heute, dass sie ihrem Oberhaupt treu bleiben und die Fassade einer moralisch integren Gesellschaft aufrechterhalten.

Das Ergebnis lässt sich heute überall in der islamischen Welt sehen. Je strenger die Sexualmoral, desto kreativer werden die Muslime in der Erfindung von Wegen, um diese zu umgehen. Je strenger die Kleidungsvorschriften für Frauen, desto unerträglicher wird sexuelle Belästigung im privaten sowie im öffentlichen Raum.

Deshalb sollte die angestrebte Reform eine neue Bewertung dieser Gebote und Verbote vornehmen. Was stärkt tatsächlich den Zusammenhalt innerhalb der Gesellschaft und erleichtert das Zusammenleben? Und was schränkt nur die Freiheit ein und führt zu Heuchelei, Frustration und moralischer Desorientierung?

37

Mouhanad: Der Islam ist mehr als nur ein Bündel an Gesetzen und Geboten

Ich habe schon mehrfach betont, dass der Islam, wie ich ihn verstehe, ein Medium ist in der Beziehung zwischen dem Menschen und Gott. Der Koran bestimmt diese Beziehung mit der Formulierung »er liebt sie und sie lieben ihn« (Sure 5:54).

Wenn heute allerdings von der islamischen Lehre die Rede ist, dann wird meist über Gebote und Verbote gesprochen. Die Beziehung zwischen Gott und Mensch wird sozusagen auf eine juristische Dimension reduziert. In Ihrer vorangegangenen Argumentation haben Sie etwas Ähnliches getan – und den Islam damit seines spirituellen Kerns beraubt.

Damit sind Sie nicht allein. Aus meiner Sicht tun das viele Theologen und auch viele Gläubige. Sie reduzieren ihre Beziehung zu Gott auf das Einhalten von Regeln. Die ursprüng-

liche, im Koran beschriebene kommunikative und auf Liebe
gegründete Dimension bleibt dabei auf der Strecke. Lediglich
in der Mystik finden wir sie wieder, seltener dagegen im Bewusstsein der praktizierenden Muslime. Religiös zu sein bedeutet eigentlich, die Liebe, die Gott uns geschenkt hat, in
unserem Alltag weiterzugeben. Liebe ist der Kern des Glaubens und zugleich dessen Maßstab.

Ich gebe Ihnen recht, wenn Sie sagen, das Islamverständnis
vieler Muslime und Nichtmuslime beschränkt sich darauf, dass
Gesetze befolgt werden müssen, da sonst Sanktionen drohen.
Wir glauben, ein praktizierender Muslim sei jemand, der das
rituelle Gebet verrichtet und im Ramadan fastet. Niemand würde auf die Idee kommen, einen Muslim, der zwar regelmäßig
betet und fastet, jedoch üble Nachrede betreibt und Zwietracht
in seinem Umfeld sät, als »nichtpraktizierend« zu bezeichnen. Niemand würde einen Muslim, der zwar regelmäßig betet
und fastet, jedoch überheblich ist, als »nichtpraktizierend«
bezeichnen. Dabei heißt es im Koran unmissverständlich:

> »Und schreite nicht einher auf der Erde überheblich! Du
> kannst nicht die Erde durchdringen und du kannst die Berge
> an Höhe nicht erreichen. All dieses Schlimme ist verhasst
> bei deinem Herrn.« (Sure 17: 37–38)

Und genau hier liegt unser Problem: Der Islam als Ganzes
wird nicht mehr wahrgenommen. Sondern nur noch reduziert
auf einige wenige Elemente. Natürlich gehören auch sie zum
Islam, aber nicht nur. Und natürlich werden einige einer kritischen Überprüfung nicht standhalten können. Das Gebet und
das Fasten werden auch in Zukunft zum Islam gehören – Diskussionen darüber, ob Nagellack, Piercing oder Musik erlaubt
sind, sollten dagegen aufhören. Ein gepiercter, Musik hören-
der Muslim schränkt die Freiheit seines Umfelds nicht ein.
Sehr wohl tut das aber einer, der seinen Mitmenschen Unrecht
angedeihen lässt, der hochmütig und unaufrichtig ist.

Wir haben in der Vergangenheit sehr viele spirituelle und ethische Werte des Islam ausgeblendet und ein sehr einseitiges, eintöniges Bild gezeichnet. Dabei wäre der Islam sehr bunt, würden wir es wagen, spirituelle und ethische Werte wieder ins Zentrum der islamischen Lehre zu rücken, statt sie am Rand verkümmern zu lassen.

38

Hamed: Gott im Koran lässt nicht zu, dass der Mensch seine Beziehung zu ihm selbst definiert. Sein Plan ist gesetzt und nicht verhandelbar

Gott verkündet unmissverständlich im Koran, was er vom Menschen will:
>»Und ich habe die Dschinn und Menschen nur dazu geschaffen, dass sie mir dienen.« (Sure 51:56)

Hier macht Gott den Menschen zum Objekt einer Beziehung, die Sie als »Liebesbeziehung« bezeichnen. Das erinnert mich an die Geschichte eines Königs, der mit eiserner Hand regierte und sich einmal unter das Volk mischte, um zu hören, was seine Untertanen von ihm denken. Als diese ihn auf der Straße erkannten, flohen sie erschrocken und versteckten sich in ihren Häusern. Der König spürte einen Bauern auf, der sich in einer dunklen Gasse verbergen wollte. Zitternd stand der arme Mann vor dem König. »Warum zittern Sie denn so furchtbar«, fragte der Herrscher. »Sie sind mein König. Ich habe Angst vor Ihnen«, antwortete der Bauer. »Sie sollen keine Angst vor mir haben. Sie sollen mich lieben, Sie Schuft!«, erwiderte der König verärgert.

Gott schenkt dem Menschen das Leben nicht, dass dieser es

genieße, sondern dass der Mensch sich ihm unterwirft und seinen Plan erfüllt. Gott stellt strenge Regeln auf, die der Mensch einzuhalten hat. Ferner will er, dass der Mensch sich von der Sünde fernhält und die Sünde und den Sünder eigenhändig bekämpft. Nur wenn er das tut, verdient er die Barmherzigkeit Gottes. Wo bleibt hier ein Spielraum für eine Zweisamkeit der Liebenden?

Muslime werden im Koran als die beste Gemeinschaft bezeichnet, die die Menschheit je hervorgebracht hat, weil sie das Gute gebieten und das Böse verbieten. Dieses Lob wird nicht ausgesprochen, ohne gleichzeitig gegen Juden und Christen zu hetzen:

> »Ihr (Gläubigen) seid die beste Gemeinschaft, die unter den Menschen entstanden ist. Ihr gebietet, was recht ist, verbietet, was verwerflich ist, und glaubt an Allah. Wenn die Leute der Schrift (ebenfalls) glauben würden (wie ihr), wäre es besser für sie. Es gibt (zwar) Gläubige unter ihnen. Aber die meisten von ihnen sind Frevler.« (Sure 3:110)

Viele Muslime legen diesen Vers so aus, dass sie die Sünde mit Gewalt sanktionieren müssen. Scharia-Richter in Saudi-Arabien, im Iran oder in der indonesischen Provinz Banda Aceh, die die Auspeitschung von Alkoholtrinkern oder die Steinigung einer Ehebrecherin befehlen, berufen sich auf diesen Vers. Auch ein eifriger Gläubiger, der eine Hochzeit stürmt und eine Tänzerin mit Säure angreift, sieht sich als Vollstrecker des Plans Gottes. Ehrenmorde und Gewalt gegen Frauen, die ein selbstbestimmtes Leben führen wollen, werden oft über diesen Vers legitimiert.

Gott hätte wissen sollen, dass es unter den Gläubigen viele Menschen geben wird, die schlicht geistig nicht imstande sein werden, seinen verborgenen Plan zu erkennen, der die Beziehung zum Menschen auf eine rein mystische Ebene heben will. Die meisten Gläubigen – gestern wie heute – verstehen die Kommunikation mit Gott vertikal: Gott spricht »von oben« und erlässt Befehle, die der Mensch »unten« kritiklos zu befolgen hat. Nur so gelangt er zum Heil.

Ich bestreite nicht, dass man den Koran auf mehreren Ebenen lesen kann. Allerdings sind dafür ein gewisser Bildungsgrad und vor allem die Absichten des Lesers entscheidend. Je nachdem wird man decodieren, sofern man das möchte. Oder eben doch bei der einfacheren Variante bleiben. Und das ist die, die auch von den meisten Gelehrten und Imamen gepredigt wird: Gott hat den Menschen erschaffen und er kennt seine Stärken und Schwächen am besten. Um den Menschen vor seinen Schwächen zu schützen, hat er ihm Handlungsanweisungen mitgegeben, die der in den Scharia-Gesetzen nachlesen kann. Wer die Scharia befolgt, erfüllt den Plan Gottes und kann auf seine Barmherzigkeit hoffen. Die meisten Menschen werden diesen Plan leider nicht erfüllen können, deshalb werden sie in der Hölle landen!

39

Mouhanad: Der Mensch verwirklicht Gottes Liebe und Barmherzigkeit durch sein eigenes Handeln

Sie schreiben, dass Sie nicht bestreiten, dass man den Koran auf mehreren Ebenen lesen könne. Dass aber die meisten Theologen kein Interesse daran hätten, sondern lieber von einem Gott predigen würden, der den Menschen klare Handlungsanweisungen mit auf den Weg gegeben habe. Das sehe ich auch so. Allerdings: Sehen Sie sich doch einmal an, welches Gottesbild Sie gezeichnet haben. Worin unterscheidet sich dieses von dem der Gelehrten, die Sie zu Recht kritisieren?

Sie zitieren Sure 51, Vers 56. Warum zitieren Sie nicht den nachfolgenden Vers, der da lautet:

»Ich will keine Versorgung von ihnen, noch will Ich, dass sie Mir Speise geben.«

Diese Fortsetzung ist wichtig, um den Begriff »dienen« nicht misszuverstehen. Sonst würde es Gott dabei ja nur um sich selbst gehen. Gottesdienst ist Dienst an seiner Schöpfung. Indem ich Menschen helfe, Arme unterstütze, meiner Arbeit nachgehe usw., diene ich Gott. Denn, um es noch einmal zu betonen, Gott geht es um den Menschen selbst, um dessen Glückseligkeit. Zum Gottesdienst gehört somit auch, dass der Mensch an der Entwicklung seiner Gesellschaft (auf ethischer, wissenschaftlicher, technologischer, humaner Ebene usw.) arbeitet.

Je vollkommener der Mensch dem nachkommt, desto stärker wirkt Gott durch ihn. Wenn man den Menschen als Medium der Verwirklichung göttlicher Liebe und Barmherzigkeit betrachtet, könnte man auch sagen: Gott heilt Kranke durch Ärzte und Medikamente. Je mehr Mediziner forschen und neue Therapieansätze entwickeln, desto mehr werden sie zum Medium für das Eingreifen Gottes bei der Heilung von Kranken. Gott und Mensch kooperieren: Gott lässt seine Intention durch den Menschen Realität werden, und je mehr sich der Mensch vervollkommnet, auch im wissenschaftlichen und zivilisatorischen Sinne, desto mehr Möglichkeiten hat Gott, durch ihn einzugreifen.

Die Verwirklichung von Gottes Liebe und Barmherzigkeit geht also Hand in Hand mit der menschlichen Entwicklung. Je mehr der Mensch die Natur erforscht und die Naturgesetze erkennt, desto mehr Möglichkeiten eröffnen sich ihm, sie in seinem Dienste zu nutzen. Gottes Liebe und Barmherzigkeit werden Wirklichkeit durch Ärztinnen, Ingenieure, Anwältinnen, Richter, Soziologinnen, Politologen, Psychologinnen, Arbei-

ter, Mütter, Väter, Kinder, Geschwister usw. in all ihrem verantwortungsvollen Schaffen. Gott wirkt durch sie alle. Aus
dieser Perspektive lässt sich in jedem unserer Lebensumstände ein Ruf Gottes an uns entdecken, durch den er uns in die
Umsetzung seines Plans integrieren möchte.

Der Mensch ist also ein Medium göttlichen Wirkens, wenn
er sich dafür zur Verfügung stellt. Das heißt jedoch nicht, dass
Gott ihn wie ein Werkzeug nur benutzt. Denn nicht nur die
Intention Gottes verwirklicht sich durch den Menschen, son-
dern auch der Mensch selbst. Er kommt seinem Ziel, seiner
Vervollkommnung einen Schritt näher.

40

Hamed: Auch der Weg zur Hölle
ist mit Gottes Absichten gepflastert

Die These, dass Gott durch die Menschen in das Weltgeschehen eingreift, ist mir zu simpel. Und ich halte sie auch für ge-
fährlich. Wer davon ausgeht, dass Gott Kranke durch Ärzte
und Medikamente heilt (die der Mensch selbst erst entwickelt
hat), muss auch davon ausgehen, dass Gott Menschen vernichtet durch Waffen, die der Mensch selbst erst geschmiedet
hat. Mit anderen Worten: Gott schafft kluge, barmherzige Kinder, die das Penizillin erfinden und schreckliche Kinder, die
den Holocaust organisieren und Atombomben bauen. Fair
enough!

Und was ist mit Viren, Bakterien oder Krebs? Werden die
uns als Prüfung von oben gesandt? Oder sind wir dafür dann
doch selbst verantwortlich? Und wenn Gott durch alles und
auf alles wirkt, braucht es schon eine besondere Akrobatik, um

folgende Geschichte zu erklären: Zwei Kinder liegen im Kran-
kenhaus, beide gleich alt, beide leiden an Krebs. Wird das eine
geheilt, ist das dann Gottes Barmherzigkeit, die durch einen
kurz vor der Vervollkommnung stehenden Arzt wirkt? Wenn
der gleiche Arzt das andere Kind aber nicht heilen kann? Gut,
dass es für solche Fälle noch die Möglichkeit gibt, in Gottes
ewige Gnade aufgenommen zu werden. Eine richtige Win-
win-Situation also.

Im Ernst: Der Islam ist so konzipiert, dass das Schicksal,
egal ob gut oder schlecht, als Plan Gottes erscheint. Wenn etwas Gutes passiert, ist es Gottes Geschenk, wenn das
Schlimmste eintrifft, ist es eine Versuchung Gottes, um die
Glaubensfestigkeit und die Ausdauer eines Muslims zu testen.
Das führt zu Fatalismus, den ich für eine sehr fortgeschrittene
Krankheit in der islamischen Welt halte. Eine Reform muss
bei der Befreiung des Menschen von der Idee beginnen, dass
alles Gottes Wille bzw. die Umsetzung seines Plans ist. Damit,
dass er erkennt, dass er sein eigenes Schicksal selbst in die
Hand nehmen muss. Sonst bleibt er ein Werkzeug – das auch
von anderen Mächten instrumentalisiert werden kann. Nicht
göttlichen, sondern sehr weltlichen, die ihr Anliegen nur durch
einen vermeintlich göttlichen Auftrag kaschieren.

Nichts hat mehr Unheil auf der Erde angerichtet als Men-
schen, die glaubten, mit einem göttlichen Auftrag ausgestattet
zu sein. Eroberungskriege, Massenvernichtungen, Kreuzzüge,
Versklavung und Unterjochung – immer wieder während der
Geschichte glaubten einige selbstgefällige Führer, Gottes Intention erkannt zu haben und in die Tat umsetzen zu müssen.
Wer Gott an seiner Seite glaubte, konnte die grausamsten
Schlachten schlagen, denn es war ja nicht der Mensch selbst,
der mordete, er war ja nur Werkzeug der allerhöchsten Macht.
Er war Erfüllungsgehilfe und konnte die Verantwortung »nach
oben delegieren«.

Das ist durchaus praktisch – nur: Was weiß der Mensch von Gottes Intention? Wie sieht sein göttlicher Plan aus? Und wenn er einen hatte, warum teilt er ihn so verklausuliert mit? Warum muss er in 206 Passagen im Koran Gewalt, Krieg, Verstümmelung und Enthauptungen verherrlichen, um dann in ein paar verschlüsselten Stellen seine Liebe zu allen Menschen zu offenbaren? Warum braucht er über 400 Stellen im Koran, um den Menschen mit der Höllenqual zu drohen, um ihnen dann eine verborgene Botschaft seiner Zuwendung und Barmherzigkeit zu senden?

Wenn Sie sagen, dass Gott durch den Menschen wirkt, dann wirkt er auch durch jene, die in seinem Namen die Welt in Trümmer schlagen. Ist das barmherzig? Ist das Ausdruck seiner grenzenlosen, allumfassenden Liebe? Oder wird Gott hier nicht als Projektionsfläche einiger weniger missbraucht, die sich selbst ermächtigen wollen und deshalb behaupten, Gottes Willen erkannt zu haben?

Eine Reform kann nicht damit beginnen, über die wahren Absichten Gottes zu spekulieren. Sie muss sich im Kern auf die menschliche Vernunft konzentrieren. Denn nur die Vernunft und die Schärfe unseres Verstandes befähigen uns zur Erkenntnis. Auch zu der, dass hinter dem vermeintlichen Plan Gottes nur allzu menschliche Interessen stehen könnten.

Um das zu entlarven, genügt eigentlich ein Blick in den Koran. Ich möchte hier noch einmal jenen Vers zitieren, in dem Gott beschreibt, wie er in die Welt eingreift und nach welchem Prinzip:

»Wer rechtgeleitet ist, der ist nur rechtgeleitet zu seinem eigenen Besten, und wer irregeht, der geht irre allein zu seinem eigenen Schaden; und nicht soll tragen eine beladene (Seele noch) eine andre Last. Und wir straften nicht eher, als wir einen Gesandten schickten. Und so wir eine Stadt zerstören wollten, erging unser Befehl an die Üppigen da-

rinnen. Und sie frevelten darinnen, und so erfüllte sich an
ihr das Wort, und wir zerstörten sie von Grund auf. Und wie
viele Geschlechter vertilgten wir nach Noah! Denn dein
Herr weiß und schaut die Sünden seiner Diener zur Genüge.« (Sure 17:16–17)

Hier beschreibt Gott nicht nur, wie er Rache an den Ungläubigen übt. Es wird auch deutlich, dass er im Vorfeld der Bestrafung reichlich manipulativ vorgeht. Allah sagt: »Und so wir
eine Stadt zerstören wollten, erging unser Befehl an die Üppigen«, die daraufhin reichlich sündigten, woraufhin er sie ver-
nichten konnte. Er wollte jene Stadt von Anfang an dem Erd-
boden gleichmachen, brauchte dafür eine Rechtfertigung und
veranlasste die Reichen zu sündhaftem Verhalten. Sünden, die
sie erst auf seinen Befehl hin begingen. Er bestrafte aber nicht
nur jene Frevler, sondern alle. Das steht in krassem Widerspruch zum Eingangsvers, in dem es heißt: »Und nicht soll
tragen eine beladene (Seele noch) eine andre Last.«

Und wissen Sie, woher dieser Widerspruch kommt? Er ist
nicht Ausdruck göttlicher Meinung, sondern Ausdruck von
Mohameds Verbitterung und Machtlosigkeit gegenüber den
Mekkanern. Immer wieder hatte der erfolglose Prediger den
Mekkanern Höllenqualen im Jenseits angekündigt, wenn sie
seiner Botschaft kein Gehör schenkten. Die Mekkaner hat das
wenig beeindruckt, sie glaubten ohnehin nicht ans Jenseits.
Also drohte er ihnen mit der Vernichtung im Diesseits.

Es gibt viele dieser Beispiele, die belegen, dass Gott weder
positiv noch negativ in diese Welt eingreift, sondern wir Menschen tun das und suchen anschließend nach einer Legitimation oder nach einer Erklärung für unser grausames Tun – und
finden beides in der Projektion auf Gott.

Teil V

Islam und Gewalt: Religion des Friedens oder des Terrors?

41

Mouhanad: Machtpolitische Interessen haben die muslimische Gemeinschaft von Beginn an gespalten

Es ist sicher richtig, dass radikale Kräfte – und nicht nur diese – Religionen über alle Zeiten hinweg für ihre Zwecke missbraucht haben. Dass Gott oder eine andere höhere Macht ihnen als Projektionsfläche diente, um Gewalt und Kriege zu legitimieren. Auch im Islam wurden viele Eroberungsfeldzüge solchermaßen getarnt. Wir Muslime müssen uns mit der eigenen Geschichte kritisch auseinandersetzen und daraus Schlüsse für die Zukunft ziehen. Wenn wir aufrichtig den friedlichen Charakter unseres Glaubens betonen wollen, dann müssen einige Kapitel aus der Geschichte neu bewertet werden.

Man kann sagen, dass der Islam seit seinen Anfängen unter der politischen Manipulation seiner Lehren leidet. Schon kurz nach dem Tod des Propheten im Jahr 632 kam es zum Streit um dessen Nachfolge. Nach einigen Auseinandersetzungen wurde Abū Bakr, ein langjähriger, enger Freund Mohameds und Vater von dessen Frau Aischa, zum Kalifen gewählt. Zwei Jahre später folgte ihm Omar Ibn al-Khattab nach, der die Islamisierung der Nachbarländer vorantrieb. Nach seiner Ermordung im Jahr 644 folgte die Herrschaft des dritten Kalifen, Uthman (644–656).

Spätestens mit ihm begann das bis dahin mit den koranischen und prophetischen Grundsätzen in Einklang stehende Wertesystem zu wackeln. Das islamische Herrschaftsgebiet hatte sich durch die Eroberungen von Gebieten auf und außerhalb der arabischen Halbinsel massiv ausgedehnt, die Kriegsbeute wurde seit Längerem nicht mehr gerecht verteilt, sondern hauptsächlich je nach Verwandtschaftsverhältnis zur Familie des Kalifen aufgeteilt. Da die Mehrheit der Armeeführer von den Haschemiten und Umayyaden abstammte, bewirkte dies eine Konzentration des Vermögens auf diese beiden Großfamilien. Diejenigen, die zu kleineren Stämmen gehörten, bekamen vergleichsweise wenig von der Kriegsbeute ab, was zu einem enormen Ungleichgewicht und in der Folge zu einem starken Wertewandel innerhalb der islamischen Gemeinschaft führte.

Die Konzentration des Vermögens auf eine Minderheit förderte unter diesen einen verschwenderischen Lebensstil, der mit den vom Propheten verkündeten Werten nicht mehr in Einklang stand. Die Benachteiligten und Unterdrückten kritisierten auch öffentlich diese Entwicklungen, sie stellten so etwas wie das »islamische Gewissen« dar. Die lapidare Antwort des dritten Kalifen Uthman auf seine Kritiker, die ihn aufforderten, vom Kalifat abzutreten, war: »Wie kann ich etwas abgeben, womit mich Gott beauftragt hat?!« Der Verweis auf Gott – und nicht mehr auf das Volk als legitimationsstiftend, wie noch bei den ersten beiden Kalifen Abū Bakr und Omar – sollte nun das wacklige Kalifat Uthmans göttlich legitimieren. Die politische Opposition war nun zugleich eine religiöse. Die gespannte politische Situation führte letztendlich 656 zur Ermordung des Kalifen.

Nach dem gewaltsamen Tod Uthmans wurde Ali, der Neffe

und Schwiegersohn Mohameds, als vierter Kalif gewählt. Seine Wahl wurde allerdings von der Gruppe um Mu'awiya (umayyadischer Abstammung), dem Statthalter von Syrien, nicht anerkannt. Damit begann die große Spaltung der muslimischen Gemeinschaft, die vor allem nach dem späteren Tod Alis manifest wurde. Im Jahr 657 erklärte die Gruppe um Mu'awiya Ali den Krieg. Er marschierte mit seinen Soldaten in Richtung des Flusses Euphrat, wo sich Ali und seine Anhänger aufhielten. Nach einer erbitterten Schlacht einigten sich beide Parteien – die Anhänger Alis (die späteren Schiiten) und die Gruppe um Mu'awiya – auf Verhandlungen. Ein Schiedsgericht sollte entscheiden, wer das Kalifat innehaben sollte. Einige Anhänger Alis – die späteren Kharijiten – akzeptierten das nicht und wandten sich von Ali ab. Sie schworen sowohl Ali als auch Mu'awiya den Tod. Da das Schiedsgericht zu keiner eindeutigen Entscheidung kam, errichtete Mu'awiya 660 in Damaskus ein Gegenkalifat. Ein Jahr später wurde Ali von einem Kharijiten ermordet. Im von Mu'awiya gegründeten Umayyadenreich wurde die Nachfolge erblich, was zuvor noch nie der Fall gewesen war.

Die Schiiten akzeptierten das Kalifat Mu'awiyas und das der Umayyaden nicht. Sie sahen in den beiden Söhnen Alis, Hassan und Hussain, dessen legitime Nachfolger. Hassan verzichtete auf die Nachfolge. Hussain, der sie dann antrat, wurde militärisch geschlagen und von der Armee Yazids, dem Sohn Mu'awiyas, umgebracht.

Von diesem Zeitpunkt an war die Spaltung in Sunniten und Schiiten endgültig. Die zunächst eher politische Trennung mündete bald in eine religiöse, in der jede Partei ihren eigenen Standpunkt auch theologisch zu legitimieren suchte. Und so ist heute der Hauptunterschied zwischen Sunniten und Schiiten, wenn es um die Lehre selbst geht, der Glaubensgrundsatz bei den Schiiten, dass der politische Nachfolger des Propheten

nicht vom Volk gewählt werden darf, sondern von Gott gesetzt
wird. Dieser Auffassung nach sind die Imame unfehlbar, denn
sie handeln durch göttliche Eingebung. Schiiten beziehen sich
hauptsächlich auf Vers 33 der Sure 33; dort werden die Imame,
die aus der Familie des Propheten stammen, als rein erklärt:

> »Siehe, Gott will euch von jedem Übel bewahren, o Leute
> des Hauses [Mohameds], und euch völlig reinhalten.«

Daraus entwickelte sich in der schiitischen Glaubenslehre in
ihrer imamitischen Form ein Glaubensgrundsatz, der bei den
Sunniten nicht zu finden ist, nämlich der Glaube an die zwölf
unfehlbaren Imame, die als religiöse Autorität gelten.

Diese Differenz legitimiert noch lange nicht, dass sich beide innerislamischen Konfessionen bekriegen bzw. untereinander verfeindet sind. Dennoch gibt es politische Akteure, die
ein Interesse daran haben, dass sich Sunniten und Schiiten gegenseitig für vom Islam Abtrünnige halten. Gerade die anti-
schiitische Lehre, die heute im Salafismus Saudi-Arabiens
stark verbreitet ist, versucht, das Schiitentum als große Gefahr
darzustellen, die den Islam von innen zerstören will. Man
nutzt das Internet und Satellitenfunk, um systematisch Propa-
ganda gegen Schiiten zu betreiben. Fernsehkanäle wie Safa
und Wisal wurden extra zu diesem Zweck eingerichtet. Auf
schiitischer Seite nahm allerdings auch das antisunnitische
Propagandaprogramm in den letzten Jahren zu. Das eigentliche Problem wird bestehen, solange die Religion für politische Interessen instrumentalisiert wird. Die Lösung liegt in
der Säkularisierung islamischer Staaten, im Sinne einer Befreiung der Religion von der politischen Einflussnahme und
umgekehrt einer Befreiung der Politik von Machtansprüchen
religiöser Parteien und Institutionen.

42

Hamed: Der geheiligte Hass hinter dem sunnitisch-schiitischen Konflikt bereitet den Nährboden für Gewalt

Die machtpolitischen Hintergründe des sunnitisch-schiitischen Konflikts, wie Sie diese gerade beschrieben haben, stimmen weitgehend. Doch die theologischen Argumente beider Seiten kann man nicht außer Acht lassen. Denn die Schiiten berufen sich auf das göttliche Recht, nach dem die Herrschaft nur Mohamed und seiner Familie zusteht. Ginge es nur um Macht, wäre dieser Konflikt nach einer oder zwei Generationen beigelegt worden. Doch da es sich um Gottes Intention handelt, bekommt der Hass und somit der Konflikt immer wieder heiligen Nachschub.

Länder wie Deutschland und Frankreich haben sich lange bekriegt, dennoch schafften sie es am Ende, nicht nur friedlich nebeneinander zu leben, sondern sogar Freundschaft zu schließen. Dies war und ist im sunnitisch-schiitischen Konflikt nicht möglich, weil sich der gegenseitige Hass auf heilige Quellen beruft. Der erste Text dazu stammt von Mohamed selbst. Darin prophezeit er, dass sich nach seinem Tod seine Gemeinde in über siebzig Sekten spalten werde und dass alle Mitglieder dieser Sekten – bis auf eine – in der Hölle landen würden. Beide Gruppen, Sunniten und Schiiten, halten sich für diese gerettete Sekte und somit alle anderen für Ungläubige und Bewohner der Hölle.

Zu dieser Prophezeiung kommt, was Sunniten und Schiiten in ihren jeweiligen theologischen Büchern übereinander schreiben. So lesen wir im Buch »Der Glaube der Sunniten« Folgendes: »Schiitische Frauen darf man nicht heiraten, Tiere, die von Schiiten geschächtet wurden, dürfen nicht gegessen werden, weil diese vom Islam abgefallen sind.«[1] Das macht die Schiiten aus sunnitischer Sicht schlimmer als Juden und Christen, denn deren Frauen darf man als Muslim heiraten und das Fleisch von deren Tieren darf man verzehren. Im gleichen Buch heißt es:»Ich habe nie Menschen gesehen, die schmutziger und trügerischer sind als die Schiiten.«[2] Hier werden Konkurrenten nicht nur kritisiert, sondern sie werden entmenschlicht.

Nehmen wir eine anerkannte schiitische Quelle und schauen wir uns an, was hier über die Sunniten geschrieben steht: »Es gibt einen Konsens unter den Gelehrten, dass die Sunniten schmutzig sind und dass ihr Vermögen und Blut für uns erlaubt ist und dass ihre Herrschaft die Herrschaft eines Ungläubigen ist.«[3] Ich könnte weitere Hunderte Quellen zitieren, die das Gleiche bestätigen.

Es geht also nicht nur um theologische Unterschiede, sondern um tiefen Hass und Vernichtungsfantasien. Das ist der Grund, warum die beiden Gruppen selbst im 10. Jahrhundert in Aleppo ihre gegenseitigen Kämpfe nicht beendeten, als sie einem Feind von außen gegenüberstanden. Die Stadt war von den Byzantinern erobert worden. Stattdessen nutzten sie die Gelegenheit und plünderten die Häuser von Einwohnern der jeweils anderen Glaubensrichtung und töteten sich gegenseitig, statt sich gegen die Eroberer aufzulehnen. Ähnlich verhielten sich die beiden Kontrahenten, als die Mongolen im 13. Jahrhundert Bagdad überrannten. Der Kampf gegeneinander war ihnen wichtiger, als ihre Stadt vor der Verwüstung durch die Fremden zu retten.

Diese Tradition der bitteren Feindseligkeit hat sich über die Jahrhunderte fortgesetzt. Iran und Saudi-Arabien hätten viel gewinnen und den internationalen Ölmarkt dominieren können, wenn sie ihre theologischen Differenzen beiseitegelegt und eine Kooperation angestrebt hätten. Stattdessen bringt dieser Konflikt der Region und der ganzen Welt seit Jahrzehnten viel Elend und Zerstörung. So ist etwa der Bürgerkrieg in Afghanistan in den Achtzigerjahren, der in die Gründung von Taliban und al-Qaida mündete, aus dem sunnitisch-schiitischen Konflikt entstanden. Der erste Golfkrieg zwischen Saddam Hussein und Khomeini, der Millionen auf beiden Seiten das Leben kostete, der Bürgerkrieg und das Scheitern des demokratischen Prozesses im Irak, die Stellvertreterkriege in Syrien und im Jemen sowie die Spannung im Libanon – sie alle haben mit diesem theologischen Konflikt sehr viel zu tun. Und er wird durch die Hasspredigten der Gelehrten beider Seiten täglich aufs Neue entfacht. Es kann keine Reform geben, ohne dass dieser heilige Hass zuvor überwunden wird, durch den jede Seite zur Gewaltverherrlichung und Gewaltanwendung angestiftet wird.

Schiiten wie Sunniten exportieren ihre extremen Theologien auch nach Europa, denn trotz aller Rivalität herrscht in einem Punkt Einigkeit: Die Muslime sollen sich für den Dschihad und den Endkampf gegen die Ungläubigen vorbereiten. Hier eint der heilige Hass, was er ansonsten trennt.

43

Hamed: Der Islam hat den Hass zu einer Tugend gemacht und den Krieg zu einem Gottesdienst überhöht

Und ich setze gleich noch einen drauf, auch wenn wir damit unser schönes Thesen-Wechselspiel durchbrechen!

Wissen Sie auch, was den Kalifen damals und den Expansionisten heute die notwendige Legitimation für ihre Allmachtsfantasien liefert? Es ist leider der Koran. Im Laufe der Menschheitsgeschichte hat es immer Hass und Kriege gege-

ben. Der Stärkere hat immer die Territorien des Schwächeren
erobert und ihm seine Gesetze auferlegt. Aber erst der Koran
erhob den Hass zu einer Tugend und den Krieg zu einem Gottesdienst. Allah formuliert im Koran, was er von einem gläubigen Muslim erwartet:

> »Allah hat den Gläubigen ihr Leben und ihr Vermögen
> dafür abgekauft, dass sie das Paradies haben sollen. Nun
> müssen sie um Allahs willen kämpfen und dabei töten oder
> (selber) den Tod erleiden. (Dies ist) ein Versprechen, das
> (einzulösen) ihm obliegt.« (Sure 9:111)

Allah beschreibt sich selbst als einen Krieger, der auf der Seite
der Gläubigen kämpft und die Ungläubigen eigenhändig tötet:

> »Und nicht ihr habt sie getötet, sondern Allah. Und nicht du
> hast jenen Wurf ausgeführt, sondern Allah. Und er wollte
> (mit alledem) seinerseits die Gläubigen etwas Gutes erleben
> lassen. Allah hört und weiß (alles).« (Sure 8:17)

Allah hat den Krieg durch seine eigene angebliche Beteili-
gung daran mystifiziert. Hier wird der Krieg nicht länger als
eine politische Notwendigkeit beschrieben, um bestimmte
Ziele zu erreichen, sondern als ein schönes spirituelles Erlebnis für die Gläubigen.

Es besteht kein Zweifel daran, dass den Eroberungskriegen
nach Mohameds Tod eher Machtbewusstsein und die Gier der
Kalifen zugrunde lagen, doch die Scharen von Muslimen, die
sich daran beteiligten, hatten oft eine andere Motivation: nämlich die, dem Vorbild des Propheten zu folgen und dem Islam
mit dem Schwert in der Hand einen Dienst zu erweisen.

Der Koran bietet jedem Herrscher eine Steilvorlage, um
Kämpfer für den Tod zu begeistern. Warum nehmen wir es den
Herrschern übel, aber nicht der Vorlage, auf die sie sich bezie-
hen?

Man kann apologetisch behaupten, dass die Herrscher, die
nach Mohamed kamen, die kriegerischen Passagen des Ko-

rans missbrauchten, um ihre Macht auszubauen, oder man kann den schmerzhafteren, aber kürzeren Weg nehmen und sagen: Mohamed wollte seine Kämpfer für den Krieg begeistern und sagte ihnen deshalb, dass Gott und seine Engel an ihrer Seite kämpfen! Insofern tun islamische Machthaber und Extremisten zu allen Zeiten nichts anderes, als Mohameds Beispiel zu folgen.

44

Mouhanad: Wird der Prophet von Muslimen als Prophet der Barmherzigkeit oder der Gewalt rezipiert?

Dann lassen Sie mich die berechtigte Frage stellen, wie Mohameds Beispiel eigentlich aussieht? Lässt sich das so einfach beantworten? Hochproblematisch ist doch in diesem Zusammenhang, dass viele Details der Biographie des Propheten erst mehrere Generationen nach seinem Tod festgehalten wurden. Der bekannteste Biograph Mohameds ist Ibn Ishāq (704–768), dessen Werk uns allerdings nicht direkt, sondern durch Ibn Hischām (?–833) überliefert ist. Der wiederum bezog seine Informationen von einem Schüler Ibn Ishāqs.

Ibn Ishāq ist in der islamischen Tradition nicht unumstritten. So bezeichneten ihn der Gelehrte und Begründer einer der Rechtsschulen des Islam, Mālik ibn Anas, sowie der bekannte Biograph und Geschichtsschreiber Muhammad ibn Ahmad adh-Dhahabī (1274–1348) als »unglaubwürdig«. Ibn Ishāq neigte – wie einige andere auch – dazu, das Leben des Propheten zu glorifizieren, und zwar gemäß seiner eigenen Ideale. Vor allem, wenn es um Krieg oder Männlichkeitssymbole geht. Ibn Ishāq stand damit in der literarischen Tradition der sogenannten Welt-Chroniken, in denen Geschichte weithin als Eroberungsgeschichte interpretiert wird.

Was Muslime definitiv wissen, ist die koranische Aussage zur Bestimmung des Propheten:

»Wir [Gott] haben dich [Mohamed] ausschließlich als Barmherzigkeit für alle Welten entsandt.« (Sure 21:107)

Diese Schlüsselaussage des Korans gilt als Maxime, die für Muslime als klare Orientierung für jede Lesart der Biographie und des Schaffens Mohameds dient. Alle Details seines Lebens und Wirkens, die im Widerspruch zu dieser Maxime stehen, müssen von Muslimen mit viel Mut verworfen werden. Genau deshalb brauchen wir eine Reform auch im akademischen Diskurs, wenn es um die Mohamed-Forschung geht.

Es ist zweifelsohne befremdlich, wenn sich Muslime wegen einer Schmähung des Propheten durch Karikaturisten so aufregen, dass sie sich berufen fühlen, sich für ihn zu rächen. Den Propheten Mohamed konnte man zu seinen Lebzeiten nicht beleidigen, wie könnte man das nach seinem Tod tun? Lassen Sie mich hier ein Beispiel anführen: Es wird berichtet, dass Mohamed einen Nachbarn hatte, der ihm jeden Tag Müll vor seine Haustür gelegt hat. Mohamed schob den Unrat einfach beiseite und machte sauber. Als der Prophet eines Tages keinen Müll vor seiner Haustür fand, machte er sich Sorgen um den Nachbarn, dass ihm etwas Schlimmes widerfahren sein könnte. Er machte sich auf den Weg und besuchte den Nachbarn. Der war in der Tat an jenem Tag krank und sehr überrascht, dass Mohamed nach ihm fragte.

Solche Narrative sind es, für die wir uns starkmachen sollten! Denn sie belegen, dass er durchaus dem koranischen Anspruch entsprach, ein Gesandter der Barmherzigkeit zu sein.

45

Hamed: Mohamed taugt nicht als moralisches
und politisches Vorbild für das 21. Jahrhundert.
Wir brauchen einen postkoranischen und einen
postprophetischen Diskurs!

Es mag sein, dass ein oder zwei Gelehrte die Methode von Ibn Ishāq kritisierten, doch es gilt als Konsens unter den Gelehrten von damals und heute, dass diese Biographie die authentischste und vollständigste sei. Sie wird an allen theologischen Fakultäten in der islamischen Welt kritiklos unterrichtet. Das Bild, das vom Propheten in dieser Biographie gezeichnet wird, unterscheidet sich kaum von dem der anderen Biographien, wie etwa der von Ibn Saad.

Aber man muss gar nicht auf diese Biographien zurückgreifen, um zu wissen, dass Mohamed ein Krieger und Eroberer war. Im Koran selbst finden wir genug Passagen, die belegen, dass er kein friedfertiger Prediger und barmherziger Gesandter war. Wir wissen, dass er mehrere Kriege führte, von Kriegsbeute lebte und Frauen als Kriegsbeute nahm. Gott erteilte ihm im Koran nicht nur die Genehmigung, seiner Schwiegertochter die Scheidung von ihrem Mann zu gestatten, damit Mohamed sie selbst heiraten konnte. Sondern auch die, sich der kriegsgefangenen Frauen als Sexsklavinnen zu bedienen. Der Koran ermuntert Mohamed dazu, in den Krieg zu ziehen, und bejubelt ihn und seine Anhänger, als diese Juden töteten, vertrieben und ihre Häuser und Felder zerstörten.

Wo war Mohameds Barmherzigkeit gegenüber Juden und kriegsgefangenen Frauen? Wie kann ein Mensch, der eine solche Lebensführung hatte, Menschen im 21. Jahrhundert als Vorbild für Liebe und gutes Miteinander dienen? Was können wir heute von ihm überhaupt lernen?

Es mag sein, dass der eine oder andere Biograph einige Details über ihn übertrieben dargestellt hat, doch der Geist des
Korans und die 1400 Jahre andauernde islamische Eroberungsgeschichte gibt eher dem Ibn Ishāq recht. Es kann nicht sein,
dass Muslime über diesen enorm langen Zeitraum falsche
Auslegungen des Korans getroffen haben und ein falsches
Bild des Propheten hatten. Es kann nicht sein, dass sie all diese Jahrhunderte den falschen Islam gelebt haben und nur darauf gewartet haben, dass Sie oder andere Reformer kommen,
um ihnen zu sagen, wer der Prophet tatsächlich war und was
der Koran wirklich sagt und was Gott wirklich will.

Man muss Mohamed weder als einen brutalen Menschen
verteufeln noch sollte man ihn als einen sanften Geist verklä-
ren. Es reicht aus, wenn man erkennt, dass er ein Kind seiner
Zeit war und nur aus seiner eingeschränkten Sicht auf die Welt
heraus und nur innerhalb des Rahmens seiner eigenen Ziele
gedacht und gehandelt hat. Deshalb kann er für unser Handeln
heute keine Vorbildfunktion haben. Wir brauchen also einen
postkoranischen Diskurs und eine Post-Mohamed-Lebens-
weise!

Im Übrigen führt unser Suren-Pingpong letztlich zu nichts.
Es gab den friedlichen und es gab den grausamen Mohamed.
Das liegt daran, dass Mohamed nicht immer nach Prinzipien
(und selten nach dem der Barmherzigkeit!), sondern pragma-
tisch oder opportunistisch gehandelt hat. In Mekka und in den
ersten Jahren in Medina, wo er auf die Kooperation mit anderen
angewiesen war, war er wesentlich toleranter als in der späteren
Medina-Phase, als das Kriegsgeschehen und Angst vor dem
Verrat sein Handeln bestimmten. Und deshalb sollten wir an
Muslime appellieren, Kritik an Mohamed zu dulden, weil Kritik ein Menschenrecht ist und sogar eine Menschenpflicht in
Bezug auf Verhaltensweisen, die zu Menschenrechtsverletzungen führen wie die Ehe mit einem sechsjährigen Mädchen, die

Enthauptung von Kriegsgefangenen usw. Nicht konservative Muslime verraten den Propheten, wenn sie ihn zum Vorbild im Umgang mit Frauen und Andersgläubigen nehmen, sondern Aufklärer verraten die Aufklärung, wenn sie diese im Nachhinein vom Propheten absegnen lassen wollen!

Und was die Biographie des Propheten angeht, sollten Muslime nicht einfach verwerfen, was nicht nach Barmherzigkeit klingt. Denn dann würde nicht mehr viel übrig bleiben. Die Biographie Mohameds muss als Kriegsliteratur aus dem 7. Jahrhundert gelesen werden. Nur wenn das geschieht, wird es gelingen, den Texten ihre Allgemeingültigkeit zu entziehen: Aus dem Werdegang eines Kriegsfürsten, der Frauen versklavte und von Kriegsbeute lebte, kann der moderne Mensch keine Werte vermittelt bekommen. Nur eine Mystifizierung der Figur Mohamed und der Glaube, er sei der letzte Mensch, mit dem Gott sprach, verleiht seinem Wirken und Sagen eine noble Note.

Dass Gott sich für seine letzte Botschaft der Barmherzigkeit ausgerechnet Mohamed ausgesucht hat, ist aus meiner Sicht keine gute Wahl. Denn gegenüber Jesus, den alten Griechen und den alten Pharaonen war Mohamed kein Fortschritt in der Menschheitsgeschichte, sondern eine Rückkehr zum archaischen Menschen, der enthemmt tötet, vergewaltigt und Identitäten auslöscht. Ich mache Mohamed direkt dafür verantwortlich, dass die Kulturen der alten Perser, Ägypter, Assyrer, Aramäer und Amazigh (Berber) verdrängt wurden. Das war ein Verbrechen gegen die Menschlichkeit. Ich könnte ein Auge zudrücken und sagen, wir dürfen Mohamed nicht mit den Maßstäben des 21. Jahrhunderts beurteilen. Als Gegenleistung erwarte ich dafür, dass Mohamed unser Leben im 21. Jahrhundert weder beurteilt noch bestimmt. Wir müssen unsere Lebenswirklichkeit an der Realität messen, nicht auf die vormodernen Vorstellungen eines Kriegsfürsten aus der Wüste proji-

zieren! Mohamed regiert nach wie vor von seinem Grab aus,
weil Muslime es nicht wagen, seine Autorität und seine Vorbildfunktion zu hinterfragen. Es ist Zeit, dass dies geschieht.
Es ist Zeit, dass Mohamed richtig begraben wird! Dann würde
auch jenen Kräften der argumentative Boden entzogen werden, die sich durch ihn und den Koran legitimiert sehen, Gewalt im Namen Allahs in die Welt zu tragen.

46

Mouhanad: Gewalt ist ein multidimensionales Problem,
nicht eines, das nur auf Ursache und Wirkung gründet

Lieber Hamed, Reformen kann man nicht durch einen pau-
schalen Bruch mit der eigenen Tradition bewirken. Sie wollen
Mohamed begraben? Glauben Sie, dass Sie mit dieser Forderung Muslime zu Reformen bewegen können? Nicht Mohamed sollten wir begraben, sondern die menschenfeindlichen
Narrative über ihn.

   Was das Gewaltproblem angeht, haben Sie recht, dass der
Islam dies ohne eine Reform nicht loswerden wird. Aber Gewalt im Namen des Islam, wie sie durch den IS, al-Qaida und
andere Terroristen verübt wird, ist ein komplexes und multidimensionales Phänomen. Man kann hier nicht einfach von Ursache (Mohamed und der Koran) und Wirkung sprechen, sondern muss eine ganze Bandbreite an politischen, sozialen,
psychologischen und natürlich auch religiösen Dimensionen
mit einbeziehen, die Gewalt begünstigen, aber nicht unmittelbar verursachen. Gleichwohl darf man das Problem von Gewalt und Terror auch nicht einfach als eine illegitime Instrumentalisierung des Islam beiseiteschieben.

Reformverweigerer sehen keine Notwendigkeit für einen innerislamischen Diskurs, in dem die Frage nach dem Verhältnis zwischen Islam und Gewalt ernsthaft diskutiert wird. Sie begründen dies damit, dass Terror und Gewalt nichts mit dem Islam zu tun hätten, sondern dass lediglich einige wenige die Religion für ihre Zwecke missbrauchen würden.

Wie gesagt, damit macht man sich die Sache zu einfach. Ein Blick auf die islamische Tradition genügt, um zu erkennen, dass Positionen, die Gewalt nicht nur ansprechen, sondern sie klar bejahen und zum Teil sogar vorschreiben (z. B. Lehrmeinungen, die den Dschihad als Angriffskrieg gegen Nichtmuslime verstehen, oder die Forderung einiger etablierter Rechtsschulen, Apostaten, also Menschen, die sich vom Islam abgewandt haben, mit dem Tod zu bestrafen), Teil dieser islamischen Tradition sind. So zeigt auch die klassische islamische Theologie, dass die Mehrheit der traditionellen muslimischen Gelehrten die Meinung vertrat, das Verhältnis zwischen Muslimen und Nichtmuslimen sei vom Krieg und nicht vom Frieden bestimmt.[4] Von Islamkritikern wird diese Tatsache gerne als Beleg dafür herangezogen, dass der Islam eben doch eine an sich gewalttätige Religion sei. Dass also nicht der Islam ein Problem habe, sondern selbst das Problem sei.

Die klassischen Gelehrten haben den Koran nicht unabhängig von den historischen Kontexten, in denen sie wirkten, ausgelegt. Zu Zeiten, in denen Krieg herrschte, schlug die Exegese eine andere Richtung ein als zu Friedenszeiten. Im Koran selbst finden wir Verse, die für beide Richtungen herangezogen werden können. Und es sind nicht wenige, die für ein friedliches Zusammenleben von Muslimen und Nichtmuslimen plädieren.[5] Diese Verse sollten als Grundlage für unser heutiges Verständnis dienen. Wir müssen radikale Kräfte, die den Koran wörtlich auslegen, daran erinnern, dass sie ihn eben nicht beim Wort nehmen, wenn sie diese Verse ignorieren.

47

Hamed: Ohne Gewalt gäbe es den Islam heute nicht

Dann lassen Sie uns ernsthaft über das Thema Islam und Gewalt reden! Es ist hilfreich, wenn Sie einräumen, dass weitgehend Konsens unter Gelehrten darüber herrscht, dass die Beziehungen zwischen Muslimen und Nichtmuslimen von Gewalt und Krieg bestimmt wurden (und zum Teil noch oder
wieder werden).

Sehen wir uns also etwas genauer an, wodurch diese Meinung untermauert wird: Es sind sowohl bestimmte Koranpassagen und Hadithe als auch der Werdegang des Propheten
selbst, der allein in den letzten acht Jahren seines Lebens über
achtzig Kriege gegen Ungläubige, Juden und Christen geführt
hat. Der Prophet hat den Durchbruch seiner Botschaft der An-
wendung von Gewalt zu verdanken. Wir alle wissen, dass Mohamed in seinen ersten Jahren in Mekka Vergebung und Ge-
waltverzicht predigte und damit keinen Erfolg hatte. In dreizehn Jahren hatte er nur ein paar Dutzend Anhänger gewinnen
können, obwohl die Botschaft des Korans zu diesem Zeitpunkt
sehr spirituell und friedlich war. Vielleicht lag es aber auch
gerade an dieser gemäßigten, toleranten Ausrichtung, dass er
keine Begeisterung auslöste. Erst als er nach Medina zog, eine
Armee gründete und große Kriegsallianzen schmiedete, kam
der Erfolg.

Im Angesicht des Schwertes übernahmen plötzlich ganze
Scharen den Islam, ohne sich mit seiner Botschaft wirklich
auseinandergesetzt zu haben. Nicht die Ästhetik der Schrift
oder die Wahrhaftigkeit der religiösen Botschaft haben sie ent-
zückt und überzeugt, nein, sie wurden Muslime entweder aus
Kalkül oder aus Angst. Denn aus dem einsamen Rufer in der
Wüste war ein mächtiger Kriegsfürst geworden, der Karawa-

nen überfiel, reichlich Beute machte und bereit war, jedem,
der sich ihm nicht beugen wollte, Gewalt anzutun.

Dass aus den unterjochten Stämmen nicht über Nacht und
aus freien Stücken wahre Gläubige geworden waren, sieht
man auch daran, wie es nach dem Tod des Propheten weiter-
ging: Kaum war er gestorben, traten viele Stämme geschlossen aus der islamischen Gemeinschaft aus und verweigerten
Mohameds Nachfolger Abū Bakr die Gefolgschaft. Diese
Phase kennt die islamische Geschichtsschreibung als *hurūb
ar-ridda* (»Kriege des Rückfalls«). Ohne diese Kriege, durch
die die Abtrünnigen mit brutaler Gewalt ins Haus des Islam
zurückgeholt wurden, gäbe es den Islam heute nicht. Ohne den
Einsatz von Gewalt wären wir beide wohl nicht als Muslime
geboren worden. Ohne die Eroberungen im Namen Allahs
wären die muslimischen Armeen nicht in den Libanon, nach
Palästina und Ägypten gekommen, die damals christlich waren. Ohne die Macht des Schwertes wären der Irak, Syrien,
Persien, Nordafrika, Konstantinopel, der Balkan und viele andere Teile der Welt heute nicht muslimisch. Der Islam wäre
eine Fußnote in der Geschichte geblieben und nicht zur Welt-
religion aufgestiegen.

Das ist übrigens nicht meine einsame Einschätzung, sondern die von Yussuf al-Qaradawi, einem der renommiertesten
islamischen Gelehrten unserer Zeit. Al-Qaradawi ist Vorsit-
zender der noch angeseheneren Internationalen Union muslimischer Gelehrter und Gründer des Europäischen Rats für
Fatwa und Forschung, der sich – wie Sie – für die Versöhnung
von islamischen Normen und Traditionen mit den Lebenswel-
ten in Europa bemüht.

Der Prophet und seine Nachfolger haben Eroberungskriege
mit Vehemenz durchgeführt und die Gewalt in jene Welt getragen, die ihnen damals offen stand. Im Koran werden diese
Kriege als »Gottesdienst« bezeichnet, es gibt 206 Passagen,

die Krieg und Gewalt gegen Un-/Andersgläubige unmissverständlich bejahen. Insofern kann man die Schuld nicht bei den
späteren Gelehrten und ihrer Auslegung suchen, denn sie tun
nichts anderes, als solche Passagen und das Leben des Propheten zum Vorbild zu nehmen. Sie tun, was der Koran verlangt.

Eine ernsthafte und ehrliche Auseinandersetzung mit dem
Gewaltpotenzial des Islam muss also beim Koran und dem
Propheten ansetzen. Ich habe aber den Eindruck, dass die
meisten Muslime und Gelehrten (auch die Reformer unter ihnen) genau das scheuen. Es geht ihnen nicht darum, die wahren Fundamente der Gewalt freizulegen und in einem nächsten
Schritt zu beseitigen. Es geht ihnen in erster Linie darum, den
Koran und den Propheten von jeglicher Schuld freizuspre-
chen, koste es, was es wolle. Das taten sie nach dem 11. September 2001, nach dem Anschlag auf die Redaktion von *Char-
lie Hebdo* in Paris und nach dem Anschlag auf den Weih-
nachtsmarkt 2016 in Berlin. Und das tun sie, wann immer
neue Gräueltaten des IS bekannt werden.

Es ist der immer gleiche Abwehrreflex: Das hat mit unserer
Religion nichts zu tun. Die Täter sind keine richtigen Muslime, sie gehören nicht zur Gemeinschaft der Gläubigen. Hinter
dieser Abgrenzungshaltung mag eine gute Absicht stehen:
Zum einen will man das Bild der eigenen Religion nicht in
Verruf bringen, zum anderen will man nicht, dass Muslime
unter Generalverdacht gestellt werden. Beides ist legitim, aber
hat diese Apologetik irgendetwas gebracht? Weder ist das Bild
des Islam in der westlichen Welt dadurch besser geworden,
noch die pauschale Skepsis gegenüber Muslimen geringer. Im
Gegenteil. Solche wie ein Mantra wiederholten Ausführungen
der Islam-Funktionäre führen eher zu mehr Ablehnung gegenüber Muslimen und ihrer Religion. Statt ein klares Signal gegen Gewalt auszusenden, bekommt man den Eindruck, dass
die Vertreter des Islam ein Doppelspiel spielen und in keiner

Weise an einer ernsthaften Lösung des Problems interessiert sind. Sie scheuen sich bereits, es als Problem zu erkennen und klar zu benennen.

Auch wenn die Funktionäre sich nach Kräften bemühen, abzuwiegeln und von Missbrauch ihrer Religion zu sprechen – ich sage: Der Islam hat ein Gewaltproblem, solange sich Täter bei einem Anschlag auf Allah und die Religion berufen und den Koran als Legitimation für ihre Taten heranziehen. Und er hat ein gewaltiges Problem, wenn der Terror im Namen des Islam sich wie ein Geschwür über ganze Landstriche ausbreitet, neue Territorien erobert, sich dort einrichtet und von dort aus zu weiteren Gewaltakten ansetzt. Allein im Jahr 2016 gab es Tausende Terroranschläge in 59 Staaten mit mehr als 20 000 Opfern. Während wir hier in Europa über »kosmetische Korrekturen im Gesicht des Islam« debattieren, während Vertreter der muslimischen Organisationen abwiegeln und schönreden, zeigt der Islam sein hässliches Gesicht. Die dunkle und die helle Seite gehören aber zusammen. Wer nur die helle sehen will, macht letztlich nichts anderes als jene, die sich längst und ausschließlich der dunklen zugewandt haben.

48

Mouhanad: Viele Positionen von muslimischen Extremisten finden ihre Legitimation in der islamischen Tradition. Das ist aber nur eine Seite der Medaille

Ich gebe Ihnen völlig recht, dass Aussagen wie: »Terror hat nichts mit dem Islam zu tun«, oder: »Menschen, die im Namen des Islam morden, sind Terroristen und keine Muslime«, plakative Schutzbehauptungen sind. Sie sind im Grunde inhaltsleer, sie dienen der Apologetik, nicht jedoch einer seriösen Auseinandersetzung mit den theologischen Diskursen, die hinter dem Terror und der Gewalt im Namen des Islam stecken.

Nehmen wir zum Beispiel den Dschihad. Der Koran spricht in unterschiedlichen Kontexten vom Dschihad. Viele Gelehrte berücksichtigen diese Kontexte allerdings nicht konsequent, sondern teilen die unterschiedlichen Aussagen drei Phasen zu: einer ersten Phase der Gewaltfreiheit (Mohamed in Mekka), einer zweiten Phase, in der ein Verteidigungskrieg – und nur der – erlaubt war (Anfangsphase in Medina), und schließlich einer dritten, in der Krieg und Martyrium eher verherrlicht wurden und als Auftrag verstanden werden können (Endphase Medina). Diese dritte Phase umfasst auch den Aufruf, den Islam mit Mitteln der Gewalt in die Welt zu tragen, um die Ungläubigen zu bekehren.

Leider wird selbst in einigen als gemäßigt geltenden islamischen Rechtsschulen allein die dritte Phase betont. Zu dieser Lesart des Dschihad gehört auch, dass gefangene Frauen im Krieg versklavt und missbraucht werden dürfen oder dass ein Muslim mehr wert sei als ein Nichtmuslim.

Es gibt eine Fülle von Beispielen in der islamischen Tradition, die zeigen, welche Probleme wir haben, wenn wir Muslime uns nicht von solchen gewaltbejahenden Traditionen trennen. Wenn wir diese nicht mit viel Mut und Aufrichtigkeit reflektieren, dürfen wir uns nicht über die Entstehung des IS und anderer extremistischer Gruppierungen wundern, die Muslime *und* Nichtmuslime terrorisieren. Eine historisch-kritische Distanz zum Koran, den Hadithen und den Aussagen mancher Gelehrter würde den Islam nicht schwächen, sondern stärken. Dem Christentum ist es gelungen, sich von einigen menschenfeindlichen Positionen, die es im Laufe der Geschichte vertrat, zu distanzieren. Das ist legitim und macht eine Religion nicht weniger authentisch, im Gegenteil.

49

Hamed: Um eine Krankheit heilen zu können,
muss der Patient zuerst erkennen, dass er krank ist

Genau richtig! Um eine Krankheit zu heilen, bedarf es dreier Schritte: Erstens, zugeben, dass überhaupt eine Krankheit vorliegt; zweitens, eine Diagnose wagen und die Ursachen der Krankheit ehrlich benennen; und drittens, die vorgeschriebene Medizin dafür einnehmen.

Oft werden mindestens zwei dieser Schritte von Muslimen übersprungen. Entweder leugnet man von vornherein, dass eine Krankheit vorliegt. Dann werden Experten oder Kritiker, die auf ihrer Meinung beharren, selbst als krank oder islamophob beschimpft. Oder man gibt zu, dass es eine Krankheit gibt, doch verortet man die Ursachen dafür ganz woanders. Mal ist der Westen an allem schuld, mal die soziale Lage, mal die Wirtschaft – aber keineswegs die Religion.

Um es noch einmal ganz klar zu sagen: Muslimische Terroristen bewegen sich nicht außerhalb der islamischen Tradition, sondern sie schöpfen aus der Mitte dieser Tradition. Insofern ist es richtig und wichtig, wenn Sie vorschlagen, sich kritisch mit dieser Tradition auseinanderzusetzen. Die Frage ist nur, wie weit zu gehen Sie bereit sind.

Wenn wir davon ausgehen, dass Teile der authentischen Tradition des Islam für Gewalt und Abgrenzung verantwortlich sind und dass diese Teile sich direkt auf den Koran und den Werdegang des Propheten berufen, dann müssen wir diese Textpassagen bzw. gewisse Teile von Mohameds Biographie nicht nur kritisch beleuchten. Sondern sie ohne Wenn und Aber ablehnen. Doch auch Passagen, in denen Frieden und Gewaltfreiheit gepredigt wird, kann man nicht für maßgeblich erklären, denn damit würde man den Koran zu einem politischen Instrument überhöhen. Nur apolitische, spirituelle Passagen sollten über alle Zeiten hinweg Gültigkeit haben, da sie nicht in einem bestimmten Kontext entstanden sind und den Gläubigen Trost und Halt bieten können.

Allerdings ist der Koran nicht nur in Bezug auf Gewalt sehr widersprüchlich. Die Gelehrten haben über diese Problematik lange diskutiert und sich für das Prinzip der Abrogation entschieden. Im Zweifelsfall hat also der als Letztes offenbarte Vers Gültigkeit. Viele Passagen zum Dschihad bzw. zur Gewalt finden sich in Sure 9 – sie gilt laut Sahīh al-Bukhāri, Hadith Nr. 4329, als allerletzte Sure des Korans, sozusagen als »Manifest im Manifest«. Insofern müsste eine Reform auch darauf abzielen, das Prinzip der Abrogation für nichtig zu erklären. Und das dürfte eine langwierige Konfrontation eröffnen. Nicht nur mit den Vertretern der islamischen Gelehrten, die sich als Hüter der Tradition verstehen und sich mit einem Mal von einem fundamentalen Prinzip ihres theologischen Denkens verabschieden müssten. Sondern auch mit den »normalen« Gläubigen, die den Koran ohnehin für bindend über alle Zeiten hinweg halten. Ihnen zu vermitteln, dass nur gewisse Teile als bindend zu verstehen seien, dürfte der Quadratur des Kreises gleichen. Zumal Sie selbst vorhin eingeräumt haben, dass vor allem die dritte Phase des Korans – was den Umgang zwischen Gläubigen und Ungläubigen angeht – längst Eingang in die Haltung selbst gemäßigter Kreise gefunden hat.

Eine Reform muss sich diesem Problem stellen und einen neuen Weg im Umgang mit diesen Widersprüchlichkeiten finden. Eine offene Abkehr vom Prinzip der Überlegenheit des Islam gegenüber allen anderen Religionen müsste die Folge sein. Das würde aber gleichzeitig auch bedeuten, sich göttlichem Willen zu widersetzen. Schließlich hat Gott selbst (oder zumindest Mohamed durch ihn) die Parole ausgegeben, die Ungläubigen zu richten, wo immer man sie findet. Und schließlich hat er das »Endziel« ausgegeben, der Islam möge siegen. Allah (oder sein Prophet) nutzte die letzte offenbarte Sure des Korans nicht dazu, uns seiner Liebe und Barmherzigkeit zu versichern. Nein, er nutzte sie, um aus dem Hass gegen andere eine Tugend und aus dem Krieg einen Gottesdienst zu machen.

50

Mouhanad: Dschihad ist an erster Stelle die Auseinandersetzung mit seinem Inneren, nicht die Aufforderung zur kriegerischen Auseinandersetzung

Wir sind uns hier völlig einig, dass das Konzept der Abrogation ein Hilfskonstrukt der Gelehrten war, um widersprüchliche Aussagen im Koran irgendwie miteinander in Einklang zu bringen. Das Konzept hilft uns keineswegs, und es gibt auch in der islamischen Tradition Stimmen, die der Abrogation skeptisch gegenüberstehen. Aus meiner Sicht behindert die Abrogation den Versuch, jedes Ereignis, jede Aussage in seinem / ihrem Kontext zu analysieren.

Was den Dschihad angeht, könnte vielleicht noch ein anderer Ansatz eine Möglichkeit zur Reform bieten: die Rückkehr zur eigentlichen Bedeutung von Dschihad.

Aber der Reihe nach: Muslimischem Glauben zufolge wurde der Koran Mohamed nicht auf einmal verkündet, sondern über einen Zeitraum von 23 Jahren. 13 Jahre davon lebte der Prophet in Mekka (zwischen 610 und 622) und zehn in Medina (zwischen 622 und 632). Der Wechsel zwischen diesen beiden Orten hatte auch einen thematischen Wechsel zur Folge. In Mekka waren die Muslime eine Minderheit, sie wurden teils verfolgt und sogar getötet. Da man aus einer Position der

Schwäche heraus agierte und auch keinen Bürgerkrieg riskieren konnte, war den Muslimen in Mekka jegliche Form der kämpferischen Aggression untersagt. Es galt Gewaltfreiheit, selbst im Falle eines Angriffs. Der erste Vers, der ihnen immerhin die Verteidigung nach einer Aggression erlaubte, wurde rund ein Jahr nach der Auswanderung Mohameds und seiner Gemeinde nach Medina offenbart. Er lautet:

> »Denjenigen, die bekämpft werden, ist die Erlaubnis (zum Kämpfen) erteilt worden, weil ihnen (vorher) Unrecht geschehen ist. – Gott hat die Macht, ihnen zu helfen. (Ihnen), die unberechtigterweise aus ihren Wohnungen vertrieben worden sind, nur weil sie sagen: ›Unser Herr ist Gott.‹ – Und wenn Gott nicht die einen Menschen durch die anderen zurückgehalten hätte, wären Einsiedlerklausen, Kirchen, Synagogen und Moscheen, in denen (allen) der Name Gottes unablässig erwähnt wird, zerstört worden (…).« (Sure 22:39–41)

Den Muslimen wurde nun also gestattet, sich im Fall einer Bedrohung zu wehren. Dass dieser Vers keineswegs eine Erlaubnis oder gar einen Aufruf zum Angriff beinhaltet, wird anhand der Begründung deutlich: Muslime dürfen sich wehren, wenn ihnen Unrecht getan wurde, wenn ihnen Vertreibung droht oder sie fürchten müssen, wegen ihres Glaubens unterdrückt zu werden.

Sucht man im Koran nach dem Begriff Dschihad, dann stellt man – wie bereits erwähnt – fest, dass er schon in den mekkanischen Suren zu finden ist (z. B. in den Suren 16:110, 29:6, 29:69, 25:51–52), allerdings nicht im Zusammenhang mit Krieg. Denn Krieg war Muslimen in dieser Phase schließlich untersagt. Zu finden ist er vielmehr in seiner ursprünglichen Bedeutung: sich anstrengen, sein Bestes geben, auch in der Auseinandersetzung mit seinem Inneren, um sich selbst zu läutern. So sagte der Prophet:

»Derjenige, der Dschihad betreibt (arabisch: *al-mudscha-hid*), ist, wer sich um Gottes willen mit sich selbst auseinan-dersetzt.«[6]
Mohamed nannte dies den »großen« oder »eigentlichen Dschi-had«.

Und selbst als der Prophet in seiner späteren medinensischen Zeit, als die nächste Phase eingeläutet war, einmal mit seinen Soldaten von einem Krieg zurückkehrte, sagte er zu ihnen:
»Nun sind wir vom kleinen zum großen Dschihad zurück-gekommen.« Sie wunderten sich, was er damit meinte, und er sagte: »Der Kampf gegen das Schlechte in einem selbst, das ist der eigentliche Dschihad.«[7]
Der eigentliche Dschihad meint also einen inneren, spirituel-len Kampf – etwa gegen Hochmut und Untugend, gegen die Verlockung, moralisch verwerfliche Taten zu begehen, gegen Ignoranz und andere schlechte Charaktereigenschaften.

Hinzu kommt noch etwas: In Phase zwei und drei wird die Erlaubnis zu Kampfhandlungen meist mit der Einführung von Regeln verbunden. So verbot Mohamed unmissverständlich, im Krieg Frauen, Kinder und andere Unbeteiligte anzugreifen. Er verbot jegliche Art der Leichenschändung und verfügte in mehreren Versen, dass Kampfhandlungen sofort beendet wer-den müssten, wenn der Gegner die weiße Flagge schwenkt. Dem Islam also Aggression per se zu unterstellen, ist falsch.

Zudem lassen koranische Aussagen dieser beiden Phasen, die Dschihad und Krieg thematisieren, unmissverständlich er-kennen, dass es sich um historisch verortete Situationen han-delt: um kriegerische Auseinandersetzungen zwischen den Muslimen und den Mekkanern oder anderen Gruppen, gegen die sich die Muslime wehren mussten. Es geht also einmal mehr um Kontextualisierung.

Diese Schlüsselaussagen im Koran machen deutlich, dass es nicht darum ging, Muslimen die Legitimation zu erteilen oder gar von ihnen zu verlangen, Kriege gegen Nichtmuslime zu führen, um sie zum Islam zu zwingen. Wäre dies der Fall gewesen, wäre den Muslimen nicht erlaubt worden, den Kampf zu beenden, wenn die gegnerische Seite die Waffen streckte. Sondern erst dann, wenn die Gegner sich zum Islam bekennen.

Davon ist allerdings im Koran nicht die Rede, im Gegenteil: Es gibt Verse, die Muslime dazu auffordern, den Krieg sofort zu beenden, wenn die andere Seite signalisiert, Schutzgeld zahlen zu wollen – ohne den neuen Glauben anzunehmen.

Es geht also offensichtlich um konkrete Auseinandersetzungen, die der Koran kommentiert und zum Teil regelt, und zwar auf der Grundlage der Erkenntnisse und Erfahrungen von Menschen des 7. Jahrhunderts und verortet auf der arabischen Halbinsel.

Heute haben wir detaillierte und für alle Staaten gültige Regelungen für den Kriegsfall, die auch für Muslime gelten. Dass einige Muslime in der Geschichte (etwa während der umayyadischen oder abbasidischen Herrschaft) und zum Teil in der Gegenwart (Beispiel IS) mit dem Dschihad einen Deckmantel gefunden haben, der ihnen die Möglichkeit bietet, Expansionskriege zu führen und Machtansprüche zu legitimieren, ist unbestritten. Auch wenn viele Muslime auf diese Eroberungen, vor allem der Vergangenheit, stolz sind, müssen wir eine solche Haltung ganz grundsätzlich überdenken.

Indem wir das tun, zeigen wir ein ehrliches Selbstbewusstsein und Stärke im Sinne des Korans, der jede Form religiösen Zwangs ablehnt und mehrfach zur Selbstkritik aufruft. Wenn der Koran dem Propheten nach der Aufforderung zum Aufrüsten mit auf den Weg gibt:

»Wenn sie Frieden wollen, dann erkläre ihnen den Frieden und vertraue auf Gott! Er ist der, der hört und weiß« (Sure 8:61), dann macht er damit unmissverständlich klar, dass es sich nicht um einen Angriffs- oder religiös motivierten Krieg handelt, sondern um einen politischen Verteidigungskrieg. Aggressive Eroberungen oder Restaurationsversuche wie die des IS, der ein Kalifat errichten und Grenzziehungen rückgängig machen will, sind nicht im Sinne des Korans.

51

Hamed: Der Frieden im Koran ist kein wünschenswerter Dauerzustand, sondern eine befristete strategische Option. Nicht der Frieden wird verherrlicht, sondern der Krieg

Wir werden uns weiterhin im Kreis drehen, wenn wir die Schuld für das Gewaltpotenzial im Koran nur auf die politischen Umstände des 7. Jahrhunderts schieben. Ihre Kontextualisierung der damaligen Kriege ist für mich zwar erhellend, doch für den einfachen Gläubigen und auch für viele Theologen wäre damit die Frage dennoch nicht beantwortet, warum Gott diese brutalen Kriege in seinem letzten Buch dokumentiert. Zumal er das doch als Manifest der Barmherzigkeit verstanden sehen will ... Warum lobt er den Märtyrertod und verherrlicht den Krieg, statt ihn zu verteufeln oder den Gläubigen davor zu warnen? Warum betätigt Gott sich selbst als Krieger und überhöht das Töten zu einem schönen Erlebnis für die Muslime?

Ja, es gibt natürlich auch Koran-Passagen, die dem Frieden gegenüber nicht negativ gesinnt sind. Aber *welchem* Frieden? Ist im Koran die Rede vom Frieden als einem wünschenswerten Dauerzustand? Leider nicht. Die Rede ist nur von einer

befristeten strategischen Waffenpause. Sie haben bereits einen
Vers aus Sure 8 zitiert, in dem es heißt:

> »Wenn sie Frieden wollen, dann erkläre ihnen den Frieden
> und vertraue auf Gott! Er ist der, der hört und weiß.«

Fairerweise hätten Sie auch einen anderen Vers zitieren sollen,
der später entstanden ist, und in dem es heißt:

> »Lasst nun (in eurem Kampfwillen) nicht nach und ruft (die
> Gegner) nicht (vorzeitig) zum Frieden, wo ihr doch (letzten
> Endes) die Oberhand haben werdet! Allah ist mit euch und
> wird euch nicht um (den Lohn) eure(r) Werke bringen.«
> (Sure 47:35)

Was will Gott also? Wie sieht sein Plan aus? Will er nun Frieden oder will er, dass Mohamed und seine Anhänger kämpfen,
wenn sie die Aussicht auf den Sieg haben, und einer Waffen-
ruhe zustimmen, wenn ihnen dadurch ermöglicht wird, sich
neu zu sortieren und besser zu bewaffnen? Ist Allah pragma-
tisch oder hat das Ganze nur mit dem strategischen Taktieren
von Mohamed zu tun? Und was hat ein Gläubiger heute von
solchen Passagen?

Solange es Gelehrte oder Gläubige gibt, die darauf bestehen, dass es sich hier um das direkte und letzte Wort Gottes
handelt, kann man die Kriegspassagen nicht neutralisieren.
Und solange wir diese Passagen nicht neutralisiert haben, können wir nicht sagen, dass der IS und andere Terroristen sie
missbrauchen. Die Gegenüberstellung von Kriegs- und Friedenspassagen sollte nicht dazu dienen, dass die eine Seite
mehr Legitimation bekommt als die andere. Generell sollte
gelten, dass weder die einen noch die anderen Passagen uns
heute als Ratgeber für politisches Handeln dienen können.

52

*Mouhanad: Nur eine mutige und kritische
Auseinandersetzung mit der eigenen Tradition kann der
Gewalt im Namen des Islam seine theologischen
Grundlagen entziehen*

Sie behaupten, dass im Koran nirgends die Rede vom Frieden als einem wünschenswerten Dauerzustand sei. Das stimmt nicht. Im Gegenteil werden die Muslime im Koran sogar dazu aufgefordert, in den Zustand des Friedens einzutreten (Sure 2:208). Frieden (arab. *assalam*) ist sogar ein Eigenname Gottes im Koran. Sie, lieber Hamed, lesen den Koran als Bedienungsanleitung zum Hass. Ähnlich wie die Extremisten stützen Sie sich dabei darauf, dass der Koran als letztes Wort Gottes aufgefasst wird. Meines Erachtens kommt es nicht darauf an, ob der Koran das letzte oder das vorletzte Wort Gottes ist. Ja, es kommt nicht einmal darauf an, ob er überhaupt das Wort Gottes ist oder nicht. Es kommt einzig und allein darauf an, wie wir *heute* mit dem Koran umgehen.

Ich habe bereits eingeräumt, dass das Verständnis vom Dschihad als Angriffskrieg, um Menschen den Islam aufzuzwingen, eine Position ist, die in der islamischen Tradition über die Zeiten hinweg auch bei einigen hoch anerkannten und selbst gemäßigten Theologen wiederzufinden ist. Zu finden sind solche Haltungen gegenwärtig bei Gruppierungen wie dem IS, von dem sich Muslime zwar mit der Aussage distanzieren, das habe alles nichts mit dem Islam zu tun, sich aber kaum ernsthaft mit den Argumenten des IS und anderer Extremisten auseinandersetzen. Daher können sie auch nicht erkennen, dass das Problem viel tiefer sitzt, dass es stärker innerhalb der islamischen Tradition verwurzelt ist, als die meisten glauben oder es gerne glauben wollen. Wir Muslime müssen

uns daher dringend und mit viel Mut mit der eigenen Tradition
kritisch auseinandersetzen und überprüfen, welche Positionen
heute noch vertretbar sind und welche zu verwerfen sind.

Einfach mit dem einen oder anderen koranischen Vers zu
argumentieren, hilft nicht weiter, daher meine Kritik an Ihnen,
lieber Hamed, wenn Sie einfach ein paar Verse zitieren, die
Ihre These bestätigen sollen, wonach der Islam eine gewalttätige Religion sei. Andere nehmen andere Verse, um etwas anderes zu belegen. Das ist in meinen Augen eine Herangehensweise, mit der wir den Koran alles und am Ende nichts sagen
lassen. Daher appelliere ich dringend an Sie, auch von modernen exegetischen Zugängen und Methoden in der Koranforschung Gebrauch zu machen, sonst drehen wir uns die ganze
Zeit im Kreis.

53

Hamed: Der IS ist keine Randerscheinung innerhalb der islamischen Theologie, sondern eine konsequente Umsetzung des islamischen politischen Auftrags

Sie kommen dem Problem langsam näher!

Der IS mag in seiner brutalen Praxis die Mehrheit der friedlichen Muslime nicht repräsentieren, aber die Theologie der
Gewalt, die er als Grundlage seines Handels anwendet, ist
keine extreme Position innerhalb der islamischen Tradition,
sondern eher der Mainstream. Und das ist genau der Grund,
warum selbst konservative Muslime Schwierigkeiten haben,
ein theologisches Gegengewicht zum IS anzubieten.

Dieses Problem sieht man an zwei Beispielen: im Umgang
der wissenschaftlich renommierten ägyptischen Al-Azhar-In-

stitution mit dem IS und im Umgang der konservativen Islam-
verbände Deutschlands mit den Reformideen von Ihnen und
einigen anderen Theologen. Einerseits kritisiert Al-Azhar die
Vorgehensweise des IS und erkennt al-Baghdadi nicht als
Kalifen an; andererseits lässt die Institution zu, dass das Gedankengut, auf das sich der IS beruft, nach wie vor in den
Lehrbüchern steht, nach denen in Schulen unterrichtet wird.
Schülerinnen und Schüler lernen, dass der Islam nichts gegen
Eroberungskriege, nichts gegen Sklaverei und nichts gegen
den Missbrauch von kriegsgefangenen Frauen als Sexobjekte
hat. Spitzfindigkeiten wie eine Differenzierung zwischen den
verschiedenen Phasen erübrigen sich, da sich ohnehin die Lesart der dritten zum Thema Dschihad durchgesetzt hat. Von
dem metaphysischen Ansatz, den Sie als eigentliche Lesart
ausgemacht haben, dürfte sich kaum etwas finden – nicht in
Schulbüchern und auch nicht in den Auslegungen der meisten
Gelehrten, wie Sie selbst eingeräumt haben.

Al-Azhar ist zwar gegen den IS, aber nicht gegen die *Idee*
des Kalifats und nebenbei auch nicht gegen die Einführung
der Scharia mit allen brutalen Körperstrafen von Händeabhacken bis zur Steinigung und Enthauptung. All das wird nach
wie vor sowohl an den Schulen als auch an der theologischen
Fakultät der Universität Al-Azhar unterrichtet.

Ohne Sie in Verlegenheit bringen zu wollen: Der große Al-
Azhar-Scheich hat Sie und Ihr Institut an der Uni Münster
letztes Jahr besucht. Hatten Sie Gelegenheit, ihn mit diesen
Widersprüchlichkeiten zu konfrontieren? Nein, sicher nicht.
Vielleicht wollten Sie diese Konfrontation auch gar nicht eingehen, weil Sie diese wichtige Kooperation zu diesem Zeitpunkt nicht verlieren wollten. Das kann ich durchaus verstehen. Nachdem er bei Ihnen war, sprach der Großscheich jedenfalls im Bundestag und schwärmte von der Toleranz des
Islam. Kurz zuvor hatte er höchstpersönlich Anzeige gegen

einen ägyptischen Reformer namens Islam Beheri erstattet, der in einer Fernsehsendung die Islamgelehrten des Mittelalters und Al-Azhar beschuldigt hatte, das ideologische Rüstzeug für Terroristen bereitzustellen. Islam Beheri wurde wegen Herabwürdigung der Religion zu einem Jahr Haft verurteilt.

Die gleiche Al-Azhar-Institution hatte zuvor den großen ägyptischen Literaten und Nobelpreisträger Naguib Mahfouz und den Reformer Farag Fouda zu »Ungläubigen« erklärt. Wenig später waren zwei Anschläge auf die beiden Männer verübt worden. Naguib Mahfouz überlebte knapp, Farag Fouda erlag seinen Verletzungen. So viel zum Thema Toleranz des Islam.

Al-Azhar ist nicht aus theologischen Gründen oder gar Gründen der Menschlichkeit gegen den IS: Sie will schlicht die Deutungshoheit über die Scharia behalten, die ihr der IS streitig zu machen droht.

Das zweite Beispiel sind die Islamverbände in Deutschland, die ständig betonen, dass der Islam die Religion des Friedens und der Toleranz sei. Aber als Sie, lieber Mouhanad, sagten, dass das Paradies nicht nur für Muslime reserviert sei und dass auch Juden und Christen in die Barmherzigkeit Gottes eingeschlossen werden können, standen die Funktionäre geschlossen auf und wollten Ihnen die Lehrerlaubnis entziehen. Sie warfen Ihnen vor, keinen authentischen Islam zu lehren.

Damit sind sie keineswegs in der Minderheit. Die Mehrheit der Muslime fühlt sich mehr dem authentischen, spaltenden Islam als dem friedlichen Zusammenleben aller verpflichtet. Eine wirkliche Reform sollte nicht nur, wie Sie verlangen, Positionen der alten Tradition auf Plausibilität und aktuelle Vertretbarkeit hin überprüfen, sondern Teile des authentischen Islam gänzlich für ungültig erklären! Zu diesen Teilen gehören: die Aufteilung der Welt in Gläubige und Ungläubige sowie die Vorstellung, dass Gott der Gesetzgeber ist. Eine Reform darf sich nicht damit begnügen, eine künstliche Vereinbarkeit von Scharia und säkularem Grundgesetz anzustreben, sondern sie muss die Scharia zu einem Auslaufmodell erklären, das nicht mehr für die Regulierung des modernen Lebens taugt. Reform bedeutet nicht nur die Verbesserung der Selbst- und Außendarstellung irgendwelcher Argumentationslinien der Tradition, sondern Reform bedeutet notfalls, einen Traditionsbruch zu wagen!

54

Mouhanad: Nicht nur der Salafismus und der muslimische Fundamentalismus stellen heute eine Herausforderung für einen zeitgemäßen Islam dar

Ja, Sie haben recht, nicht nur Al-Azhar braucht Reformen, sondern die theologischen Fakultäten in so gut wie allen islamischen Ländern. Aber deshalb debattieren wir ja auch schon die ganze Zeit über Reformen. Ich frage mich nur, wie Sie den Islam reformieren wollen, wenn Sie ihn für unreformierbar halten. Welches Angebot wollen Sie den Muslimen denn machen? Den Propheten zu begraben und den Koran abzuschaffen ist keine Reform. Wir müssen den Gläubigen vielmehr Wege und alternative Lesarten aufzeigen und dies mit viel Respekt und Fingerspitzengefühl tun, um sie überhaupt zu erreichen.

Sie haben auch recht, wenn Sie sagen, konservative Muslime täten sich leicht damit, progressive Muslime zu kritisieren und anzugreifen. Und Sie haben auch recht, dass man von diesen konservativen Muslimen kaum inhaltliche Kritik am Salafismus oder sogar am Extremismus, wie im Falle des IS, hört. Man distanziert sich oder erklärt die IS-Anhänger mit dem altbekannten Reflex zu Nichtmuslimen oder Islam-Missbrauchern. Es findet weder eine klare Distanzierung statt, noch wird ein theologischer Diskurs dagegen geführt.

Warum eigentlich nicht? Vielleicht, weil man dann offen einräumen müsste, dass nicht wenige Positionen etwa der Salafisten im sogenannten Mainstream-Islam vertreten sind. Denken Sie etwa an den stark verbreiteten religiösen Exklusivismus mit seiner Auffassung, alle Nichtmuslime würden in der Hölle schmoren. Oder denken Sie an die weitverbreitete Auffassung, Körperstrafen seien legitim, nur weil im Koran in einem bestimmten Zusammenhang davon die Rede ist. Oder an die unter vielen Gelehrten verbreitete Meinung, Nichtmuslime seien unrein und dürften deshalb weder den Koran berühren noch die heiligen Stätten des Islam besuchen. Würde man diese und andere Positionen mit seinen eigenen abgleichen, käme man schnell in die Verlegenheit, zugeben zu müssen, dass das eigentliche Problem längst nicht der Salafismus ist.

In den argumentativen Ring zu steigen würde bedeuten, sich mit einigen Positionen innerhalb der islamischen Tradition kritisch auseinanderzusetzen und bereit zu sein, manche davon zu verwerfen. Aber gerade konservative Muslime neigen dazu, die Tradition als heiliges Gut, das unantastbar bleiben muss, zu überhöhen. Daher fällt es ihnen leicht, progressiven Muslimen, die die Tradition zwar nicht verwerfen, aber kritisch auf ihre heutige Aktualität und Plausibilität hin abklopfen, vorzuwerfen, sie würden den Islam diffamieren oder aus ihm eine »Light-Version« machen wollen. Denn jede Kritik an der als heilig erklärten Tradition wird mit einer Kritik am Islam selbst assoziiert.

Und genau darin liegt das eigentliche Problem vieler konservativer Muslime heute. Im Grunde stehen sie sich selbst im

Weg. Sie wollen sich eigentlich von Salafismus und Extremismus distanzieren, verweigern aber zugleich eine ernste Auseinandersetzung mit den theologischen Wurzeln und Argumenten dieser menschenfeindlichen Strömungen. Der Einfachheit halber wird nicht selten »das ganze Problem« mit dem islamischen Extremismus zum Produkt des Westens erklärt. Eine praktische Lösung, hinter der sich auch die schweigende Mehrheit der Muslime im Zweifelsfall versammeln kann. Hauptsache, man muss nicht bei sich selbst und bei seiner Religion nach den Ursachen von Problemen wie Gewalt suchen.

55

Hamed: Der Dschihad muss zum Auslaufmodell erklärt werden und darf nicht länger als direkter Fahrstuhl ins Paradies gelten

Nach dem 11. September 2001 versuchten viele muslimische Theologen und Intellektuelle, eine Antwort auf die Brutalität dieses Anschlags zu finden. Der renommierte Gelehrte Yūsuf al-Qaradāwī verfasste eine lange Abhandlung mit dem Titel »Dschihad verstehen«, um die Bedingungen eines Kampfes für die Sache Gottes zu erklären. Damit wollte er beweisen, dass die Attentäter des 11. September nicht nach den islamischen Prinzipien gehandelt haben.

Ich habe mich damals durch die 1400 Seiten des Buches gequält, um nach brauchbaren Argumenten zu suchen, aber ich habe leider keine gefunden. Al-Qaradāwī unterscheidet zwischen dem Verteidigungskrieg, zu dem jeder Muslim verpflichtet ist, sofern sein Land oder seine Religion angegriffen wird, und dem Angriffskrieg, der dazu dient, den Islam zu verbreiten. Im Falle eines Verteidigungskrieges kann und muss jeder Muslim zur Waffe greifen, auch wenn die Führung seines Landes den Dschihad noch nicht offiziell ausgerufen hat. Das ist im Falle eines Angriffskrieges anders. Hier ist es allein dem muslimischen Herrscher oder Kalifen vorbehalten, den Angriffs-Dschihad auszurufen. Ist dies geschehen, muss ein Gläubiger dem folgen, ohne Wenn und Aber.

Diese Position ist die authentische theologische Position, die sich auf den Koran und auf den Propheten beruft. Die Rede vom »kleinen« und »großen« oder »eigentlichen Dschihad« sind semantische Taschenspielertricks. Selbst wenn es diese Unterscheidung gegeben haben sollte, selbst wenn sich Belege dafür im Koran finden – die Maßgabe, der Mainstream haben ihre eigene Auslegung.

Abgesehen davon, geht es nicht nur um den Begriff, sondern um das dahinterstehende Konzept und die Praxis. Im Koran findet sich zum Beipiel das Verb *yudchahid,* das unmissverständlich bedeutet: »für die Sache Gottes kämpfen«. Nirgendwo im Koran ist dieses Verb im Zusammenhang mit einem spirituellen oder inneren Ringen mit sich selbst zu finden. Außerdem gibt es im Koran noch den Begriff *qital* (bewaffneter Kampf). Dieser Begriff leitet sich von dem Verb *yaqtul* (töten) ab. Alle Verse, in denen diese Begriffe verwendet werden, handeln von konkreten Kriegshandlungen und Befehlen Gottes, die Ungläubigen zu töten oder zu enthaupten.

Auch die 120 Gelehrten aus den unterschiedlichen islamischen Ländern, die den Angriffskrieg des IS in einem offenen Brief kritisiert haben, lehnten das Konzept von Kalifat und Dschihad nicht ab, sondern hielten lediglich den IS-Führer al-Baghdadi für den falschen Kalifen und seinen Dschihad für den falschen Kampf. Dieser offene Brief war politisch moti-

viert, denn diese Gelehrten sind den Staatsoberhäuptern ihrer
Länder unterstellt. Wenn sie das Kalifat von al-Baghdadi anerkannt hätten, dann hätten sie den Königen und Präsidenten,
die ihren Gehaltsscheck ausstellen, ihre Legitimation entzogen.

Deshalb halte ich es für Zeitverschwendung, Begriffs-Ak-
robatik zu betreiben und das Konzept, das aus einer brutalen
Praxis entstanden ist, zu rehabilitieren, indem man es auf eine
spirituelle Ebene hebt. Nein, Dschihad ist und bleibt ein belas-
teter Begriff. Dschihad ist und bleibt eine Praxis, die vielen
Menschen in der Vergangenheit und Gegenwart viel Leid gebracht hat – und noch bringen wird. Die Millionen, die in den
islamischen Eroberungskriegen in den letzten 1400 Jahren getötet wurden, sind direkte Opfer dieses geheiligten Kampfes.
Die Millionen Frauen, die als Sklavinnen von muslimischen
Kriegern erbeutet, missbraucht und verkauft wurden, interessieren sich nicht für eine Umdeutung dieses Begriffes.

Deshalb erwarte ich von einem aufgeklärten Theologen wie
Ihnen, diesen Begriff nicht mit einem humanistischen Geist
aufzuladen oder meinetwegen auch wiederzubeleben, sondern
ihn zu entsorgen und zu begraben. Ich möchte von Ihnen hören, dass Krieg und Frieden zwischen den Völkern heute keine
Angelegenheiten sind, die von der Religion bestimmt werden,
sondern vom internationalen Recht und von den Menschen-
rechtskonventionen der Vereinten Nationen. Dschihad war
gestern, und Krieg ist Krieg, und daran ist nichts zu verherrlichen, selbst wenn es um den Verteidigungsfall geht. Leben ist
Leben, und wir sind da, um es zu genießen, um etwas zu lernen, und jeder, der von uns erwartet, unser Leben für irgendeine Sache zu opfern, ist ein fanatischer Ideologe. Und jeder,
der den Tod für Gott mystifiziert und als eine Garantie für die
Erlösung lobt, muss als Feind der Menschheit identifiziert und
konsequent isoliert werden!

Teil VI

Scharia und der säkulare Staat: Zwei Bereiche, die sich ausschließen?

56

*Mouhanad: Die Scharia ist nicht heilig,
sondern ein menschliches Konstrukt,
das dynamisch bleiben muss*

Über kaum einen Begriff wurde in den letzten Jahren und wird noch immer so kontrovers diskutiert wie über den Begriff »Scharia«. Viele Muslime sehen in der Einführung der Scharia den Weg zur Glückseligkeit im Diesseits und später im Jenseits. Viele Nichtmuslime haben Angst davor, denn für sie ist die Scharia Ausdruck eines menschenfeindlichen, restriktiven Systems, das weder mit demokratischen Grundwerten noch mit den Menschenrechten vereinbar ist. Bemerkenswert bei der Diskussion ist jedoch, dass weder Muslime noch Nichtmuslime so genau wissen, was die Scharia eigentlich ist.

Die Scharia ist keine Gesetzessammlung wie etwa das deutsche Bürgerliche Gesetzbuch oder das Strafgesetzbuch. Gemeinhin heißt es, sie basiere auf dem Koran und auf den Überlieferungen der normsetzenden Taten und Aussagen Mohameds. Allerdings gibt es keine einzige Aussage im Koran bzw. in der prophetischen Tradition, die die Scharia genau definiert. Fragt man in Indonesien nach, was die Scharia ist, bekommt man andere Antworten als etwa in Saudi-Arabien. Dort dürfen Frauen beispielsweise nicht Auto fahren, in Indonesien sehr wohl. Die saudischen Gelehrten begründen dies damit, dass die Scharia dies verbiete. Als hätte es im 7. Jahrhundert Autos auf der arabischen Halbinsel gegeben.

Sogar im gleichen Land können sich innerhalb kurzer Zeit die Scharia-Normen verändern. In Saudi-Arabien war bis Ende der Achtzigerjahre das Fotografieren mit der Begründung verboten, es stehe in Konkurrenz zum Akt der göttlichen Schöpfung! Inzwischen ist die Erlaubnis zur Fotografie Teil der Scharia.

In manchen islamischen Ländern gehört die Demokratie zum Scharia-Verständnis, in anderen steht sie im Widerspruch dazu. Die Scharia, verstanden als ein juristisches Schema, ist nichts anderes als ein menschliches Konstrukt. Sie ist ein gewachsenes Produkt historischer Versuche vieler Gelehrter, den Islam auszulegen und zu interpretieren. Diese Bemühungen sind prinzipiell ergebnisoffen. Daher kann man auch nicht von *der* Scharia sprechen. Wer von Scharia spricht, muss zuerst erklären, was genau er damit meint.

Gelehrte sind immer Kinder ihrer Zeit und Kinder der Kontexte, in denen sie wirken. Die jeweiligen Lebensumstände beeinflussen ihr Schaffen und die Ergebnisse ihrer Interpretationen des Islam. Genau deswegen ist die Scharia auch ein menschliches Produkt, verstanden als die Summe der Bemühungen der jeweiligen Gelehrten, aus ihrem Kontext heraus den Islam zu deuten. Wer versucht, seine Auslegungen als göttliches Gesetz zu verkaufen, erhebt sich selbst zum Gott und seine eigene Meinung zum Absoluten. Es gibt aber nur eine Absolutheit, nur eine Unbedingtheit: Gott. Es ist dem Menschen noch nie gut bekommen, wenn er sich oder seine Auffassungen selbst als absolut gesetzt hat.

Der Begriff »Scharia« bedeutet im Arabischen »Weg zur (Wasser-)Quelle«. Auf den Islam übertragen, ist Scharia der Weg zu Gott, denn Gott ist die Quelle, er ist der Anfang und das Ende, »von Ihm kommen wir und zu Ihm kehren wir zurück«, wie es im Koran, Sure 2, Vers 156 heißt.

Welcher Weg aber führt zu Gott? Ist der Weg zu Gott ein juristischer Weg, also einer, der über die Einhaltung von Geboten und Verboten funktioniert? Führt der Weg, den Gott für uns vorgesehen hat, um ewige Glückseligkeit zu erlangen, tatsächlich über juristische Regelungen und starre Paragraphen?

Die Antwort auf diese Fragen hängt von der jeweiligen Gottesvorstellung und der Vorstellung der Gott-Mensch-Beziehung ab: Sprechen wir von einer monologischen Beziehung, in der es nur um Gott geht, oder von einer dialogischen Beziehung, in der es um die Liebe zwischen Gott und Mensch geht? Entlang dieser beiden Lesarten kann man die Scharia entweder als ein juristisches Schema verstehen, das möglichst alle Lebensbereiche zu erfassen sucht, oder als den spirituellen und ethischen Weg zu Gott, der dem Menschen helfen will, die göttliche Liebe und Barmherzigkeit auf Erden weiterzugeben.

Ich persönlich halte den zweiten Ansatz für den richtigen, weil fruchtbareren. Nach meinem dialogischen Beziehungsverständnis ist Gott größer, als er von uns gedacht werden kann. Er ist ein in sich vollkommener Gott, der geben will, ohne für sich etwas zu fordern. Er lädt den Menschen zur Selbstvervollkommnung ein, ihm geht es um die Selbstläuterung des Menschen und eine aufrichtige Haltung, die wiederum Voraussetzung für die Schaffung einer gerechten Gesellschaftsordnung ist. Nicht über juristische Daumenschrauben, sondern über Erkenntnis soll der Mensch in die Lage versetzt werden, den göttlichen Willen (Liebe und Barmherzigkeit) umzusetzen.

Wenn der Koran also von religiösen Ritualen spricht, geht es für den Menschen nicht darum, Gott zu dienen, sondern sich selbst. Es heißt:

> »Das Gebet soll (den Menschen) von Verwerflichem und
> Schlechtem fernhalten.« (Sure 29:45)

Wenn der Koran vom Fasten spricht, dann sagt er:

»Fastet ... damit ihr fromm werdet.« (Sure 2:183)

Weder das rituelle Gebet noch das Fasten oder andere religiöse Rituale sind deshalb geboten, um dadurch Gott einen Gefallen zu tun. Sie dienen nicht ihm, sondern dem Menschen. Sie sollen ihm die Möglichkeit geben, in sich zu gehen, mit Gott in ein persönliches, ja intimes Gespräch einzutreten und sich und sein Handeln kritisch zu reflektieren, um neue Vorsätze zu fassen. Daher sagte der Prophet auch:

»Wen sein Gebet von Üblem und Verwerflichem nicht fernhält, der entfernt sich nur noch mehr von Gott.«[1]

Gott selbst hat nichts davon, ob die Menschen sich an religiöse Rituale halten oder nicht. Er macht seine Beziehung zu ihnen nicht davon abhängig, sondern bekennt sich vorbehaltlos zu ihnen.

Für die Scharia heißt das einerseits, dass Gläubige sie mehr im spirituellen und ethischen Sinne verstehen müssen als im juristischen. Und andererseits, dass wir uns heute ohne Wenn und Aber von allen Positionen verabschieden müssen, die im Widerspruch etwa zu den Menschenrechten oder der Menschenwürde stehen. Es mag sein, dass Körperstrafen für die Menschen im 7. Jahrhundert akzeptabel waren – heute sind sie das keinesfalls. Im Übrigen ist Scharia für die meisten Gläubigen kein Begriff aus der alltäglichen Praxis. Auch solche, die in Umfragen die Scharia bejahen, denken dabei eher an religiöse Rituale, wie das Beten und Fasten als Gebote der Scharia, nicht jedoch an Körperstrafen und Erbschaftsregelungen. Diese Themen sind nicht Teil ihrer Lebenswirklichkeit.

57

Hamed: Die Scharia ist eine Geisteshaltung, die mit der Demokratie nicht vereinbar ist

Es stimmt, dass es kein Buch namens Scharia gibt, das man, wie das Bürgerliche Gesetzbuch irgendwo in einem Buchladen erwerben könnte. Und es stimmt auch, dass Scharia von Land zu Land anders gedeutet wird. Dennoch schwebt die Scharia irgendwie diffus über allen Muslimen – und auch über Nichtmuslimen. Ich halte es aber für gewagt, die Scharia nicht für ein Konglomerat von Gesetzen zu halten, sondern auf einen spirituellen Weg zu Gott zu reduzieren. Das negiert die Folgen, die für viele Gläubige mit einem Verstoß gegen die Scharia verbunden sind.

Auch wenn die Scharia ursprünglich der »Weg zur Quelle« – also zu Gott – gewesen sein mag, hat sie Jahrhunderte der Auslegung hinter sich. Und der Weg zu Gott ist nun einmal mit Dornen und nicht mit Rosenblättern gepflastert. Muslime in aller Welt sind verpflichtet, das islamische Recht mit all seinen Widersprüchen und Bestimmungen kritiklos zu akzeptieren. Ein Glück für eine Muslimin, wenn sie in Indonesien aufgewachsen ist und Auto fahren darf, Pech für ihre Glaubensgenossin aus Saudi-Arabien. Natürlich ist die Scharia als islamisches Gesetz ein menschliches Konstrukt. Und nun? Hilft uns diese Erkenntnis weiter? Nein, das tut sie nicht, denn sie stützt sich trotz all Ihrer theologischen Akrobatik auf die Primärquellen: den Koran, Mohameds Aussagen und Taten. Und solange diese Verbindung nicht aufgelöst wird – nur zur Erinnerung: der Koran gilt Muslimen als Gottes Wort, auch wenn ich das anders sehe –, so lange wird Muslimen nicht zugestanden werden, sich aus dieser Bevormundung zu befreien. Auch wenn die Scharia als Gesetz erst später zusammengefügt wurde.

Die Scharia ist eine Rechtsvorstellung, die demokratie- und menschenfeindlich ist und die nicht ansatzweise mit dem Grundgesetz vereinbart werden kann. Auch wenn Politiker in Deutschland noch so oft sagen mögen, dass der Islam zu Deutschland gehört. Das mag durchaus richtig sein, denn die muslimische Gemeinde ist groß und die meisten leisten ihren Beitrag zum Funktionieren der Gesellschaft. Aber nicht wegen, sondern trotz der Scharia.

Die Scharia geht davon aus, dass Gott und nicht der Mensch der Gesetzgeber ist. Gottes Gesetze sind nicht verhandelbar und somit auch nicht veränderbar. Das vernichtet die Idee der Demokratie von Grund auf.

Die Scharia unterteilt die Menschen in Gläubige und Ungläubige und verdammt alle, die den Islam nicht annehmen. Nicht alle Menschen sind vor dem Scharia-Gesetz gleich. Für Muslime gelten nicht die gleichen Gesetze wie für Juden, Christen und Atheisten. Das vernichtet die Idee der Gleichheit aller Menschen vor dem Gesetz, die im Grundgesetz verankert ist.

Die Scharia befürwortet Körperstrafen und verstößt somit gegen das Gebot der körperlichen Unversehrtheit des Menschen.

Die Scharia lehnt die Gleichberechtigung von Mann und Frau ab.

Die Scharia räumt dem Menschen keine Freiheit im Umgang mit der eigenen Sexualität ein und verstößt somit gegen Artikel 2 des Grundgesetzes, der die freie Entfaltung der eigenen Persönlichkeit garantiert.

Die Scharia lehnt den Abfall vom Glauben ab und bestraft dies mit dem Tod, was ein krasser Verstoß gegen Artikel 4 ist, der die Glaubensfreiheit garantiert.

Die Scharia lehnt Islamkritik, Kritik am Propheten und dem Koran ab und sanktioniert dies mit dem Tod. Das ist ein klarer Verstoß gegen Artikel 5, der die Gewissens- und Meinungsfreiheit garantiert.

Ich verstehe nicht, warum man nach alldem immer noch eine künstliche Vereinbarkeit von Scharia und Demokratie herstellen will. Was erreicht man damit, außer dem politischen Islam mehr Argumente zu verschaffen, seine Infrastruktur auszubauen? Wenn das Grundgesetz so gut ist und keine Ergänzung oder Unterwanderung von der Scharia braucht, warum können Vertreter des Islam nicht einfach sagen, das Grundgesetz ist gut für uns alle und braucht nicht kompatibel gemacht zu werden mit einem vormodernen Konzept?

Wenn wir eine Reform des Denkens anstreben, dann sollten wir daran arbeiten, die Scharia als Auslaufmodell zu entmachten, statt sie in Sphären hineinzuzwingen, in die sie nicht hineingehört! Wir müssen endlich erkennen, dass eine Paralleljustiz niemals den Weg für eine bessere Integration von Muslimen ebnen kann, sondern Abschottung und Abgrenzung fördert.

58

Mouhanad: Aussagen im Koran, die die Gesellschaftsordnung und Gesetzgebung betreffen, müssen historisch verortet werden. Ethisch-universelle Werte hingegen sind ahistorisch aufzufassen

Dann sind wir uns ja einig, dass die Scharia nichts anderes ist als ein menschliches Konstrukt. Diese Erkenntnis ist deshalb wichtig, weil wir nur so einige Positionen, die uns als Scharia verkauft werden, die aber nicht mit den Menschenrechten und der Menschenwürde im Einklang stehen, hinterfragen und verwerfen können. Die Scharia ist eben auch nicht einfach so vom Himmel gefallen.

Daher finde ich es irritierend, wenn Sie schreiben: »Die

Scharia verbietet …«, »die Scharia sagt …« Welche Scharia genau meinen Sie? Es gibt so viele Scharias wie es Gelehrte gibt, und jeder versteht etwas anderes darunter. Mir geht es darum, die Gläubigen anzuhalten, Mut zu haben, *alles* zu hinterfragen. Nichts von dem, was das Label Scharia trägt, ist heilig und unantastbar. Um es noch einmal klar und deutlich zu sagen: Die Verortung juristischer und gesellschaftlicher Vorgaben in ihren historischen Kontext ist die Grundvoraussetzung dafür, den Islam mit heutigen demokratischen Grundwerten sowie mit unserem Verständnis von Menschenrechten in Einklang zu bringen.

Gesellschaften wandeln sich und mit ihnen manche Vorgaben, die für ihr Funktionieren maßgeblich sind. Im 7. Jahrhundert, zum Zeitpunkt der Offenbarung, waren Körperstrafen als Mittel der Sanktionierung gang und gäbe. Mohamed hat sie aufgegriffen, aber nicht neu eingeführt. Heute befremdlich wirkende Maßnahmen wie das Abhacken der Hand eines Diebes gehörten zum Alltag. Wenn der Koran von solchen Dingen erzählt, gibt er die damalige Realität wieder. Viele Gesellschaften der damaligen Zeit – nicht nur im arabischen Raum – waren überzeugt, dass es solch radikaler Maßnahmen bedarf, um eine Gesellschaft am Funktionieren zu halten.

In vielen Gegenden der Welt haben sich die Prinzipien einer funktionierenden Gesellschaft mit den Zeiten gewandelt. Alleinherrscher wurden abgelöst, es gibt Gewaltenteilung, andere Gesetze und andere Mittel der Sanktionierung. In vielen muslimischen Ländern wurde dieser Schritt (noch) nicht vollzogen. Ein Grund dafür ist die Lesart des Korans als monologisches Gotteswort.

Bleiben wir als Beispiel bei den Körperstrafen: Ist es eine Verfälschung des Gotteswortes, wenn sich Muslime heute nicht mehr an die für ein Vergehen vorgesehenen Strafen halten? Dürfen sie es wagen zu sagen, diese Strafen mögen im 7. Jahrhundert zum Alltag gehört haben, doch heute sehen wir das anders?

Wie ich bereits ausgeführt habe, hängt die Antwort auf diese Frage von der Vorstellung der Offenbarung des Korans ab. Wurde er monologisch als Selbstrede Gottes verkündet oder dialogisch als Akt der Kommunikation?

Letzten Endes können wir Muslime dem Anspruch des Korans, eine universelle Botschaft jenseits von Ort und Zeit zu sein, nur dann gerecht werden, wenn wir den Koran als Akt der Kommunikation verstehen, die im 7. Jahrhundert begonnen und bis zur Gegenwart nicht aufgehört hat. Die eigentliche Herausforderung besteht also darin, sich zu überlegen, welche Antworten der Koran heute auf bestimmte Fragen geben würde. Wenn der Dialog zwischen Gott und der Gemeinschaft bis heute fortbesteht, werden es andere Antworten sein, als zu Zeiten des Propheten. Wenn wir heute Körperstrafen ablehnen, ist das demnach keine Verfälschung des göttlichen Wortes, sondern Zeichen unseres Bemühens, ihn mit in unsere Gegenwart zu nehmen. Würde der Koran heute verkündet werden, würde er auf diese unsere Vorstellungen von Menschenrechten eingehen und sie in die Offenbarung integrieren, genau wie er im 7. Jahrhundert auf die Vorstellungen der damals lebenden Menschen eingegangen ist.

Damit das nicht so abstrakt bleibt, soll folgendes Beispiel meine Überlegungen verdeutlichen: Als ich meinem damals achtjährigen Sohn einen Zettel in seinem Schulheft hinterlassen habe, auf dem stand, dass er eine Tafel Schokolade bekommen wird, wenn er seine Hausaufgaben sorgfältig macht, war dies für ihn Ansporn, mehr Zeit und Kraft als üblich zu investieren. Angenommen, er schreibt mit 24 Jahren seine Doktorarbeit, erinnert sich an den Zettel, kramt ihn hervor und liest, was ich ihm für eine sorgfältige Arbeit schenken werde: eine Tafel Schokolade. Wie wird er den Zettel verstehen?

Wenn er ihn monologisch auffasst, also unabhängig von der Lebenswelt des Adressaten (ursprünglich ein Kind mit acht Jahren, das Schokolade liebt), wird er davon ausgehen, dass er von mir auch für seine Doktorarbeit eine Tafel Schokolade bekommen wird. Versteht er den Zettel hingegen als Kommunikation, in der auch der Adressat selbst eine konstitutive Rolle spielt, dann wird er sich fragen: »Womit würde mein Vater mich wohl heute motivieren, damit ich eine gute Doktorarbeit schreibe? Er kann mir doch im Ernst für diese Leistung keine Tafel Schokolade geben!«

Der Kontext hat sich geändert, die Lebenswirklichkeit, die Anforderungen. Ähnliches gilt für unser Verständnis der Offenbarung des Korans. Wenn wir wollen, dass der Koran einen Platz in unserem Leben hat, müssen wir ihn mitnehmen. Wir dürfen die Kommunikation mit Gott nicht abreißen lassen. Doch genau das würden wir tun, wenn wir davon ausgingen, dass er im 7. Jahrhundert zum letzten Mal zu uns gesprochen hat.

59

Hamed: Es reicht nicht aus, das Konzept von Sünde und Strafe im historischen Kontext zu verstehen. Denn dieses Konzept hatte – abgesehen von der Erziehung – fatale politische und juristische Konsequenzen

Lieber Mouhanad, Ihr Schokoladengleichnis gefällt mir. Ich selbst habe als Kind eher mit Drohungen zu tun gehabt, weniger mit Belohnungen. Mein Vater hat mir mehrfach angekündigt, sollte ich zu spät nach Hause kommen, würde er mir das Genick brechen. Nun war mein Vater so brutal natürlich nicht,

und ich habe durchaus verstanden, dass er mit dieser Drohkulisse nur verhindern wollte, dass ich mir die Nacht um die
Ohren schlage.

Leider hat weder Ihre Schokoladen-Motivation noch das
Genickbrech-Szenario meines Vaters die Relevanz, die der
Koran hat. Sowohl ich als auch Ihr Sohn haben die dahinter-
steckenden pädagogischen Tricks entlarven können. Der Koran erhebt den Anspruch, das letzte Manifest Gottes zu sein.
Er will ernst genommen und in die Tat umgesetzt werden. Er
will nicht, dass wir über Gottes Willen spekulieren oder ihn
weiterentwickeln, sondern dass wir diesen Willen, so wie er
im Koran formuliert ist, in unseren Alltag integrieren.

Sie verweisen ja immer hartnäckig darauf, dass die Offenbarung als nie endende Kommunikation verstanden werden
soll. Die Mehrheit der Gelehrten und Gläubigen sieht das leider anders. Das Drohen mit Strafen und Qualen hat politische
und juristische Konsequenzen, die bis heute Probleme in der
islamischen Welt verursachen. Wie sollen der Gesetzgeber
und auch die »einfachen« Gläubigen mit den Ungläubigen
und den Sündern umgehen, wenn sie wissen, dass Gott diese
hasst und in der Hölle schmoren lassen wird? Wie kann man
friedlich mit ihnen zusammenleben und für ihre Rechte und
Würde einstehen, wenn Gott selbst dies nicht tut? Er spricht
ihnen Würde und Rechte ab und hat für sie die ewige Ver-
dammnis vorgesehen.

Man kann verstehen, warum Mohamed auf die Methode
von Zuckerbrot und Peitsche gesetzt hat. Es mag ihm neue
Anhänger beschert haben und geholfen haben, seine alten bei
der Stange zu halten. Aber war das wirklich die beste Methode, um die Gemeinde zu disziplinieren? Und warum musste er
dies als Gottes Willen erscheinen lassen? Wollte er damit von
seiner eigenen Schwäche ablenken?

Wenn Mohamed hier wirklich nur Gottes Willen weitergegeben hat, dann hat Gott in jedem Fall die menschliche Abstraktionsfähigkeit überschätzt und/oder die Wirkung seiner eigenen Worte unterschätzt. In jedem Fall haben diese Worte dazu beigetragen, den Krieg gegen die Ungläubigen zu befeuern. Und dazu, dass heute in Ländern wie Saudi-Arabien, im Iran oder dem Sudan Körperstrafen Teil der Gesetzgebung sind und dass es Terrorgruppen wie den IS, al-Qaida und Boko Haram gibt.

Ich finde es gut, dass Sie die Ansprüche des Korans als Gesetzestext auf das 7. Jahrhundert beschränken wollen. Aber was ist der nächste Schritt? Wollen Sie diese Gesetze, die Körperstrafen und das Familienrecht für ungültig erklären? Können Sie sagen: Muslimische Frauen dürfen Juden, Christen und Atheisten heiraten? Können Sie sagen: Wer einen Menschen liebt, darf mit ihm ins Bett gehen, auch ohne Trauschein? Können Sie sagen: Alkoholkonsum ist eine private Angelegenheit, die nicht gesetzlich geahndet werden darf (es sei denn, es kommt ein Außenstehender zu Schaden)? Können Sie sagen: Jeder Mann und jede Frau entscheiden über den eigenen Körper und darüber, was sie anziehen wollen? Können Sie sagen: Jeder Muslim hat das Recht, den Islam zu verlassen oder den Koran und den Propheten zu kritisieren, ohne mit Strafen rechnen zu müssen?

Wenn Sie anfangen, den Koran in einem Aspekt wie dem juristischen infrage zu stellen oder »weiterzuentwickeln«, öffnen Sie nicht nur aus Sicht konservativer Theologen die Büchse der Pandora. Doch genau das müssten Sie tun.

60

Mouhanad: Der Islam ist keine Gesetzesreligion

In Mekka und Medina herrschte im 7. Jahrhundert das Stammesrecht, als Oberhaupt der Gemeinde wollte der Prophet dieses durch ein für alle gültiges Rechtssystem ersetzen. Dabei hat er sich der juristischen Mittel und Vorstellungen seiner Zeit bedient. Deshalb lesen wir zum Beispiel im Koran über das Handhacken als Strafe für Diebstahl. Das heißt nicht, dass all diese Gesetze für uns heute verbindlich sind. Verbindlich sollte lediglich die dahinterstehende Idee sein: die Schaffung eines für alle in einer Gemeinschaft oder in einem Land Lebenden gültigen Gesetzes, das für eine gerechte Gesellschaftsordnung sorgt. Das ist der Rahmen – alles Weitere müssen die Menschen unter sich aushandeln, das ist nicht mehr die Aufgabe der Religion.

Wenn es im Islam um Beziehung, um Vertrauen, um Liebe und Barmherzigkeit zwischen Gott und Mensch geht, dann setzt dies voraus, den Islam nicht als Gesetzesreligion wahrzunehmen. Die Beziehung zwischen Gott und dem Menschen ist keine juristische: Gott ist nicht der Befehlshaber und der Mensch nicht der Befehlsempfänger, sondern es handelt sich um eine Liebesbeziehung. Der Weg zum Aufbau dieser Liebesbeziehung ist die religiöse Spiritualität. Der Mensch ist nicht nur zur Spiritualität fähig, sondern er braucht sie auch. Spiritualität vollzieht sich, indem sich der Mensch öffnet und nicht mehr in sich selbst gefangen bleibt. Das Höchste, dem der Mensch sich öffnen kann, ist im Islam Gott. Er hat nach der koranischen Vorstellung dem Menschen seinen Geist eingehaucht, dieser trägt also etwas Göttliches in sich.

Dieses Göttliche im Menschen ist zugleich das Element, das das Unbedingte (Gott) mit dem Bedingten (dem Menschen) verbindet. Spiritualität ist sozusagen die Nabelschnur, mit der Mensch und Gott verbunden sind. Die Kommunikation, von der ich bereits gesprochen habe, wird über die Spiritualität geführt. Sie ist das Mittel des Dialogs.

Wenn Spiritualität im Leben einen Platz einnimmt, wenn sie sich in der Konfrontation mit dem Alltag entfaltet, wird Gott lebendig. Wenn Muslime das Praktizieren des Islam beschreiben, werden an erster Stelle die sogenannten fünf Säulen des Islam aufgezählt. Das sind neben dem Glaubensbekenntnis das rituelle Gebet, das Fasten im Ramadan, die soziale Pflichtabgabe und die Pilgerfahrt. Muslim zu sein ist allerdings viel mehr als das. Ich vermisse in vielen Gesprächen die spirituelle Ebene, die persönliche Beziehungsebene zu Gott. Stattdessen ist immer wieder die Rede davon, woran sich ein Muslim halten muss, um Gott zu gefallen.

Dadurch wird das Bild eines Gottes gezeichnet, dem es um sich selbst und sein Ego geht, nicht um den Menschen und seine Beziehung zu ihm. Gott selbst ist aber in sich vollkommen und benötigt nichts von uns. Wenn die religiöse Praxis allerdings ihrer spirituellen und ethischen Dimension beraubt wird, fällt es leicht, dieses Bild des fordernden, reglementierenden Gottes zu zeichnen. Dann wundert es nicht, dass man Muslime antrifft, die die religiösen Rituale penibel einhalten, zugleich aber keine Hemmung haben, üble Nachrede zu betreiben, zu lügen, zu schimpfen, zu betrügen, überheblich aufzutreten, keinen Sinn für Ästhetik und für das Schöne im Leben zu haben usw. Dennoch würden sie sich als streng Gläubige bezeichnen. Dieses stark verkürzte Verständnis vom Islam entkernt ihn von seinem eigentlichen Gehalt.

Gute Eigenschaften im Menschen zu fördern und schlechte zu eliminieren ist keine rein kognitive Aufgabe, sondern bedeutet vielmehr eine Auseinandersetzung mit sich selbst in verschiedenen Lebenssituationen. Dabei geht es nicht um das

Befolgen von Gesetzen oder Geboten im juristischen Sinne, sondern um eine humanitäre Haltung im Hier und Jetzt. Darum, ob wir bereit sind, unser Bestes zu geben. Wir neigen dazu, die Welt verändern zu wollen – übersehen aber gerne, dass wir bei uns anfangen müssten.

61

Hamed: Die Koranpassagen und Hadithe, die das Straf-, Familien- und Erbrecht regeln, müssen verworfen werden, weil sie für ganz andere Zeiten gedacht waren

Die Behauptung, der Islam sei keine Gesetzesreligion, ist sehr gewagt, wenn wir in Betracht ziehen, dass der Prophet auch die Funktionen eines Gesetzgebers und Richters erfüllte. Dazu kommen die koranischen Gebote und Verbote, die das Straf-, Erb- und Familienrecht in der islamischen Welt bis heute prägen. Dazu kommen die vielen Tausend Hadithe, die jedes kleine Detail im Alltag eines Muslims regeln. All diese Gebote, Verbote und Richtlinien sind das Maß, an dem sich die Rechtsgelehrten des Islam jahrhundertelang orientiert haben.

Nun wollen Sie diese Fakten beiseiteschieben und Liebe und Barmherzigkeit zu den einzigen Kriterien machen, die die Beziehung von Mensch und Gott bestimmen. Das ist meines Erachtens eine Vision, die Sie entwickelt haben, aber kein islamisches Konzept, das gelebt und praktiziert wird. Um Ihre Vision wahr werden zu lassen, müssten alle Elemente im Koran und in den Hadithen für ungültig erklärt werden, die den Islam als Gesetzesreligion sehen.

Spielen wir das einmal durch. Können Sie der folgenden

These zustimmen, die lautet: Die Koranpassagen und die Hadithe, die das Straf-, Familien- und Erbrecht regeln, besitzen heute keine Gültigkeit mehr, weil sie für ganz andere Zeiten gedacht waren? Würden Sie das tun, oder wollen Sie sich hinter einem theologischen Schutzschild verstecken, der die Zeitlosigkeit des Korantextes um jeden Preis verteidigt und ihn dennoch für das moderne Leben schmackhaft machen will? Wir müssen uns entscheiden: Wollen wir den Islam an die Moderne anpassen oder die Moderne an den Islam? Wollen wir die Menschen von der Last eines verkommenen Wertesystems befreien oder wollen wir eine PR-Kampagne für dieses alte System veranstalten, indem wir alten Wein in neue Schläuche füllen?

62

Mouhanad: Es geht um Liebe und Verantwortung im Jetzt – nur Islamisten wollen eine Zeitreise in die Vergangenheit antreten

Lieber Hamed, ich habe mehrfach wiederholt, dass der Koran keine zeitlose monologische Rede Gottes ist, sondern Ausdruck einer Kommunikation, die zu einer bestimmten Zeit stattgefunden hat. Deshalb sind die rechtlichen Regelungen im Koran, die Sie ansprechen, in ihrem historischen Kontext zu verorten. Sie haben keinen normativen Wert für die Menschen heute, aber vielleicht einen ästhetischen und spirituellen, wenn Gläubige die Stimme Gottes hören und davon berührt sind.

Wenn ich heute Briefe lese, die meine Mutter mir vor zwanzig Jahren geschrieben hat, ertappe ich mich manchmal dabei, dass ich mir eine Träne aus dem Auge wische. In diesen Briefen geht es um längst vergangene Anliegen, aber ich höre die Stimme meiner Mutter in meinem Herzen, und das will ich nicht missen. Ginge es nur um ihre faktischen Inhalte, hätte ich diese Briefe längst entsorgen können. Doch ich tue es nicht, weil es mir um die Liebe geht, die darin zum Ausdruck kommt und die mich tief im Herzen berührt.

Genau diese Rede von Liebe und vom Herzen vermisse ich heute unter Muslimen, wenn sie vom Islam bzw. vom Koran sprechen. Viele Gläubige lesen den Koran, um daraus Gesetze abzuleiten. Tatsächlich begeben sich manche dann in eine juristische Parallelwelt, weil sie Aussagen des 7. Jahrhunderts ins 21. Jahrhundert übertragen wollen. Das würde nur dann gelingen, wenn die heutige Gesellschaft eine Zeitreise in die Vergangenheit antreten würde. Eben das ist es, was Islamisten anstreben. Sie wollen die Welt zurückkatapultieren und lehnen im Grunde sämtliche heutige gesellschaftliche Strukturen ab, weil sie ein bestimmtes Ideal vor Augen haben: ihre aus unserer Sicht verzerrte und aus ihrer Sicht idealisierte Vorstellung einer Gesellschaft des 7. Jahrhunderts. Uns sollte es weder darum gehen, diese Gesellschaft als absolut zu setzen noch die moderne Gegenwart. Wir Menschen sollten vielmehr unser Leben und die Gesellschaften, die jede Zeit hervorbringt, als ständig im Wandel begriffen verstehen. Und mehr noch: Wir sollten daran arbeiten, sie aktiv mitzugestalten und weiterzuentwickeln. Das ist unsere Verantwortung – egal, welchem Glauben oder welcher Nationalität wir angehören. Um den Bogen zur Scharia und zum Islam zu schlagen: Wenn die Scharia als statische Sammlung an fertigen Gesetzen aufgefasst wird, leistet die Religion einen Beitrag zur Stagnation einer Gesellschaft und nicht zu deren Dynamik.

63

*Hamed: Die Vergangenheit ist längst in der
Gegenwart angekommen – in Form von Paralleljustiz
und Schariagesetzgebung*

Lieber Mouhanad, ich verstehe vollkommen, wenn ein gläubiger Muslim wie Sie eine emotionale Verbindung zum Koran hat und diesen Text nicht verwerfen will. Das verlange ich auch nicht, zumindest nicht auf einer privaten, spirituellen Ebene. Problematisch wird dieser Text, wenn mit ihm politische und gesellschaftliche Ansprüche erhoben werden, die nicht nur den einzelnen Gläubigen betreffen. Sie wissen aber genauso gut wie ich, dass nicht nur eine kleine Minderheit unter den Muslimen dafür ist, dass die Scharia auch ins Strafrecht bzw. die Gesetzgebung allgemein einfließen sollte. In der islamischen Welt ist es die absolute Mehrheit, die diese Meinung vertritt. Auch im Westen unterstützen nicht wenige Muslime die Einführung der Scharia. Klar wollen nicht alle gleich mit Steinigungen und Händeabhacken beginnen; aber die islamischen Vorstellungen vom Familien- und Erbrecht sollten nach ihrer Meinung sehr wohl in westliche Rechtssysteme integriert werden. Scharia-Anhänger wollen zum Beispiel Polygamie legalisieren, muslimische Schülerinnen vom Schwimmunterricht befreien und das Kopftuch als anerkanntes Bekleidungsstück bei einer Richterin sehen. Sie wollen in Europa Tiere ohne Betäubung schächten und kein Schweinefleisch in Kantinen sehen. Sie wollen islamische Banken haben, islamische Kindergärten, islamische Schulen und islamische Wohlfahrtsverbände, um die Abschottung der Muslime voranzutreiben.

In Großbritannien haben Islamisten, unterstützt von »normalen« Muslimen, bereits erreicht, dass in bestimmten Stadtteilen nur die Scharia-Vorschriften gelten. In Amerika kämpft eine junge Frau namens Linda Sarsour dafür, dass Scharia-Regelungen vor Gericht als gleichwertig anerkannt werden. Linda Sarsour, die Saudi-Arabien schon gelobt hat für die Würdigung, die Frauen dort erfahren würden, und die über die Islamkritikerin Ayan Hirsi Ali schrieb: »Ich wünschte, ich könnte ihr die Vagina rausreißen«, gilt liberalen Amerikanern als muslimische Feministin, nur weil sie eine Gegnerin von Donald Trump ist.

Auch in Deutschland spielt die Scharia längst eine große Rolle in den von Migranten dominierten Stadtvierteln. Dort gehen Muslime lieber zu sogenannten Friedensrichtern, die am deutschen Rechtssystem vorbei Ermittlungen vereiteln, Zeugenaussagen manipulieren und Urteile fällen, die ganz im Sinne der patriarchalischen Großfamilien sind und zu Lasten der Frauen und Schwachen gehen.

Man mag nun einwenden, es handele sich hier um eine »Scharia light«-Version. Doch Scharia ist Scharia. Es mag sein, dass einige Muslime aus Kalkül oder ehrlicher Überzeugung nur einige Aspekte der Scharia implementieren wollen, aber selbst dahinter steckt die Geisteshaltung, dass das Grundgesetz defizitär sei und um Gottesgesetze ergänzt werden sollte. Liberale Aktivisten, ignorante Politiker und islamophile Experten, die behaupten, Scharia und Demokratie seien vereinbar, helfen Muslimen nicht, sich in das demokratische System zu integrieren. Sondern sie liefern die Demokratie jenen Kräften aus, die die Demokratie abschaffen wollen.

64

Mouhanad: Der Islam ist mit einem demokratischen System vereinbar, nicht jedoch der Islamismus

Der Islamismus sieht im Islam ein politisches System, das den Anspruch erhebt, alle Lebensbereiche der Menschen genau zu bestimmen. Aus dem Koran und der prophetischen Tradition wird man dieses propagierte juristische Schema des Islam so allerdings nicht unmittelbar ableiten können. Es sind vielmehr die jeweiligen Gelehrten, die den Islam auslegen und bestimmen, was der Islam zu welcher Lebenssituation der Muslime sagt. Die Gelehrten sind aber Kinder ihrer Zeit, sie projizieren mehr oder weniger ihre eigenen Vorstellungen in ihre theologische Arbeit. Problematisch wird es dann, wenn diese Vorstellungen als die islamische Lehre schlechthin verkauft werden und den Menschen suggeriert wird, die Ergebnisse der Auslegungen der Gelehrten würden Gottes Willen entsprechen und müssten daher von den Menschen unhinterfragt hingenommen werden. Und so werden Gott und Mensch gegeneinander ausgespielt. Hier bleibt kein Platz mehr für demokratisches Denken, in dem der Mensch sein Leben selbst bestimmt. Dahinter steckt aber eine gewisse Selbstlegitimation islamistischer Gruppierungen, wie der Muslimbrüder, um möglichst viel politische Macht zu erlangen. Demokratische Strukturen werden nur geduldet bzw. in Anspruch genommen, um an die politische Macht zu kommen. Spätestens dann werden demokratische Grundwerte wie Freiheit oder Gleichheit verworfen. Die Politik Erdogans in der Türkei ist ein Paradebeispiel dafür. Demokratie ist willkommen, solange sie eine Türe zur politischen Macht ist. Sie ist nur ein Instrument, aber kein System bzw. kein Wert an sich. Versteht man den Islam hingegen nicht als politisches System, sondern als spirituelle und ethische

Quelle, mit der sich gläubige Menschen selbst als Individuen und ihre Gesellschaften bereichern, dann geht es nicht um eine politische Agenda, um politische Macht zu erlangen, sondern darum, den Menschen und seine Gesellschaft zu vervollkommnen. Gerade wenn es um die Gesellschaft geht, ist es die Rolle von Religion, uns Menschen an grundsätzliche ethische Prinzipien zu erinnern, wie die Bewahrung der Schöpfung, verantwortliches Handeln, soziales Engagement, Nächstenliebe, Bewahrung der Würde eines jeden Menschen, Gerechtigkeit, Gleichheit der Menschen, Freiheit der Menschen usw. Es geht darum, sich für diese und weitere ethische Prinzipien einzusetzen, nicht jedoch um Machtansprüche oder eine politische Agenda, mittels deren man herrschen und die Gesellschaft kontrollieren will.

65

Hamed: Der Islamismus ist nur die Umsetzung des politischen Auftrags des Islam. Mit der Demokratie vereinbaren lässt sich der Islam nur, wenn Muslime sich von diesem Auftrag lösen

Ich habe bereits die Grundsätze der Scharia erwähnt, die mit der Demokratie nicht vereinbar sind. Diese Grundsätze leiten sich ausnahmslos von den Texten des Korans und der prophetischen Tradition ab. Wäre dem nicht so, hätten sie weder den Lauf der Zeit überstanden, noch würden sie die Gesetzgebung in der islamischen Welt bis heute dominieren.

Es irritiert mich daher, wenn Sie schreiben, der Islam sei mit dem demokratischen System vereinbar. Damit implizieren Sie, dass es sich beim Islam um ein System handelt, das in ein anderes System integriert werden könnte. Doch was macht dieses System Islam denn aus? Wo deutet er seine Integrationsfähigkeit an? Wo akzeptiert der Islam die Rolle, nur ein Teil unserer Welt zu sein, ohne diese Welt selbst gestalten zu wollen? Sind im Islam wirklich *alle* Menschen vor dem Gesetz gleich? Wo sagt der Koran, der Mensch solle sich um die Ausgestaltung von Gesetzen selbst kümmern? Befürwortet der Islam die Gleichstellung von Mann und Frau oder die Trennung von Religion und Staat? Wie könnte er dies überhaupt tun, wenn er von Beginn an Glauben, Politik, Wirtschaft und Gesetzgebung als eine Einheit betrachtet und den Propheten zum geistigen und politischen Oberhaupt seiner Gemeinde macht?

Wenn Sie behaupten, der Islam sei mit dem System Demokratie vereinbar, dann müssen Sie die zentralen Elemente beider Systeme gegenüberstellen und auf ihre Kompatibilität hin überprüfen. Es reicht nicht aus, immer wieder auf das abstrakte Konzept der Barmherzigkeit zu verweisen. Es hilft auch niemandem, wenn wir ständig versuchen, zwischen Islam und Islamismus zu unterscheiden. Trennen sollte man allerdings zwischen Muslimen und Islam. Die Gläubigen sind keineswegs eine Einheit. Nicht jeder Muslim ist ein Koran auf zwei Beinen. Nicht jeder Muslim ist ein Befürworter der Scharia. Wobei man anmerken muss, dass die Muslime, die eine Trennung von Religion und Staat ablehnen, keine radikale Minderheit sind, sondern die Mehrheit in den meisten islamischen Ländern stellen. Selbst in Europa ist die Zahl der Muslime, die die Scharia über sämtliche weltliche Verfassungen stellen, keineswegs gering, wie aktuelle Studien aus Deutschland, Österreich und Großbritannien belegen.

66

Mouhanad: Der Islam benötigt die Säkularität, um sich vor politischem Missbrauch zu schützen

In Medina begründete Mohamed das erste islamische Staatswesen. Der Prophet war sowohl geistiges als auch politisches Oberhaupt dieser Gemeinschaft. In Mekka noch hatte er lediglich als Gesandter und Verkünder einer göttlichen Botschaft gewirkt. Nun, als »Staatsoberhaupt« von Medina, war er darüber hinaus bemüht, den Grundstein zur Errichtung eines Rechtsstaates zu legen. Als Gesandter hatte er neben dem Monotheismus und den gottesdienstlichen Praktiken allgemeine ethische Prinzipien verkündet, die für jede Gesellschaft gelten sollten. In Medina versuchte er, diese Prinzipien mit den ihm im 7. Jahrhundert auf der arabischen Halbinsel zur Verfügung stehenden Mitteln und Kenntnissen in die Praxis umzusetzen.

Die Unterscheidung zwischen diesen beiden Funktionen – Verkünder auf der einen Seite und Staatsoberhaupt auf der anderen – hat Mohamed selbst in mehreren Situationen vorgenommen. So wird überliefert, dass er nach seiner Ankunft in Medina sah, dass die Menschen dort Dattelpalmen miteinander kreuzten. Ihm als Geschäftsmann und ehemaligem Leiter der Karawanserei seiner ersten Frau, der wenig von der Landwirtschaft verstand, kam dies befremdlich vor. Er merkte kritisch an: »Vielleicht wäre es besser für euch, es nicht zu tun.« Und so ließen sie es sein. Als die Zeit der Ernte kam, war das Ergebnis jedoch schlecht. Die Bauern gingen zum Propheten und berichteten ihm davon. Daraufhin fragte er sie, warum sie denn auf ihn gehört hätten. Auf ihre Erklärung erwiderte er:

> »Ich bin nur ein Mensch. Wenn ich euch hinsichtlich eurer Religion etwas (als Verkünder) anordne, so befolgt es.

Wenn ich euch jedoch etwas aufgrund meiner Meinung an-
ordne, so bin ich nur ein Mensch. Ihr kennt euch besser aus
in euren irdischen Angelegenheiten als ich.«[2]
Eine Aussage, die für einen heutigen, säkular zu verstehenden
Islam immens wichtig ist. Mohamed selbst zieht eine klare
Trennlinie zwischen dem, was er als Gottes Gesandter verkündet, und dem, was er als Mensch mit einer eigenen Meinung
vorträgt. Für seine Gefährten, die ihm schon in Mekka gefolgt
waren, war diese Unterscheidung zwischen beiden Funktionen eine Selbstverständlichkeit, nicht so für die Bauern, die
den Neuankömmling erst kennenlernen mussten.

Viele islamische Gelehrte heute haben wieder eine andere
Sichtweise: Sie betrachten die Bemühungen Mohameds in seiner Funktion als Staatsoberhaupt nicht getrennt, sondern als
Teil seiner göttlichen Verkündung. Demzufolge sind alle juristischen Regelungen und die gesamte medinensische Gesellschaftsordnung – dazu gehören auch die Geschlechterrollen –
als kontextunabhängige, verbindliche göttliche Gesetzgebung
zu verstehen, die alle Muslime weltweit zu befolgen haben.

Dieses Verständnis blockiert jede Möglichkeit der Weiterentwicklung und erschwert die Akzeptanz jeder neuen oder
anderen Gesellschaftsordnung. Es zwingt jeden Muslim, rück-
wärtsorientiert zu denken, sich Regeln und Gesetzen zu unterwerfen, die im 7. Jahrhundert entstanden sind. Würde man
hingegen das Wirken Mohameds als Staatsoberhaupt in seinem historischen Kontext betrachten, wäre nur der spirituelle
und ethische Geist des Korans für Muslime verbindlich. Nicht
aber spezielle juristische oder gesellschaftspolitische Maßnahmen, die Ausdruck einer bestimmten historischen Epoche
sind. Würde diese Trennung vorgenommen, wie das der Prophet selbst getan hat, könnten sich diese Aspekte des Islam mit
den Zeiten wandeln und in ihren jeweils aktuellen Kontext
gesetzt werden.

Das allerdings setzt voraus, dass man den Islam nicht als abgeschlossen betrachtet. Er ist so lange lebendig und so lange im Wandel, wie er Anhänger hat, die ihn in ihr Leben integrieren und in ihren Herzen tragen. Es gibt Gelehrte, die eine gegenteilige Meinung vertreten. Nämlich die, dass der Islam, so wie er ist, fertig und unabänderlich über die Menschen kam. Ihnen möchte ich entgegenhalten, wenn der Koran – und mit ihm der Islam – eine nie endende Interpretation benötigt, um ihn im gegenwärtigen Leben der Gläubigen zu verankern, dann unterliegt der Islam einem ständigen Entwicklungsprozess.

Die Trennung des Wirkens von Mohamed als Prophet von seinem Wirken als politisches Oberhaupt der Gemeinde bietet eine wichtige Grundlage für die Akzeptanz der Säkularität. Sie bedeutet keineswegs die Verbannung von Religion, sondern dient vielmehr dem Schutz der Religion vor politischer Einflussnahme. Wenn der Islam primär in spiritueller und ethischer Hinsicht verstanden wird und nicht als juristische Gesellschaftsordnung, dann können Islamisten ihn auch nicht länger für ihre politischen Ziele missbrauchen.

67

Hamed: Der Geburtsfehler des Islam macht Säkularismus unmöglich

Säkularismus bedeutet, dass ein Staat keine Religion vertritt und die gleiche Distanz wahrt zu allen Glaubensrichtungen und Weltanschauungen. Säkularismus bedeutet, nicht Gott ist der Gesetzgeber, sondern der Mensch. Es bedeutet, dass Gesetze nicht vom Himmel fallen, sondern verhandelt, optimiert und notfalls verändert werden, um der sich wandelnden Lebenswirklichkeit der Menschen gerecht zu werden.

Für den Islam würde eine Säkularisierung konkret heißen, dass sich zuallererst das Straf- und Familienrecht von den veralteten religiösen Vorstellungen befreien muss. Es würde bedeuten, dass eine muslimische Frau einen Christen, Juden oder Atheisten heiraten darf, kurz: den Menschen, den sie liebt. Es würde bedeuten, Alkoholkonsum und außereheliche sexuelle Beziehungen nicht länger strafrechtlich zu ahnden und Prostitution als »normales Gewerbe« anzuerkennen.

Das alles sind höchst irdische Angelegenheiten, doch Mohamed und der Koran überließen sie nicht der Urteilskraft der Muslime, sondern regelten sie bis ins kleinste Detail durch. Die Dattelpalmen-Geschichte, die Sie in Ihrer These als Beispiel für die säkulare Einstellung des Propheten angeführt haben, ist mir durchaus bekannt. Aber sie steht in den gleichen Büchern, in denen Mohamed den Muslimen vorschreibt, was sie essen und trinken sollen, was sie anziehen und nicht anziehen sollen, und sogar, wie sie sich auf der Toilette und im Ehebett zu benehmen haben. Sollte er all das in seiner Rolle als Verkünder festgelegt haben? Interessiert sich Gott ernsthaft dafür, wie seine Schöpfung ihre Notdurft verrichtet? Oder spricht hier nicht eher ein Gemeindeoberhaupt, das aus Furcht vor einem Autoritätsverlust seine Anhänger mit immer neuen Regeln zu disziplinieren und enger an sich zu binden sucht?

Möglicherweise war seine Reaktion auf die Missernte der Dattelbauern eher ein Rückzieher aus Verlegenheit oder schlechtem Gewissen, weil seine Empfehlung den Bauern geschadet hatte. Wie dem auch sei: Was er vor und auch nach dieser Episode an Einmischungen in irdische Angelegenheiten vorgenommen hat, widerspricht definitiv Ihrer Auslegung, Mohamed sei dem Säkularismus zugeneigt gewesen. Diese Lesart erinnert mich an eine muslimische Schriftstellerin, die behauptet hat, Mohamed sei ein Feminist gewesen, weil er der Frau doch das Recht auf eine genussvolle Sexualität mit ihrem Mann eingeräumt habe. Man kann natürlich vergessen, dass Mohamed mit neun Frauen gleichzeitig verheiratet war – Aischa soll nach gängiger Auffassung zum Zeitpunkt ihrer Verlobung sechs Jahre alt gewesen sein, da war der Prophet um die fünfzig. Man kann auch vergessen, dass er Frauen als Kriegsbeute gefangen hielt und mit ihnen Sex hatte, dass er die Frau im Allgemeinen als »Saatfeld« des Mannes sah und dass er dem Ehemann erlaubte, seine Frau zu schlagen und zu züchtigen. Wenn man all das vergisst (und noch einiges mehr) und nur diese eine Aussage beleuchtet, dann muss er wohl ein Feminist gewesen sein!

Was Mohamed tat und sagte, ist die eine Sache. Die Frage ist: Wer ist der muslimische Reformer, der angesichts all der Verschwörungstheorien, die mit Reformen verbunden sind, imstande ist, den Muslimen zu sagen, dass Säkularismus bedeutet, ihre irdischen Angelegenheiten selbst zu regeln und sich dabei nicht nach dem Koran und dem Propheten zu richten, und dass der Säkularismus zwar außereheliche Sexualität und Kritik an dem Koran und dem Propheten nicht bestraft, aber gleichzeitig die Identität der Muslime, ihre Werte und Moral nicht unterwandern wird.

Sie, lieber Mouhanad, wissen so gut wie ich, dass das Thema Sexualität und Freizügigkeit einer der tiefsten Gräben ist im Kulturkampf zwischen dem Islam und dem Westen. Hass und Verachtung werden oft gerechtfertigt mit der angeblichen Dekadenz des Westens im Umgang mit Sex und Alkohol. Wie also soll es möglich sein, Säkularismus zu bejahen und gleichzeitig die Ängste der Muslime vor einem moralischen Zerfallsprozess zu berücksichtigen? Oder ist nicht – wenn überhaupt – nur ein »Säkularismus light« möglich, in dem die religiösen Vorstellungen nach wie vor die Gesetzgebung hinsichtlich des Umgangs etwa mit Sexualität und Familienangelegenheiten bestimmen?

Die Muslime sehen ihre Existenzberechtigung ja gerade darin, dass sie das Erbe des Propheten verwalten, der mit einem göttlichen, politischen und moralischen Konzept gekommen war, um die Welt zu verändern. Der Prophet vermischte durch seine multiplen Funktionen Religion, Politik, Moral, Gesetzgebung und Finanzwesen. Diese Vermischung war die Zauberformel, die dem Islam damals zum Sieg verholfen hat. Aus heutiger Sicht ist sie ein Geburtsfehler des Islam, der eine Versöhnung der Muslime mit der Moderne verhindert.

Wer kann und will die Muslime davon überzeugen, dass das Konzept des Propheten ein Auslaufmodell ist und dass der religiös neutrale Westen mittlerweile ein viel effektiveres Konzept ohne göttliche Intervention entwickelt hat? Wer hat den Mut, ihnen zu vermitteln, dass die Menschenrechtserklärung der Vereinten Nationen und die modernen Verfassungen westlicher Staaten viel humaner und menschenzugewandter sind als das letzte Wort Gottes und das unzeitgemäße Regelwerk seines Propheten?

Teil VII

Frauenbild und Sexualität im Islam: Ist Gleichberechtigung möglich?

68

Mouhanad: Der Islam benötigt eine entsexualisierende Revolution

In vielen islamischen Ländern sind patriarchalische Strukturen stark verbreitet. Vor allem dort, wo eine restriktive Sexualmoral vorherrscht, stehen sexuelle Übergriffe gegen Mädchen
und Frauen auf der Tagesordnung. In solchen Ländern und
Gemeinschaften ist kein unbefangener Umgang der Geschlechter miteinander möglich, alles ist hypersexuell aufgeladen.
Man trennt Mädchen und Jungen voneinander, sie spielen
nicht miteinander, sie lernen in verschiedenen Schulklassen,
und in manchen Milieus ist sogar der Handschlag als Gruß
untersagt. Ein unverkrampfter und respektvoller Umgang
wird so von Anfang an be- und verhindert.

Das Tragen des Kopftuchs wird in vielen solcher patriarchalischen Gesellschaften entweder damit begründet, man
wolle die Frauen vor den lüsternen Blicken des Mannes schützen. Oder damit, Männer dürften den verlockenden Reizen der
Frauen nicht ausgesetzt werden.

Frauen als Imaminnen sind erlaubt, aber verpönt, mit der
Begründung, eine Frau, die vor einem Mann bete, sei sexuell
zu reizvoll und würde diesen von seinem Gebet abhalten. Aus
diesem Grund werden Frauen in Moscheen auch räumlich iso-

liert, damit sich die Männer auf das Gebet bzw. die Predigt konzentrieren können.

Diese Übersexualisierung der Geschlechterbeziehungen und die damit verbundene Reduzierung einerseits der Frau auf ein Sexualobjekt, vor dem die Männer geschützt werden müssen, und andererseits des Mannes auf ein triebgesteuertes Wesen, vor dem die Frauen geschützt werden müssen, verfestigt und reproduziert die patriarchalischen Strukturen. Dies alles verhindert eine Begegnung der Geschlechter als Menschen in gegenseitigem Respekt. Und steht damit letztlich im Gegensatz zum Islam, wie ich ihn verstehe: Denn hier geht es darum, den Menschen unabhängig von seinem Geschlecht zu betrachten.

Wenn muslimische oder christliche Frauen ein Kopftuch tragen und dies für sich religiös begründen, dann gehört es zur Ausübung ihrer Religionsfreiheit. Das muss jeder erwachsene Mensch für sich entscheiden. Wenn allerdings religiöse Erzieher und Theologen Männern und Frauen suggerieren, das Kopftuch einer Frau sei deshalb wichtig, um ihre Reize zu bedecken, dann findet eine Sexualisierung der Frau statt; sie wird – mit dem Verweis auf die Religion – zum Objekt. Der Zwang zum Kopftuch, um irgendetwas zu verbergen, schränkt die Freiheit der Musliminnen ein. Er beschneidet sie in ihrer Selbstbestimmung.

Und er ist genau genommen nicht legitimiert: Alle Rechtsschulen des Islam sind sich darin einig, dass eine muslimische Frau das Kopftuch auch dann tragen soll, wenn sie alleine zu Hause betet und keine Männer anwesend sind. Der ursprüngliche Sinn des Kopftuchs war also ein religiöser, ein Zeichen der Demut vor Gott beim Gebet, wie man es im Judentum findet und auch in einigen christlichen Gemeinschaften. Heute geht es offenbar nicht mehr um Demut beim Gebet, sondern in Teilen um eine Demütigung der Frau. Und im übertragenen

Sinne auch des Mannes, der nicht in der Lage zu sein scheint, sich zu kontrollieren.

Die Gleichberechtigung von Mann und Frau muss heute dringend zum islamischen Prinzip erhoben werden. Es ist keine Frage, dass im Koran Aussagen zu lesen sind, die nicht gerade im Sinne einer Gleichberechtigung der Geschlechter sind. Die Frage, die sich allerdings stellt, ist einmal mehr die nach der Lesart dieser Verse und nach deren normativem Stellenwert. Ist es als Imperativ zu verstehen (und damit bis heute verbindlich) oder als deskriptive Aussage, wenn zum Beispiel in Sure 4:34 steht, dass Männer über den Frauen stehen? Oder dass Männer, wenn sich Frauen auflehnen, auch zuschlagen dürfen?

Diese und ähnliche Verse beschreiben den Alltag im 7. Jahrhundert. Das macht es nicht richtiger, aber es hilft, ihre Bedeutung einzuordnen. Gleiches gilt für das nächste Beispiel. In Vers 11 der vierten Sure lesen wir:

> »Gott gebietet euch hinsichtlich eurer Kinder, dem Kind männlichen Geschlechts das Gleiche an Erbteilen zu geben wie zwei Kindern weiblichen Geschlechts.«

Demnach erbt ein Mann das Doppelte von dem, was seine Schwester erbt. Nach einer wortwörtlichen Lesart handelt es sich hier um eine klare gesetzliche Regelung, die eine ahistorische Gültigkeit hat. Die Gültigkeit dieses Gesetzes ist demnach sowohl vom gesellschaftlichen Kontext der Offenbarung als auch von dem des Lesers unabhängig. Eine zeitgemäße Koranhermeneutik hingegen fragt auch hier nach dem sozialen Zusammenhang des Offenbarungskontextes und nach dem sozialen Kontext des Lesers, um die Maxime, also die Intention und das Ziel dieses Verses, zu bestimmen.

Ibn Kathīr (1301–1373), Verfasser eines der anerkanntesten exegetischen Werke im sunnitischen Islam, merkte in seinem Korankommentar *Tafsīr al-Qur'ān* (»Interpretation des Korans«) zu diesem Vers an, dass viele Gläubige die Idee des Propheten, Frauen überhaupt an einer Erbschaft zu beteiligen, anfangs vehement ablehnten und sagten: »Frauen und kleine Kinder sollen Erbanteile bekommen, obwohl diese nicht in der Lage sind, in den Krieg zu ziehen und Kriegsbeute zu ergattern? Verschweigt diese Idee Mohameds, vielleicht vergisst er, was er gesagt hat, oder wir können ihn überzeugen, diese Regelung wieder fallen zu lassen.«[1] Ibn Kathīr fährt fort: »Sie gingen daraufhin zum Propheten und beschwerten sich (…), denn in vorislamischer Zeit erbten Frauen nichts, nur diejenigen, die an Kriegen teilgenommen hatten, hatten ein Anrecht auf Erbanteile. Diese wurden nach dem Alter aufgeteilt [ältere Familienangehörige bekamen mehr als jüngere].«[2]

Der Grund dafür, dass Frauen, insbesondere Töchter, in vorislamischer Zeit auf der arabischen Halbinsel vom Erbe ausgeschlossen waren, liegt in der damaligen Gesellschaftsordnung begründet. Unter den Stämmen herrschten große Spannungen und Konkurrenz um die wirtschaftlichen Ressourcen, sodass sie oft Krieg gegeneinander führten. Die Kriegsbeute war meist die Haupteinnahmequelle der Stämme, weshalb diejenigen, die in der Lage waren, Kriegsbeute zu machen, eine privilegierte Stellung innerhalb des Stammes innehatten. Dieses Privileg spiegelte sich auch in der Erbschaftsverteilung wider. Frauen waren ein Risikofaktor: Zum einen waren sie im Krieg oft Kriegsbeute und wurden versklavt, wodurch die Ehre des Stammes verletzt wurde; zum anderen wurden Frauen auch gezielt aus politischen Gründen mit Männern anderer Stämme verheiratet. Sie sollten nichts erben, damit Anteile des Besitzes der eigenen Sippe nicht in die Hände anderer Stämme gelangten.

Mohamed wollte mit diesen Stammesstrukturen brechen und arbeitete sukzessive daran. Der Tochter einen Anteil am Erbe zuzuschreiben war in diesem Kontext ein revolutionärer

Schritt, der wenig überraschend zunächst auf großen Widerstand stieß. Lässt man diesen historischen Kontext außer Acht und begnügt man sich mit dem Wortlaut des Verses, verleiht man dieser Erbschaftsregelung eine ewige Gültigkeit, und die koranische Botschaft kommt zum Stillstand. Sie würde ein rückwärtsgewandtes, unzeitgemäßes und der Intention der Botschaft widersprechendes Denken fördern, da sich die gesellschaftlichen Strukturen so verändert haben, dass diese Erbschaftsregelung Frauen heute benachteiligen würde.

Wenn wir den Koran jedoch als Kommunikation wahrnehmen, dann geht es nicht mehr um den Wortlaut des Textes, sondern um die Lebenswirklichkeit des Lesers heute. Mohamed hat einen ersten Schritt Richtung Gleichberechtigung gewagt, unsere heutige Aufgabe ist, diese Bemühungen Mohameds fortzudenken und fortzutragen, indem wir die nächsten Schritte Richtung Gleichberechtigung vollziehen. Dies würde dem Geist der Verkündigung Mohameds entsprechen, auch wenn es dem Wortlaut des Korans widerspräche.

Trotz dieses wichtigen Schritts des Propheten muss man natürlich zugeben, dass die Benachteiligung der Frau Teil der islamischen Tradition ist, die heute dringend kritisch hinterfragt werden muss. Wir Muslime kommen nicht weiter, wenn wir nur apologetisch meinen, der Islam habe der Frau all ihre Rechte gegeben und im Islam gebe es keine Benachteiligung der Frau. Wir reden vom Islam als Subjekt, das für sich spricht und seine Positionen darlegt. Es sind in Wirklichkeit aber die Gelehrten, selbst Kinder ihrer eigenen Sozialisation und der gesellschaftlichen Strukturen, in denen sie aufgewachsen sind, die uns erzählen, was der Islam ist. Als zum Beispiel der Großscheich der Kairoer Azhar-Universität im März 2016 vor dem Deutschen Bundestag über die Stellung der Frau sprach, wollte er veranschaulichen, warum die Frau im Islam viele Privilegien genießt. Als Beispiel erwähnte er, dass es im Islam Auf-

gabe des Mannes sei, seiner Frau die gewünschten Kosmetik-
artikel oder Schminksachen zu besorgen. Oder dass er sie,
sofern sie eine Christin ist, zur Kirche fahren soll.

Der Großscheich meinte es sehr ernst mit der Gleichberechtigung der Geschlechter, die Beispiele, die er dafür anführte,
sorgten jedoch für einige Irritationen im Bundestag. In der
deutschen Gesellschaft gehört zum Verständnis von Gleichberechtigung sehr viel mehr. Die Frau sollte nicht vom Mann
abhängig sein, auch nicht finanziell, und sie ist auch durchaus
in der Lage, ihre Schminke selbst zu kaufen und selbst zum
Gottesdienst zu fahren, ohne dabei auf ihren Mann oder dessen Erlaubnis angewiesen zu sein. Anders als vom Großscheich beabsichtigt, wurden seine Beispiele nicht als Belege
für Gleichberechtigung, sondern als Belege für die Benachteiligung von Frauen gewertet.

Dies zeigt, wie unterschiedliche Kontexte zu einer unterschiedlichen Deutung führen. Daher können wir heute im
21. Jahrhundert nicht ohne Weiteres die Positionen und Argumente der muslimischen Gelehrten des 8. oder 9. Jahrhunderts
als gegeben hinnehmen. Gerade in Bezug auf Frauen ist vieles
aus unserem heutigen Verständnis diskriminierend. Dies beginnt mit der Reduzierung der Frau auf ein sexuelles Objekt
und reicht bis hin zur religiös legitimierten Erlaubnis, kriegsgefangene Frauen zu versklaven und zu vergewaltigen. Das
sind Haltungen, die wir heute wegen ihrer menschenverach-
tenden Grundhaltung in keiner Weise mehr vertreten können.

69

Hamed: Es ist an der Zeit, das Kopftuch
als Zeichen der Diskriminierung und Sexualisierung
der Frau abzulehnen

Ja, es wird viele muslimische Frauen geben, die behaupten, das Kopftuch freiwillig zu tragen. Es mag sein, dass tatsächlich keiner diese Frauen direkt gezwungen hat, das Kopftuch zu tragen. Doch der Zwang bedarf keiner expliziten Äußerung, er ist systemimmanent. Das Kopftuch entstammt einer diskriminierenden, von Männern dominierten Gesellschaft im 7. Jahrhundert. Die Frau sollte versteckt werden, um sie vor Angriffen zu schützen und damit sie die sexuellen Triebe des Mannes durch ihre Reize nicht provoziert. Heute zu behaupten, beim Kopftuch handele es sich »lediglich« um ein religiöses Demutssymbol, ohne die ursprüngliche Absicht dieser Praxis zu nennen, ist ein Selbstbetrug. Im Islam war es den Sklavinnen allerdings verboten, ein Kopftuch zu tragen, damit man sie auf offener Straße von freien Frauen unterscheiden konnte. Der zweite Kalif Omar soll auf den Märkten Sklavinnen ausgepeitscht haben, die ein Kopftuch trugen. Allein als Zeichen der Solidarität mit solchen Sklavinnen und als ein Zeichen der Ablehnung dieser Diskriminierung sollte man dieses Symbol heute in einer freien Gesellschaft ablehnen.

Das Kopftuch entstammt einer Männerwelt, die den Mann als triebgesteuert und die Frau als eine Gefahr für die Sitten sieht. Diese doppelte Verachtung für Mann und Frau ist heute für das gestörte Verhältnis der Geschlechter zueinander und für die Unterdrückung der Frauen verantwortlich. Man kann all das nicht ignorieren und behaupten, das Kopftuch sei nur ein Ausdruck der spirituellen Verbindung zwischen einer Frau und ihrem Gott. Das wäre so, als ob man heute behaupten würde, die Nazi-Symbole hätten mit der NS-Zeit nichts zu tun, sie drückten nur die Verbundenheit der modernen deutschen Patrioten zu ihrem Heimatland aus.

Außerdem wird das Kopftuch heute nur in den selteneren Fällen tatsächlich freiwillig getragen. Wir kennen ja einige dauergrinsende Mustermuslimas, die in den Medien das Kopftuch als Zeichen der modernen emanzipierten Frau verkaufen wollen. In meiner Studienzeit in Augsburg hatte ich eine Studienkollegin, die ein Kopftuch trug. Auch sie behauptete, es freiwillig zu tragen. Ich sagte ihr, wenn du es tatsächlich freiwillig trägst, kannst du es auch freiwillig ausziehen. Wenn du es nicht als Schutz vor mir und vor den anderen männlichen Studenten trägst, dann kannst du es vor uns ausziehen. Was würde dann passieren? Ihre Antwort war ernüchternd. Sie sagte, wenn ich es jetzt ausziehe, dann würde ich mich nackt fühlen. Das hat für mich die Legende von Freiwilligkeit vernichtet. Denn Freiwilligkeit setzt Freiheit voraus. Und diese Freiheit war bei meiner Studienkollegin nicht vorhanden. Der Zwang war psychischer Natur. Die schlimmste Diktatur ist die, die den Menschen vorgaukelt, ihre Unterwerfung sei ein Ausdruck ihrer Freiheit.

Die Mehrheit der muslimischen Frauen weltweit trägt das Kopftuch heute aus direktem oder aus Gruppenzwang. Außerdem benutzt der politische Islam dieses Symbol, um seine Ideologie zu verbreiten. Während tatsächlich emanzipierte Frauen im Iran, Saudi-Arabien und Afghanistan sich gegen dieses Korsett wehren und Kampagnen gegen die Zwangsverschleierung starten und sich selbst in Lebensgefahr bringen, machen die Berufs-Muslimas hier in Europa Werbung für das Kopftuch und vermarkten es als Ausdruck ihrer Emanzipation. Deshalb habe ich in einer früheren These in diesem Buch geschrieben, dass der Islam eine Coco Chanel brauche, die die muslimischen Frauen von diesem physischen und mentalen Korsett befreit und die Gesellschaftsstrukturen, die dahinterstecken, entlarvt.

70

Mouhanad: Der Islam verbietet Frauen nicht, als Imaminnen in der Moschee tätig zu sein

Wir wollen mit unseren Reformgedanken Muslime, Männer wie Frauen, erreichen. Ich will erneut betonen, dass Reformen nur dann erfolgreich sein können, wenn sie von den Muslimen selbst mitgetragen werden. Wenn wir sie vor den Kopf stoßen, dann verlieren wir sie, und unser Reformprojekt ist gescheitert, noch bevor es überhaupt begonnen hat. Daher muss ich es akzeptieren, wenn eine Frau sagt, sie trage das Kopftuch aus religiösen Gründen und freiwillig. Ich möchte ihr aber zusätzlich noch eine andere, entsexualisierte Deutung des Kopftuchs anbieten. Ich würde auch nie auf die Idee kommen, eine Nonne von ihrer Tracht befreien zu wollen. Um wirkliche Befreiung geht es, nicht um eine Befreiung von oben. Wer frei ist, zu wählen, ohne Zwang oder Druck fürchten zu müssen, nur der ist wirklich frei.

In der islamischen Tradition besteht Konsens darüber, dass Frauen in einer ausschließlichen Frauengruppe als Imaminnen vorbeten dürfen. Viele Gelehrte lehnen es allerdings ab, dass Frauen in einer Gruppe, in der auch Männer anwesend sind, als Vorbeterinnen agieren. Woher kommt dieses Verbot eigentlich? Weder im Koran noch in der prophetischen Tradition (der Sunna) lassen sich authentische Aussagen finden, die dieses Verbot eindeutig begründen. Es ist lediglich der Konsens unter bestimmten männlichen Gelehrten, der Frauen verbieten will, als Imaminnen tätig zu sein. Aber warum?

Was ist dabei, wenn eine Frau eine Freitagspredigt hält? Muslimische Frauen, die zum Beispiel an Universitäten tätig sind, halten dort ja auch Vorlesungen und Seminare, in denen Männer anwesend sind. Warum soll aber eine Theologin die

Predigt nicht in der Moschee, in Gottes Haus, halten dürfen? Was stört die männlichen Gelehrten, die dies verbieten wollen, daran? Kratzt dies an deren Männlichkeit, dass eine Frau zu ihnen in der Moschee spricht? Oder meinen sie, dass Frauen intellektuell unfähig sind, eine Predigt zu halten? Oder haben sie Angst davor, im Gotteshaus sexuell stimuliert zu werden, wenn eine Frau predigt? Wie absurd wäre dies aber? Was für ein Männerbild haben solche Theologen, die dies behaupten? Männer sollen ausgerechnet im Gotteshaus von einer verschleierten Frau, die gerade eine religiöse Predigt hält, sexuell stimuliert werden?! Das glaube ich nicht! Und ich lehne daher solche Argumente entschieden ab. Und wenn das einzige Argument lautet, dass eine Vorbeterin, die vor den Männern steht und sich im Gebet vor ihnen verbeugt bzw. auf den Boden niederwirft, diese vom Gebet ablenken würde, dann habe ich auch mit solchen Fantasien ein Problem. In der heiligen Moschee in Mekka beten Männer und Frauen seit den Anfängen des Islam zusammen, und niemand hat sich darüber beklagt, dass dieses gemeinsame Gebet ihn oder sie sexuell stimulieren würde. Außerdem kann man andere Lösungen finden, die gegebenenfalls die Intimität der betenden Frau schützen, ohne gleich ein komplettes Verbot zu verhängen.

Im Übrigen sieht sogar der sonst sehr konservative Gelehrte Ibn Taimīya kein Problem darin, dass eine Frau als Imamin vor Männern betet. Und damit steht er nicht allein: Er beruft sich dabei auf die Position des bekannten Gelehrten und Begründers einer der vier Rechtsschulen, Ahmad Ibn Hanbal.[3]

71

Hamed: Der Islam hat die Frau und ihre Rechte um Jahrhunderte zurückgeworfen

Wenn ich die alte Geschichte meines Heimatlandes Ägypten lese, dann stelle ich fest, dass die ägyptische Frau in der pharaonischen Zeit alle Rechte einer Bürgerin hatte. Sie durfte sich selbst verheiraten und scheiden lassen, sie durfte einen eigenen Besitz unabhängig vom Mann haben und sie erbte genauso viel wie ihr Bruder. Sie arbeitete als Handwerkerin, Modedesignerin, Händlerin, Ärztin, Priesterin und Mumifiziererin. Sie war Göttin wie Isis oder Königin wie Hatschepsut. Auch die erste Richterin der Geschichte stammte aus Ägypten: Nebet, die das Justizwesen zu Zeiten von König Titi revolutioniert hatte. Ähnlich erging es der Frau im alten Persien, im Irak, in Syrien und in Nordafrika. Und was ist aus diesen Frauen unter islamischer Herrschaft geworden? Die Nichtmuslimas wurden versklavt, die Muslimas mussten sich hinter dem Schleier verstecken. Mohamed sagte:

> »Kein Volk, dessen Geschicke eine Frau lenkt, kann Erfolg haben.«[4]

Das ist der Grund, warum eine Frau aus theologischer Sicht keine Richterin, Imamin oder Staatsoberhaupt werden darf!

Was würde wohl Frau Merkel dazu sagen, die den Islam als einen Teil von Deutschland sieht? Die Frau, die vor dem Islam als Richterin arbeiten durfte, darf im Islam nicht alleine als Zeugin vor Gericht aussagen. Sie braucht eine zweite Frau, die ihre Aussage bestätigt, sonst hat diese Aussage keine Gültigkeit. Das geht aus einem Koranvers hervor, der der Frau psychischen und physischen Mangel an Ausgeglichenheit sowie mangelnde Geistesstärke unterstellt. Der Islam verbannte die Frau aus dem öffentlichen Raum, legitimierte deren Vergewaltigung als Kriegsgefangene, ordnete ihre Steinigung an, wenn sie außerhalb der Ehe Männer liebte, und stellte sie sogar im Paradies als Sexobjekt für den Mann bereit. Und nach alldem kommt eine lächelnde Kopftuch tragende Islam-Propagandistin und behauptet, der Islam habe der Frau nie dagewesene Rechte eingeräumt! Die gleiche Frau wird dann von westlichen Medien als muslimische Feministin bejubelt.

Eine tatsächliche Reform hat deshalb nicht nur mit dem Geschlecht des Imams zu tun, sondern mit der Dialektik des Predigens. Die ägyptische Fernseh-Predigerin Suad Saleh hat dem muslimischen Mann das Recht eingeräumt, nichtmuslimische Frauen im Krieg zu vergewaltigen. Eine andere Predigerin und damaliges Mitglied des ägyptischen Parlaments, Azza al-Garf, hatte im Jahr 2012 dem ägyptischen Parlament zwei Gesetzentwürfe vorgelegt. Der erste sollte das Mindestalter bei Eheschließungen von Frauen auf 12 Jahre reduzieren. Der zweite Entwurf plädierte für die Wiederlegalisierung der Praxis der genitalen Verstümmelung von Mädchen, damit die islamische Moral bewahrt werde.

Nicht das Geschlecht, sondern die Logik des Handels ist das Problem. Wir brauchen mehr weibliche Kreativität und emotionale Intelligenz im Umgang mit der Religion, nicht Frauen, die der gleichen Harem-Mentalität folgen. Wir brauchen selbstbewusste Frauen, die ihre Kinder, ob Jungen oder Mädchen, zum Wert der Gleichberechtigung von Mann und Frau erziehen. Gerade wenn es um die Emanzipation der Frauen geht, können wir uns nicht auf die Urtexte des Islam verlassen, die von Männern für Männer verfasst wurden!

72

Mouhanad: Wenn Frauen sich patriarchalische Argumente zu eigen machen, dann werden sie Teil des Problems der Unterdrückung der Frau im Namen des Islam

Ich bin immer wieder erstaunt, wenn ich erlebe, wie muslimische Frauen patriarchalische Argumente unhinterfragt hinnehmen und sie sogar wiederholen. Vor allem wenn es um die Reduzierung der Frau auf ein sexuelles Objekt geht, setzen sich viele Frauen nicht zur Wehr. Statt zum Beispiel die koranischen Bilder des Paradieses allegorisch zu lesen, wähnen sich manche Frauen sogar emanzipiert, wenn sie entgegnen: »Wenn auf die Männer hübsche Mädchen im Paradies warten, dann wollen wir im Gegenzug auch schöne Männer für uns dort haben.«

Eine Reform muss hier an al-Ghazālī anknüpfen und alle diese vermeintlich faktischen Bilder vom Paradies und von der Hölle infrage stellen und sie allegorisch lesen. In einem patriarchalischen Kontext wie jenem im 7. Jahrhundert auf der arabischen Halbinsel waren es hauptsächlich die Männer, auf deren Vorstellungen und Wünsche eingegangen wurde, um sie für die Sache des Islam zu gewinnen. Die Zeiten haben sich geändert, im 21. Jahrhundert müssen wir diese Vorstellungen mit modernen Maßstäben neu bewerten. Wir müssen gerade die Frauen ermutigen und zu einem geschlechtergerechten Verständnis des Korans und des Islam generell auffordern.

Ein ähnliches Phänomen, das zwar nicht auf den Koran zurückgeht, aber in bestimmten patriarchalischen (Stammes-) Gesellschaften anzutreffen ist, sind die Ehrenmorde. Dahinter steckt die Vorstellung, die Frau sei ein Objekt, sie sei Besitz des Mannes. Frauen müssten nur gehorchen und Befehle ausführen, so der patriarchalische Anspruch, ansonsten hätten Frauen Sanktionen zu erwarten, bis hin zum Tod. Ehrenmorde, weil etwa eine Frau einen anderen Mann heiratet als den von der Familie vorgesehenen, sind nicht nur Ausdruck höchster Frauenverachtung. Sie sind ein Symptom für ein viel tiefgreifenderes Problem, das in der Missachtung des menschlichen Rechts auf Selbstbestimmung liegt.

Fairerweise sollte man nicht unerwähnt lassen, dass Ehrenmorde kein rein islamisches Phänomen sind, sondern vor allem eines, das in stark männlich dominierten Gesellschaften vorkommt. Sie sind Ausdruck der größtmöglichen Macht, die ein Mann in solchen Gesellschaften haben kann: Er hat die Macht, einer Frau bei »Fehlverhalten« sogar das Leben zu nehmen. Die Lösung des Problems liegt aus meiner Sicht daher nicht primär in der Religion, sondern in den archaischen gesellschaftlichen Strukturen selbst oder in einer entsprechend archaischen Sichtweise, die ja selbst hierzulande unter manchen Muslimen verbreitet ist.

Solche Strukturen bringen entsprechende archaische Lesarten des Islam hervor und stützen sich auf diese. Diese Wechselwirkung muss beendet werden. Um hier eine Veränderung zu bewirken, brauchen wir eine Fülle an sozialen Maßnahmen, vor allem Investitionen in Bildung, aber auch in die Demokratisierung solcher Gesellschaften, um die Menschen über ihr Recht auf Selbstbestimmung aufzuklären. Wenn junge Mädchen eine gute Ausbildung genießen können, sind sie in der Lage, selbstbewusster und unabhängiger aufzutreten, sie können restriktiven Geschlechterrollen eher etwas entgegensetzen und aktiv einen Beitrag zur Veränderung ihrer Gesellschaften leisten. Damit das gelingen kann, brauchen wir aber auch aufgeklärte und kritisch-engagierte Männer, die diese jungen Mädchen unterstützen: zuallererst damit, dass sie an ihren eigenen Denkmustern arbeiten und diese entsprechend verändern. Unterstützt werden sollten Männer wie Frauen dabei von Theologen, die sich starkmachen müssen für die historische

Verortung von koranischen Stellen und Hadithen, durch die
Frauen benachteiligt werden könnten. Ich meine damit beispielsweise jenen berühmten Vers 34 der vierten Sure, in dem
die Rede vom Schlagen ungehorsamer Frauen ist. Nur durch
die historische Kontextualisierung verlieren solche Aussagen
ihre normative Kraft.

73

Hamed: Der Islam pornofiziert die Beziehung von Mann und Frau im Diesseits und auch im Paradies

Die Sexualisierung der Frau beginnt mit der koranischen Beschreibung, sie sei das »Saatfeld« des Mannes, das er jederzeit
beackern könne. Diese Aussage wird durch Mohamed bestätigt, der sagte, eine Frau müsse ihrem Mann ihren Körper stets
zur Verfügung stellen, wann immer er Sex haben wolle – selbst
wenn das auf dem Rücken eines Kamels stattfinden würde.
Der Prophet lässt seine Anhänger außerdem wissen, dass die
Engel eine Frau die ganze Nacht über verfluchen würden,
wenn diese ihren Mann sexuell unerfüllt einschlafen ließe. Es
gibt nirgends eine vergleichbare Stelle, an denen beispielsweise ein Mann verflucht würde, der seine eigene oder eine fremde Frau zum Geschlechtsverkehr zwingt. Frauen als Kriegsbeute werden im Koran als Geschenk an die Gläubigen bezeichnet. Ein Mann darf vier Frauen gleichzeitig heiraten,
Mohamed konnte für sich sogar eine koranische Ausnahme-
regelung erwirken, die ihm gestattete, mit neun Frauen gleichzeitig verheiratet zu sein. Darunter Aischa, die er im Alter von
sechs Jahren heiratete und mit der er den Geschlechtsakt voll-
zog, als sie gerade einmal neun Jahre alt war.

Der Koran verbannt die Frau aus dem öffentlichen Raum, mit einem fremden Mann darf sie nur sprechen, wenn eine Mauer zwischen ihnen steht. Er verlangt Gehorsam und Unterwerfung, und sollte sie sich widersetzen, darf der Mann sie im Ehebett meiden und sie sogar schlagen.

Selbst im Paradies bleibt die Frau ein Sexobjekt des Mannes. Er wird mit mehreren Jungfrauen belohnt, allzeit bereit, ihm Vergnügen zu bereiten. Die islamische Vorstellung von der Erfüllung im Jenseits geht genauso wenig wie die im Diesseits auf die Bedürfnisse der Frau ein. Sie spricht ausschließlich Männer an, die gierig sind nach Sex und Macht. Nirgendwo ist die Rede von der geistigen Verschmelzung des Gläubigen mit dem Wesen Gottes als höchste Stufe der Erfüllung im Paradies. Aber immer wieder ist die Rede von willigen Frauen, die in Zelten auf die männlichen Gläubigen warten, um sie sexuell zu bedienen.

Diese patriarchalische Sicht der Geschlechterrollen gründet sowohl auf dem Koran als auch auf den Hadithen. Sie schafft ein Frauenbild, das sexuelle und häusliche Gewalt gegen Frauen begünstigt und ihr Selbstwertgefühl beschädigt. Es ermächtigt die Frau nicht, sich als vom Mann unabhängiges Wesen zu definieren und eigene Ziele jenseits von Ehe und Familie zu verfolgen. Blickt man auf die islamische Realität heute, stellt man fest, dass die islamische Welt im Ranking ganz unten steht, wenn es um Frauenrechte geht, aber ganz oben, wenn es um sexuelle Belästigung geht. Das kann doch kein Zufall sein. Man kann den Islam, der eine so entscheidende Rolle in der Erziehung und der Entwicklung der Geschlechterbeziehung in seinem Einflussbereich spielt, von einer Verantwortung nicht freisprechen!

Teil VIII

Die Zukunft des Islam in Europa: Parallelgesellschaft oder europäischer Islam?

74

Mouhanad: Eine westophobe Haltung bei einigen Muslimen verhindert einen aufrichtigen Dialog mit dem Westen und führt letztendlich zur Abschottung

Das Hauptargument vieler Reformverweigerer unter den im Westen lebenden Muslimen lautet:»Wer zu Reformen im Islam auffordert, will nur dem Westen gefallen.« Dieses Argument sagt viel über die Kritiker aus und ziemlich wenig darüber, was sie kritisieren. Nämlich dass sie – bewusst oder unbewusst – in Opposition zu den westlichen Gesellschaften stehen, in denen sie leben und meist auch geboren und aufgewachsen sind.

Wie oft wurde mir von diesen Kritikern vorgeworfen:»Deine Bücher und Thesen kommen bei der Mehrheitsgesellschaft ja gut an.« Ja, und?! Für sie bedeutet dies nichts anderes, als dass man auf der Seite des»Feindes« steht. Sonst könnte es schließlich kaum sein, dass man Lob von dieser Seite erfährt.

Was ich damit sagen will: Es geht bei Reformverweigerern häufig nicht wirklich um einen inhaltlichen Diskurs. Ihre Haltung ist eher Ausdruck einer verunsicherten Identität. Jede Annäherung an den Westen und seine Gepflogenheiten wird als Verrat bewertet, fühlt man sich doch unterlegen und leidet an Minderwertigkeitskomplexen. Es geht sogar so weit, dass manche Kritiker ein Problem damit haben, bestimmte Parallelen zwischen den heiligen Schriften der drei monotheistischen Religionen zu sehen. Einer kritisierte öffentlich an meinem Buch »Islam ist Barmherzigkeit«, ich ginge auf die Zehn Gebote, wie sie im Koran angesprochen werden und einen gemeinsamen Kern der Religionen darstellen, nur deshalb ein, um den europäischen und christlichen Rezipienten meines Buches zu gefallen. Der Koran aber habe ganz andere Kernbotschaften, die nicht mit deren Ansichten und Religion konform gingen.

Solche Kritiker haben offensichtlich ein Problem mit der inklusivistischen Haltung des Korans an sich. Würde der Prophet ihnen heute verkünden, was er im 7. Jahrhundert verkündet hat, nämlich dass diejenigen, die zu den Muslimen

»(…) in Liebe am nächsten stehen, die sind, welche sagen: ›Wir sind Christen.‹ Dies deshalb, weil es unter ihnen Priester und Mönche gibt, und weil sie nicht hochmütig sind« (Sure 5:82),

wie würden sie sich zu dieser Annäherung des Propheten verhalten? Man kann heute als muslimischer Theologe der einen oder anderen Position in der klassischen islamischen Theologie durchaus widersprechen, viele würden dabei ein Auge zudrücken, solange man die klare Grenze zum »anderen«, zum »Westen« gezogen hält.

Reformverweigerer setzen sich nicht wirklich mit den Inhalten der Reformen auseinander; ihnen reicht die Unterstellung, der Westen *erwarte* von Muslimen dieses oder jenes (gewaltfreie) Verständnis vom Islam, wolle uns also vorschreiben, welchen Islam wir Muslime zu vertreten hätten – um dann jeglichen Versuch einer Erneuerung als Teil einer globalen Verschwörung gegen den Islam abzutun. Sie vergessen dabei, dass der Westen säkular ist und sich daher nicht in die Inhalte der Religionen einmischt. Abgesehen davon steht es selbstverständlich jedem Staat zu, radikale Diskurse (egal ob religiöse oder nichtreligiöse), die seine Sicherheit gefährden, im Auge zu behalten.

Da geht es dem Westen nicht um den Islam, sondern um seine eigene innere Sicherheit, genauso wie sich islamische Länder viel mehr als der Westen erlauben, um ihre innere Sicherheit zu schützen. Schlagworte wie Meinungs- und Pressefreiheit oder Rechte von Minderheiten in den meisten islamischen Ländern sollten hier genügen. Aber noch einmal: In diesem Opferdiskurs »Der Westen will uns kontrollieren, will den Islam niedermachen, ist islamophob« geht es eigentlich um die eigene Unsicherheit.

Wieso hört man von diesen Reformverweigerern nie das Wort »Staatsislam« im Zusammenhang mit ausländischen Staaten, die ihre Imame und Funktionäre hier in Deutschland kontrollieren und ihnen den Kurs vorgeben? Aber wenn der deutsche Staat zum Beispiel Zentren für islamische Theologie einrichtet, um der islamischen Theologie ebenso wie den christlichen Theologien einen Platz an seinen Universitäten zu öffnen, ist der Weg zu Vorwürfen wie »Staatsislam«, »Kontrolle« nicht weit. In welchem islamischen Land gibt es staatliche Universitäten, an denen keine theologischen Studiengänge eingerichtet sind? In welchem islamischen Land sind die Imame nicht an staatliche Institutionen und Vorschriften gebunden? Wieso ist da nie die Rede vom »Staatsislam«?

Der westophobe Diskurs hat an sich kein Problem mit islamischen Reformen und Reformern, er hat aber ein großes Problem mit dem Westen. Seine Akteure fühlen sich dem Westen unterlegen, er ist der vermeintliche Feind. Daher werden sie alles ablehnen, von dem sie glauben, der Westen wolle es so. Das ist im Grunde pubertär: »Ich sage links, weil der Westen rechts sagt.« Mir ist aber auch klar, dass der Westen nicht ganz unschuldig daran ist. Eine Zeigefingermentalität, die von einigen Muslimen als kulturelle und geistige Belehrung empfun-

den wird, bedient den Opferdiskurs, der letztendlich in einen
westophoben Diskurs mündet.

75

*Hamed: Nicht die Angst vor, sondern die Verachtung
für den Westen verhindert Dialog und Reform*

Ich weiß nicht, ob die Westophobie hier der entscheidende
Punkt ist. Konservative Muslime empfinden meines Erachtens
oft weniger Angst gegenüber dem Westen als Hass und Verachtung. Zwar mögen sie sich durchaus materiell oder wirtschaftlich unterlegen fühlen, doch das lässt sich durch ein Gefühl der moralischen Überlegenheit gegen die *kuffar* (Ungläubigen) kompensieren.

Diese gefühlte Überlegenheit und die reflexartige Ablehnung aller Gedanken, die aus dem Westen kommen, beruht auf
der koranischen Vorstellung, dass Muslime die beste Gemeinschaft seien, die Gott je unter der Menschheit hervorgebracht
hat. Laut muslimischer *mental map* hat Gott die Muslime auserwählt, ihnen sein allerletztes Wort anvertraut und sie mit
dem politischen und kulturellen Auftrag ausgestattet, eine
neue Weltordnung zu schaffen – mit gottgefälligen Menschen,
geführt (oder sollte man besser sagen: überwacht?) von der
muslimischen Gemeinschaft.

Die Umsetzung dieses Auftrags scheint bis zum 12. Jahrhundert ganz gut geklappt zu haben. Seitdem jedoch geht es mit
dem Islam bergab. Gegenwärtig hat die muslimische Zivilisation einen neuen Tiefpunkt erreicht. Noch nie gab es so viele
Muslime wie heute, aber noch nie waren sie schwächer. Gerade
eine so identitätsstiftende und die ruhmreiche Tradition hoch-

haltende Religion wie den Islam trifft das hart. Muslime können diesen Machtverlust nicht verkraften. Reformer meinen,
die eklatante Schwäche komme daher, dass die muslimische
Welt nicht vom Westen lernen kann oder will. Konservative er-
widern, die Ursachen des Niedergangs lägen in der Abwendung
vom Islam und von den eigenen kulturellen Wurzeln; man sei
schwach, gerade weil man dem Westen nacheifere.

Letztlich spielt der Westen heute die Rolle, die die Muslime
vor tausend Jahren gespielt haben. Er ist immer mächtiger geworden und hat – nach muslimischer Lesart – dadurch die er-
folgreiche Fortsetzung des göttlichen Plans von einem Sieg des
Islam über alle Kulturen vereitelt. Die Geschichte wird linear
erzählt. Zunächst waren die Muslime stark und haben die Welt
militärisch, wirtschaftlich und moralisch geführt, als sie sich
kompromisslos für die Sache Gottes eingesetzt hatten, dann kamen die Kreuzzüge und danach der Kolonialismus und haben
den Islam gebremst. Die gleiche Rolle spielt der Westen heute,
indem er die islamische Kultur durch Pornografie und Holly-
wood-Filme unterwandert und sich militärisch engagiert, wo
die Idee des Dschihad immer noch vorhanden ist wie in Afghanistan, Irak und Syrien. Deshalb gilt es, den Westen wieder zu
besiegen und Gottes Plan wiederherzustellen.

Der Traum des IS, mit wenigen Kämpfern die Welt in einem
Atemzug zu erobern, ist leider ein Mainstream-Traum im islamischen Denken. Muslime wissen, dass der Prophet und seine
Nachfolger die Welt nicht mit Wissenschaft, Medizin und moderner Theologie erobern konnten, sondern mit Entschlossen-
heit, Kampfgeist, der Macht des Schwertes und Selbstaufopfe-
rung. Dieser Kampfgeist wird bis heute ebenso beschworen
wie die vermeintliche Überlegenheit des Islam. Konservative
haben Angst, dass hinter Reformen eine Verschwörung stecken könnte, um den muslimischen Kampfgeist zu brechen –
mit dem Ziel, dass sie ihr gottgegebenes Recht auf Weltherr-

schaft endgültig aufgeben müssen. Das ist einer der Gründe, warum die meisten muslimischen Theologen sich zwar gegen den IS stellen, sich aber dennoch nicht vom Konzept des Dschihad und dem Traum der Widererrichtung des Kalifats distanzieren. Radikale Extremisten wie konservative Kräfte berufen sich dabei auf zwei Aussagen. Die erste ist eine Mahnung und stammt vom zweiten Kalifen Omar, der sagte: »Wir waren gedemütigt und Allah hat uns mit dem Islam stolz und stark gemacht. Wenn wir Stolz und Stärke anderswo suchen, wird Allah uns wieder erniedrigen.«[1] Die zweite stammt von Mohamed selbst: »Der Islam ist als Fremder geboren und wird als Fremder wiederkehren. Selig sind die Fremden!«[2]

Besonders für Muslime in der Diaspora ist diese Aussage Mohameds Programm. In der Fremde sind sie anfälliger für Konservatismus und das Beharren auf alten Traditionen. Sie leben oft in einer anderen Zeitdimension als die Menschen in ihrem Gastland, aber auch anders, als sie das in ihrem Herkunftsland tun würden. »Selig sind die Fremden« heißt auch, sich nicht gemein zu machen mit den anderen. Unter sich zu bleiben, sich aus- und abzugrenzen.

76

Mouhanad: Gerade viele junge Muslime verstehen den Islam als Mittel zur Ab- und Ausgrenzung

Die Welt der zwei Geschwindigkeiten bzw. die Asymmetrie, von der Sie gesprochen haben, ist ein wichtiger Punkt, der ein Kernproblem berührt. Der Islam wird von vielen Muslimen lediglich als identitätsstiftend betrachtet und als Mittel der Ab- und Ausgrenzung verstanden.

Gerade dort, wo Muslime als Minderheit leben, besteht die Gefahr, dass die Religion vor allem deshalb für sie interessant ist und immer interessanter wird, weil sie sich so durch diesen kleinsten gemeinsamen Nenner von der Mehrheitsgesellschaft abgrenzen können. Dies ist vor allem dann der Fall, wenn sie das Gefühl haben, unwillkommen zu sein, oder wenn sie sich durch die Vielfalt an kulturellen Angeboten in pluralen Gesellschaften nicht navigieren können und nach eindeutigen Antworten suchen. Die Religion dient dann als Zufluchtsort. Dabei stehen weder Spiritualität noch die Sehnsucht nach Gottesliebe oder ethische Grundsätze im Vordergrund, sondern die Suche nach einem identitätsstiftenden Halt.

Die Erwartungen gerade vieler muslimischer Jugendlicher an die europäischen Gesellschaften sind hoch. Hier, wo sie geboren und aufgewachsen sind, wünschen sie sich eine Heimat, die ihnen nicht nur Chancengleichheit im Bildungssektor, auf dem Arbeitsmarkt und am Wohnungsmarkt bietet, sondern auch eine innere Heimat, in der sie sich als anerkannte Menschen entfalten können. Werden diese Erwartungen nicht erfüllt und haben die Jugendlichen das Gefühl, diskriminiert zu werden, kommt es zu verschiedenen Reaktionen. Manche kapseln sich ab und gehen zu beiden Systemen – zur Kultur der Eltern und zur Mehrheitsgesellschaft – auf Distanz. Viele greifen aber auch reaktiv bei der Suche nach einem sicheren »Wir-Gefühl« auf die Religion zurück. Es gibt zahlreiche Umfragen, die das bestätigen: Viele hier lebende Migranten selbst in der dritten Generation geben auf die Frage, ob sie sich als Deutsche, Europäer usw. fühlen, eine eindeutige Antwort: Sie seien Muslime. Nationale Kategorien spielen für sie eine kleinere Rolle.

Diese Form der islamischen Identität möchte ich als »Schalenidentität« bezeichnen. Für die Konstruktion einer kollektiven Identität bedienen sich vor allem junge Menschen eines

Islams »ohne Inhalt«; der entkernte Islam, den sie leben, ist die Schale, mit deren Hilfe sie sich von der Mehrheitsgesellschaft abgrenzen können und die ihnen gleichzeitig Schutz vor dieser Gesellschaft mit ihrem Überangebot an Orientierungsmöglichkeiten bietet. »Schalenmuslime« fühlen sich in der Regel als unwillkommene Ausländer und als benachteiligte Außenseiter. Durch den Islam, der vor allem als Bindeglied zu anderen Migranten mit muslimischem Hintergrund gesehen wird, können sie ein gewisses Gefühl der Sicherheit aufbauen.

Die erste Generation der Einwanderer hatte mit dieser Problematik weniger zu kämpfen. Sowohl ihre Erwartungen als auch die ihrer Gastländer waren andere. Bei den Jugendlichen der zweiten und vor allem der dritten Generation kam es zu einer Umwertung: Hier geboren und aufgewachsen, gehen sie davon aus, als gleichberechtigte Mitglieder der Gesellschaft angenommen zu werden. Ist das nicht der Fall oder haben sie subjektiv das Gefühl, nicht anerkannt zu werden, ist häufig Abgrenzung die Folge. Kulturelle Gegensätze werden betont, vorhandene Gegensätze übertrieben. Gemeinsamkeiten werden heruntergespielt oder negiert.

Ein offenes Islamverständnis, das nicht nur Gemeinsamkeiten mit den anderen Weltreligionen betont, sondern auch ein Islam, der die Würdigung aller Menschen unabhängig ihrer Weltanschauung anstrebt, spricht diese Jugendlichen weniger an als ein geschlossenes. Denn sie suchen gerade nach Elementen in ihrer Religion, die ihr Anderssein betonen. Begriffe wie Aufklärung oder Moderne werden pauschal als »westlich« verworfen, auch die Spiritualität und Ethik des Islam sind für sie zweitrangig.

Hier besteht nicht nur die Gefahr einer Aushöhlung der Religion, sie wird so auch zu einem Mittel der Instrumentalisierung für radikale Kräfte. Sie wenden sich gezielt jungen

Muslimen zu, versprechen ihnen Halt und Orientierung durch eine reaktionäre Rückbesinnung auf den Islam als eine Religion, die über allen anderen steht.

Viele dieser »Schalenmuslime« hatten lange nichts mit Religion oder auch den Kulturkreisen zu tun, denen ihre Eltern entstammen. Länder, die sie von Aufenthalten während der Ferien kennen, die ihnen nun aber als vermeintliche Sehnsuchtsorte dienen. Dabei möchten die wenigsten dort auf Dauer leben, auch das bestätigen Umfragen. Viele machen die Erfahrung, dass sie während ihrer Besuche in den Heimatländern der Eltern und Großeltern ebenfalls als »Fremde« gesehen werden. Weil sie die Landessprache nicht akzentfrei sprechen, sich anders kleiden oder verhalten als ihre dortigen Altersgenossen. »Zu Hause« sind sie aber auch wieder anders als die anderen.

In den letzten Jahren, namentlich seit dem 11. September 2001, haben Muslime einen schweren Stand. Sie haben mit Zuschreibungen zu kämpfen, leiden unter Verdächtigungen – und rücken dadurch näher zusammen, auch wenn sie tatsächlich wenig verbindet. Das Bindeglied wird mit einem Mal die Religion, sie macht aus der Fremdzuschreibung »ihr Muslime« die Eigenzuschreibung »wir Muslime«. Und plötzlich rückt die religiöse Identität, die bislang – wenn überhaupt – nur im Hintergrund eine Rolle spielte, wie die Herkunft aus Ägypten, der Türkei, dem Irak etc., in den Vordergrund.

So entsteht ein Teufelskreis: Das Muslimsein wird mit »Fremdsein« gleichgesetzt und so zu einem Identitätsmerkmal. Die Haltung »Wir gegen den Rest der Gesellschaft, den Rest der Welt« ist brandgefährlich. Mit dem Kern des Islam an sich, mit seiner Vielfalt, hat sie wenig zu tun. Aber die Unterteilung in Schwarz und Weiß ist gerade in unserer immer komplexer werdenden Welt eine große Verlockung. Daher ist es eine gesamtgesellschaftliche Aufgabe, diesen jungen Muslimen die gesuchte Anerkennung zu ermöglichen. Dazu brauchen wir eine neue Rhetorik, in der es um das große »Wir« geht. Zu diesem Wir gehören auch Muslime. Sie sollten nicht die »anderen« sein, sondern gleichberechtigte Bürger(innen) unserer Gesellschaft.

77

Hamed: Muslime, die in Europa leben, sind reformresistenter als Muslime in den islamischen Staaten

Sie sprechen ein wirklich wichtiges Problem an. Eigentlich sollten junge Muslime, die in einem freien, wohlhabenden Europa geboren und aufgewachsen sind, unsere besten Verbündeten auf dem Weg zur Erneuerung und zu Reformen des islamischen Denkens sein. Stattdessen sind sie oft unsere Widersacher, oder bestenfalls sind sie desinteressiert und lethargisch.

Ich muss zugeben, dass ich großes Mitleid mit jungen Muslimen im Westen habe, denn die Erwartungen an sie sind sehr groß und sie werden aus drei oder mehr Richtungen dauerhaft unter Druck gesetzt, Farbe zu bekennen. Die Eltern erwarten von ihnen, dass sie die Werte der alten Heimat beibehalten, die Moschee will von ihnen, dass sie die Freizügigkeit der Mehrheitsgesellschaft ablehnen. Und die Mehrheitsgesellschaft will, dass sie sich zu ihrem Geburtsland oder ihrer neuen Heimat bekennen und sich in diese Gesellschaft einbringen.

Jede Seite errichtet eine geistige Mauer um diese jungen Menschen, die sie schwer überwinden können. Die Folge sind Identitäts-, Loyalitäts- und Interessenskonflikte, die dazu führen, dass die muslimische Jugend in einem permanenten Span-

nungsfeld leben muss. Als junge Menschen haben sie ganz
einfache menschliche Bedürfnisse. Sie wollen Anerkennung,
sie wollen Spaß haben, sie wollen lieben und mit ihrer Sexualität gesund umgehen. Gerade Letzteres stürzt sie immer wieder in Konflikte. Die westliche Lebensweise sieht in der Freizügigkeit und der Selbstbestimmung die gesunde Variante.
Familie und Moschee sehen eher in der Enthaltsamkeit den
besseren Umgang damit. Es bleibt nicht nur bei zwei unterschiedlichen Lebensweisen, die nebeneinander bestehen, sondern gerade über diese Frage wird ein Kulturkampf ausgetra-
gen, auf dem Rücken von jungen Frauen und Männern, die
dem oft nicht gewachsen sind.

   Von deutscher Seite wird ihre Enthaltsamkeit, was Alkohol
und Sexualität angeht, als Rückständigkeit gedeutet. Sollten
sie die verbotenen Früchte des Abendlandes kosten, werden
sie von der Familie und der Moschee sanktioniert und als Sünder beschimpft. Nicht selten treiben diese Spannung und diese
Schuldgefühle sie in die innere Abhängigkeit. Und genau hier
taucht ein vierter Akteur auf und bietet ihnen nicht nur eine
kurzfristige Hilfe an, sondern eine ganze Heilsvision: Salafisten und radikale Gruppen, die nicht unbedingt in klassischen
Verbänden und Moschee-Vereinen organisiert sind. Sie bieten
den unsicheren jungen Menschen eine imaginäre Identität als
Teil der großen Umma, der Gemeinschaft aller Gläubigen, an.
Und nicht irgendein Teil, sondern als Avantgarde und Vorhut
der islamischen Weltrevolution. Das, was oft in den Medien
als Turbo-Radikalisierung beschrieben wird, ist in der Tat ein
langfristiger, aber unsichtbarer Prozess der Entwurzelung und
Umorientierung, woran alle vorher genannten Akteure sich
beteiligen, aber später die Schuld von sich weisen.

   Nur, wie erreicht man diese jungen Menschen? Wie geht
man mit ihrer Spannung um? Wie bietet man ihnen eine gefes-
tigte Identität an, die ihre Konturen nicht durch Abgrenzung

zu anderen schärft? Lieber Mouhanad, Sie betonen immer wieder die Bedeutung von Bildung, um den Islam zu reformieren. Da bin ich voll bei Ihnen. Doch wie wollen Sie durch Bildung konkret diese jungen Menschen erreichen, die das westliche Bildungssystem für dekadent halten? Wie können Sie gehirngewaschene, frustrierte junge Menschen überzeugen, dass Ihre Reformpläne nicht den authentischen Islam verfremden und somit einen Angriff auf ihre Identität darstellen? Wie können Sie Individuen, die den Dschihad als die letzte Chance zur Rettung des Islam sehen, davon überzeugen, dass Ihre Reform nicht darauf abzielt, den Dschihad abzuschaffen und sich dem Westen endgültig zu ergeben?

78

Mouhanad: Der islamische Religionsunterricht könnte ein wichtiger Motor der Integration sein

Wenn sich solche Jugendliche dem Islam nicht deshalb zuwenden, weil sie auf der Suche nach Spiritualität bzw. Gotteserfahrung sind, dann hilft nur religiöse Bildung weiter. Sie ist in diesem Punkt der entscheidende Faktor, um die ausgehöhlte Religiosität mit einem sinnvollen Inhalt zu füllen.

Dass sich viele junge Muslime für den Islam zunächst als Identitätsmerkmal und weniger als spirituelle und ethische Quelle interessieren, ist kein Grund zur Sorge, wenn auch der zweite Schritt folgt, nämlich das religiöse Bildungsangebot. Die Einführung des islamischen Religionsunterrichts an öffentlichen Schulen ist notwendig, damit die islamisch-religiöse Sozialisation von jungen Muslimen auch in der Schule stattfindet. Wobei dieser Unterricht als ordentliches Fach den Lehr- und

Lernstandards der anderen Fächer entsprechen und daher auf einem wissenschaftlichen Fundament basieren muss. Die Errichtung von islamischen Theologiestudiengängen an deutschen Hochschulen entsprechend den Empfehlungen des Wissenschaftsrats vom Januar 2010 ist ein revolutionärer Schritt in der akademischen Landschaft in Deutschland, der die wissenschaftliche Erforschung und Vermittlung islamischer Inhalte auf Augenhöhe mit den anderen in Deutschland etablierten Theologien stellt.

Ein moderner islamischer Religionsunterricht sollte die Lebenswirklichkeit der jungen Muslime zum Ausgangspunkt machen. Nur so haben die jungen Menschen auch die Möglichkeit, in ihrem Leben einen Bezug zur Religion herzustellen. Damit sie nicht länger vor der Frage stehen: Sind wir Muslime *oder* Europäer? Ein »sowohl als auch« sollte das angestrebte Ziel sein.

Alle diese Reformideen, über die wir hier debattieren, könnten und sollten in einem so ausgerichteten Religionsunterricht aufgegriffen werden. Wenn nicht dort, wo sonst? Mir ist bewusst, dass wir für diese Aufgabe sehr gut ausgebildete Religionslehrerinnen und -lehrer benötigen. Ich leite an der Universität Münster das Zentrum für Islamische Theologie, an dem wir Lehrkräfte für den islamischen Religionsunterricht ausbilden. Zurzeit studieren 850 künftige muslimische Lehrer und Lehrerinnen bei uns. Dieses große Interesse vieler junger Muslime an unserem Institut stimmt mich optimistisch, dass sich durch meine Arbeit und die vieler Gleichgesinnter das Bild des Islam in Europa zum Positiven wandelt – und auch das Bild der Muslime von Europa. Das allerdings hängt natürlich nicht nur vom Religionsunterricht ab.

79

Hamed: Der islamische Religionsunterricht
spielt dem politischen Islam in die Hände

Der bekenntnisgebundene islamische Religionsunterricht hat mit Rationalität nichts zu tun. Und bei allem Respekt für Ihre Argumentation: Theologie ist keine Wissenschaft. Die Schule ist nicht dafür da, Legenden, metaphysische Vorstellungen und absolute Wahrheiten zu vermitteln. Und wie kann man bitte spirituelle Erfahrungen auf wissenschaftlicher Basis vermitteln? Kann man den Menschen überhaupt Spiritualität beibringen? Ist die Schule dafür überhaupt geeignet, geschweige denn gut ausgestattet?

Ihre Vision setzt voraus, dass alle Islamlehrer, die künftig an deutschen Schulen unterrichten werden, zwar gläubige, aber kritische Muslime, die in ihrer Spiritualität gefestigt und der Vernunft mehr verbunden sind als der Loyalität zu ihrem Glauben. Die Realität sieht jedoch anders aus. Sowohl konservative Islamverbände, die ja die Hauptpartner des Staates in Sachen Islamunterricht sind, als auch das Schulwesen lassen die Befürchtung aufkommen, dass dadurch kein aufgeklärter Islam an deutschen Schulen unterrichtet wird, sondern dass der konservative organisierte Islam mehr Einfluss auf diese Schulen gewinnen könnte. Sie sind ja nicht der einzige Islamwissenschaftler, der in Deutschland zukünftige Lehrer und Imame ausbildet. Es gibt auch andere, die sich dem konservativen Islam oder Erdogan mehr verbunden fühlen und die ganz andere Ziele verfolgen, als den Islam für Vernunft und das kritische Denken zu öffnen. Der bekenntnisgebundene Islamunterricht ermächtigt jene Kräfte, die Sie und Ihre Theologie der Barmherzigkeit bekämpfen. Und das ist auch der Grund, warum einige Ihrer Studenten sich gegen Sie gewendet haben, denn sie wissen, sie können nur einen Job bekommen, wenn die Islamverbände dem zustimmen und ihre Moscheen für sie öffnen. Einige Ihrer Studenten sind sogar Mitglieder oder Sympathisanten der konservativen Verbände, und eines Tages wird einer von denen Ihren Lehrstuhl erben und die gleiche Theologie aus der Türkei oder Ägypten oder Saudi-Arabien importieren.

Aber warum eigentlich importieren? Sie ist schon längst da und wird an den Moscheen und auch an Schulen hier seit Jahrzehnten unterrichtet. Diese Theologie wird nur eine akademische Note bekommen und somit bildungspolitisch aufgewertet. Oder versuchen Sie mal, mir zu erklären, wie ein Lehrer seinen Schülern die Geschichte von Mohamed erzählen kann, als dieser auf einem Reittier von Mekka nach Jerusalem flog und von dort aus in den Himmel hinaufstieg! Wie viel Vernunft und Wissenschaft kann diese Legende verkraften? Und wie viele Islamlehrer halten sie für eine wahre Begebenheit?

Nein, es ist nicht die Aufgabe der Schule, das zu reproduzieren, was die Moschee lehrt, sondern das, was die Moschee und die Familie kaputt machen, wieder einzurenken.

Wenn die Schule auf wissenschaftlicher Basis über den Islam aufklären will, dann ist der bekenntnisorientierte Unterricht genau der falsche Weg, denn dieser kann nie von den Interessen der Islam-Funktionäre befreit werden. Deshalb bin ich für Islamkundeunterricht, an dem nicht nur muslimische Schüler, sondern alle Schüler teilnehmen können. Natürlich sollte dieser Unterricht mit Respekt und Sachkenntnis, aber auch mit der nötigen kritischen Distanz gegeben werden. So könnte man muslimische Schüler wappnen gegen das radikale Gedankengut, aber auch bei den nichtmuslimischen Schülern Vorurteile und falsche Vorstellungen über diese Religion und deren Entwicklungen abbauen.

80

Mouhanad: Nicht auf die Sprache der Imame kommt es an, sondern auf die Inhalte ihrer Predigten

Muslime dürfen letztendlich nicht vor die Wahl gestellt werden, entweder Muslime oder Deutsche/Europäer zu sein. Ein Sowohl-als-auch muss, wie gesagt, das anzustrebende Ziel sein. Um dem gerecht zu werden, müssen Imame, die in europäischen Ländern predigen, mit der Lebenswirklichkeit der Menschen dort vertraut sein; nur so können sie auf die Fragen, Hoffnungen, Wünsche, Ängste usw. ihrer Gemeindemitglieder eingehen.

In Deutschland wird seit Längerem gefordert, Imame sollten auf Deutsch predigen. Es ist keine Frage, dass man dadurch viel mehr hier sozialisierte junge Menschen erreichen könnte. Es ist auch keine Frage, dass dadurch die Arbeit der Moscheen transparenter würde. Einige Moscheen werden derzeit vom Verfassungsschutz beobachtet, da ist es hilfreich, wenn man versteht, was gepredigt wird. Die Frage ist nur, ob man damit das erhoffte Ergebnis erzielt. Denn die meisten salafistischen Prediger hierzulande predigen in deutscher Sprache. Es gibt aufgeklärte Imame, die in arabischer Sprache predigen, wie der in Österreich lebende palästinensische Imam Adnan Ibrahim. Und es gibt andere, wie Pierre Vogel, die in der deutschen Landessprache Hass predigen.

Nur auf die Sprache zu setzen geht am eigentlichen Problem vorbei. Worauf es ankommt, ist der Inhalt der Predigten, ihre eigentliche Botschaft. Geht es darum, zwischen Muslimen und den europäischen Mehrheitsgesellschaften gezielt Spannungen aufzubauen? Geht es darum, Muslime zu ermuntern, eine Botschaft des Hasses in die Welt zu tragen? Geht es darum, sie zum Feldzug gegen den Westen zu motivieren? Oder geht es um religiös begründete Spiritualität und um Nächstenliebe?

Die Frage nach der Sprache ist eine, die nur an der Oberfläche kratzt. Damit kann man sich vermeintlich in Sicherheit wiegen. Um Hasspredigern den Nährboden für ihre Botschaften zu entziehen, braucht es mehr.

Wir beobachten in Deutschland, dass immer weniger Jugendliche in die gemäßigten Moscheegemeinden eingebunden sind; zugleich werden immer mehr Jugendliche von salafistischen Gemeinden rekrutiert. Gerade jene Jugendlichen, die ich als »Schalenmuslime« bezeichnet habe, sind anfällig für die salafistischen Vereinfacher. Sie sind einerseits weniger reflektiert, suchen nach einfachen Antworten und sehen sich andererseits als »Opfer«: »Der Westen hasst uns, weil wir Muslime sind«, so etwas ist häufig zu hören. Nicht: »Ich bekomme hier kein Bein auf den Boden, weil ich die Schule verbockt habe und meine Ausbildung geschmissen habe.« Nein, die Religion ist Mittel zur Abgrenzung und im Umkehrschluss Grund der Ausgrenzung durch die Mehrheitsgesellschaft.

Auch wenn das jetzt ein wenig hart klingt: Diese Jugendlichen kann man als religiöse Analphabeten bezeichnen. Ihnen geht es nicht in erster Linie um den Islam als Religion, sondern um den Islam als Mittel, sich Zugehörigkeit zu einer Gruppe zu verschaffen. Es geht um Identität, und bei der Suche danach helfen genau jene Schwarz-Weiß-Schemata, die die salafistische Ideologie bietet. Den Salafisten gelingt es, die Jugendlichen sozusagen abzuholen, sie lassen sich auf ihre Lebenswirklichkeit ein, nutzen modernste Medien und Plattformen für ihren Werbefeldzug.

Gemäßigte Moscheen haben dagegen Nachwuchsprobleme. Sie lassen sich wahlweise nicht auf die Lebenswirklichkeiten der Jugendlichen ein, beantworten Fragen mit dem Verweis auf den Koran oder den Propheten oder die Gelehrten. Nach dem Motto »Das ist eben so, weil es so ist oder weil es da steht«. Hinzu kommt, dass auch die innerislamischen Konflikte zwischen verschiedenen Moscheegemeinden eine äußerst negative Rolle in der Wahrnehmung der Muslime spielen. Wenn es um Macht und nicht mehr um den Islam an sich geht, dann entlarven sich viele solcher Institutionen als am Islam kaum interessiert, sondern lediglich an der eigenen Positionierung im Wettkampf um das Erlangen politischer Macht.

Der Islam kennt keine Kirche und eigentlich auch keine religiösen Autoritäten. Er kennt in seiner 1400-jährigen Geistesgeschichte vielmehr eine Bandbreite an Schulen, Interpretationen und Positionen. Die laute Forderung in Deutschland nach einem homogenen Ansprechpartner für alle Muslime führt allerdings zu einer Zwangshomogenisierung der Muslime, was nur auf Kosten der innerislamischen Pluralität geschehen kann. Durchsetzen werden sich dann im Zweifelsfall Kräfte, die neue Probleme schaffen werden. Die Lösung sehe ich daher nicht in einem Ansprechpartner oder einer Institution, die stellvertretend für alle Muslime »am Verhandlungstisch« sitzt. Ideal wäre eine Kommission, die aus Expertinnen und Experten bestünde, die die notwendige Expertise über die innerislamische Vielfalt mitbringen und das Selbstverständnis des Islam als dezentrale und plurale Religion widerspiegeln. Diese Kommission könnte dann auch als Ansprechpartner für den Staat agieren.

81

Hamed: Deutschland braucht
ein neues Islamgesetz

Da der Islam keine Kirche kennt, an die man Forderungen in
Sachen Islam stellen könnte, dürfen die kleinen muslimischen
Gemeinschaften, die oft vom Ausland gelenkt werden, nicht
den Status einer Körperschaft des öffentlichen Rechts erhalten
und somit politisch aufgewertet werden.

Der Staat darf nicht darauf warten, dass Muslime miteinander eine Lösung für das Radikalisierungsproblem und den
Umgang mit Frauen, Säkularismus und Demokratie gefunden
haben. Sondern der Staat muss zum Schutz seiner Bürger und
im Sinne der Rechtsstaatlichkeit handeln. Da es *den* Islam angeblich nicht gibt, darf im Namen dieses Islam auch keine Politik gemacht werden. Religion ist Privatsache und Muslime
sind Bürger dieses Landes, die wie alle anderen auch individu-
elle Rechte und Pflichten haben. Wer Gruppenrechte beansprucht, darf diese individuellen Rechte in keiner Weise antas-
ten. Wer Leistungen beansprucht, sollte zuallererst seine eigenen Hausaufgaben machen. Es gibt keine Anerkennung zum
Null-Tarif!

Österreich verabschiedete vor zwei Jahren ein neues Islam-
gesetz, das den muslimischen Gemeinschaften einige Privilegien sichert, aber auch neue Regeln aufstellt. Ein ganz wichtiger Aspekt ist aus meiner Sicht, dass Moscheen in Österreich
nicht mehr vom Ausland finanziert werden dürfen. Deutschland braucht ein ähnliches, aber noch mutigeres Gesetz. Die
zentralen Punkte, die ich persönlich für entscheidend halte,
möchte ich im Folgenden kurz anreißen und begründen:

Es kann nicht sein, dass die meisten Moscheen in Deutschland entweder von der Türkei oder von den Golfstaaten finan-

ziert werden. Die Finanzierung ist das Einfallstor für reaktio-
näres Gedankengut; denn wer am finanziellen Tropf hängt, hat
kaum Gestaltungsspielraum. Deshalb sollte dieser Form der
Abhängigkeit ein gesetzlicher Riegel vorgeschoben werden.

Neue Moscheen müssen von den muslimischen Gemeinschaften in Deutschland vollständig finanziert werden. An-
dernfalls riskiert man, dass das muslimische Ausland auch die
Inhalte der Predigten vorgibt. Insofern halte ich die Forderung,
dass Imame in Zukunft in Deutschland ausgebildet werden
müssen, um hier predigen zu dürfen, für absolut richtig.

Da der Islam keine Kirche kennt, die einen gewissen Rahmen auch für den Inhalt von Predigten setzt, muss der Staat
diese regulative Funktion übernehmen. Moscheen sollten mit
staatlichen Lizenzen arbeiten, deren Vergabe an bestimmte
Auflagen gebunden ist. Zu diesen Auflagen sollte die Pflicht
gehören, einen Imam einzustellen, der an einer deutschen Universität ein Theologiestudium absolviert hat. Auch sollten sich
der Imam und die Verantwortlichen in der Moschee verpflich-
ten, nur Inhalte zu predigen, die dem Grundgesetz in keinem
Detail widersprechen. Moscheen, die diese Regel nicht einhalten, verlieren ihre Lizenz und können vorübergehend oder
dauerhaft geschlossen werden.

Weil es im Islam keine übergeordnete kirchliche Instanz
gibt, sollte ein Wissenschaftsrat die Lehrinhalte der Theologischen Fakultäten bestimmen, an denen Imame und Islamlehrer
ausgebildet werden. Dadurch soll verhindert werden, dass die
konservativen Islamverbände und die ausländischen Staaten,
die hinter ihnen stecken, Einfluss auf die akademische Ausbildung an deutschen Hochschulen erlangen.

Moscheen und ihre Imame müssen verpflichtet werden, die
Gleichberechtigung von Mann und Frau zu achten und die
räumliche Trennung der Geschlechter in den Gebetsräumen zu
beenden.

Moscheen sollte gesetzlich untersagt werden, ihre Räume für sogenannte Friedensrichter zu öffnen, die am deutschen Rechtsstaat vorbei eine Paralleljustiz einführen.

Eine Kommission von Juristen und Islamwissenschaftlern sollte daran arbeiten, weitere Artikel dieses Islamgesetzes auszuarbeiten. Dabei sollten die Bedürfnisse und Interessen des Staates und die der Muslime als Individuen berücksichtigt werden, nicht aber die kollektiven und politischen Ansprüche der Islam-Funktionäre!

Teil IX

Was getan werden muss:
Wie kann der Weg zu Reformen
wirklich geebnet werden?

82

*Mouhanad: Wir brauchen einen ehrlichen
islamisch-christlichen Dialog*

Manchmal habe ich den Eindruck, dass bei manchen Muslimen der interreligiöse Dialog, gerade wenn sie in der Minder-
heitensituation sind, aus rein opportunistischen Gründen geführt wird. Man zeigt dem »anderen« zwar, dass man ihn würdigt und anerkennt, aber sobald man wieder unter sich ist, ist
klar: »Das sind die Ungläubigen, die Unmoralischen, die letztendlich in der Hölle schmoren werden.« Das ist kein aufrichtiger Dialog, der das Gegenüber würdigen und anerkennen
will. Das ist Heuchelei.

Dieses Zeigen von zwei Gesichtern ist auch einer der Gründe dafür, dass ein interreligiöser Dialog meist viel friedlicher
verläuft als der intrareligiöse mit Muslimen anderer Richtungen. Denn es geht im Grunde nicht wirklich um den Dialog,
sondern um die Vorteile, die man sich verschafft, wenn man
der Mehrheitsgesellschaft gegenüber als weltoffen auftritt.

Ich will mit dieser Einschätzung den interreligiösen Dialog
nicht pauschal verurteilen, ich habe aber doch eine Menge daran zu kritisieren. Beide Seiten, Muslime *und* Christen, müssen Gemeinsamkeiten, aber auch Unterschiede ehrlich und
offen benennen und zugleich lernen, wie sie diese nicht nur

tolerieren, sondern würdigen und schützen können. Es ist un-
ehrlich, wenn Muslime für den Dialog mit Christen in Europa
eintreten, aber tatenlos zuschauen, wie christliche Minderheiten in muslimischen Ländern unterdrückt werden.

Zu einem ehrlichen interreligiösen Dialog gehört es, das
Selbstverständnis des anderen zu achten und das eigene zu
hinterfragen. Muslime verurteilen Christen zum Beispiel häufig pauschal: Sie seien unrein, unethisch, Ungläubige, von
Gott verdammt usw. Umgekehrt sehen viele Christen Muslime
als potenzielle Dschihadisten, als Frauenunterdrücker usw.
Das Bild auf beiden Seiten ist von Vorurteilen geprägt und von
Misstrauen. Wenn ein Christ Kritik an einem Aspekt des Islam
äußert, wird er oft als islamophob verurteilt, und wenn ein Terroranschlag von muslimischen Extremisten irgendwo auf der
Welt verübt wird, drohen alle Muslime unter Generalverdacht
zu geraten.

Wir benötigen daher nicht nur ein differenzierteres Bild
voneinander, sondern auch mehr Räume der Begegnung: um
miteinander zu reden, um zu lernen, den anderen in seiner An-
dersartigkeit zu würdigen, und Vorurteile abzubauen.

83

Hamed: Der interreligiöse Dialog kann nur gelingen,
wenn Muslime nicht in jeder Kritik einen
Generalangriff sehen

In der Tat finden viele Dialogveranstaltungen statt, nur führen
sie in keiner Weise zu einer Annäherung von Muslimen und
Nichtmuslimen. Nicht umsonst werden diese Friede-Freude-
Eierkuchen-Veranstaltungen spöttisch »Dialüg-Veranstaltun-

gen« genannt. Ich finde es daher gut, dass Sie diese Heuchelei kritisieren und einen ehrlichen Dialog fordern. Respekt beginnt damit, dass ich mein Gegenüber ernst nehme und ihm nicht unterstelle, er würde meine Kritik als Angriff auffassen. Viele christliche Würdenträger scheuen sich allerdings vor einem ehrlichen Disput mit Muslimen, eben weil sie glauben, damit einen offenen Angriff zu begehen oder der Islamfeindlichkeit bezichtigt zu werden. Umgekehrt scheuen manche muslimische Vertreter offene Worte, weil sie vor allem an Fördergeldern und einer Propagandabühne für ihre politischen Anliegen interessiert sind.

Vor vier Jahren war ich einmal als Redner zu einer solchen Dialogveranstaltung in Wien eingeladen. Das König-Abdullah-Zentrum für den internationalen Dialog sowie die deutsche Botschaft in Wien waren Mitorganisatoren. Es sollte um Lessings Ringparabel gehen und darum, wie sie heute gedeutet werden könnte. Vor mir sprach der Oberrabbiner von Wien und lobte die Toleranz des Judentums. Danach sprachen ein katholischer Bischof und ein protestantischer Theologieprofessor. Beiden ging es um Toleranz und Vergebung im Christentum. Dann kam ich als jüngster Teilnehmer und Vertreter der jüngsten Religion. Ich sagte den Veranstaltern als Erstes: »Ich hoffe, Sie haben mich gegoogelt, bevor sie mich eingeladen haben, denn ich gehöre nicht zu den Menschen, die Probleme unter den Teppich kehren zugunsten einer harmonischen Dialogveranstaltung. Bevor wir über das Friedenspotenzial und die Toleranz in den verschiedenen Religionen sprechen, müssen wir über den Hass und die Abgrenzung sprechen und darüber, wie sie legitimiert werden. Und da hat der Islam eine Menge zu bieten. So halte ich es für einen Skandal, dass das König-Abdullah-Zentrum zum Dialog der Religionen in Wien einlädt, während es in Saudi-Arabien strafbar ist, eine Bibel zu besitzen. Wie kann Saudi-Arabien den Dia-

log im Ausland fördern, wenn im eigenen Land Zehntausende
Schiiten in den Gefängnissen sitzen? Wie kann man an Dialog
interessiert sein und gleichzeitig Islamkritiker, Dichter und
Blogger im eigenen Land mit dem Tod bedrohen, mit Auspeitschung oder mit einer Gefängnisstrafe schikanieren? Es sollte
unsere moralische Verpflichtung sein, Saudi-Arabien aus dem
Kreis der zivilisierten Welt zu verbannen, bis es diese barbari-
sche Praxis gegen Frauen, Kritiker und Andersgläubige beendet. Deshalb halte ich Lessings Werk ›Nathan der Weise‹ mit
seiner Parabel für ein Auslaufmodell. Für das Zusammenleben
brauchen wir eine neue Orientierung. Die Trennlinie sollte
nicht zwischen Muslimen und Nichtmuslimen verlaufen, sondern zwischen Humanisten und Barbaren, zwischen Demo-
kraten und Demokratiefeinden!«

Im Saal herrschte Totenstille. Ich habe die Dialogveranstaltung im wahrsten Sinne gesprengt. Das habe ich sehr gerne
getan, um die Lächerlichkeit von solchen Veranstaltungen
deutlich zu machen. Gefallen hat mir allerdings die Reaktion
des Oberrabbiners. Er flüsterte mir nach dem Vortrag zu: »Eine
sehr gute Rede. Wenn ich gewusst hätte, dass sie den Islam
kritisieren, hätte ich auch das Judentum kritisiert. Wir haben
auch einige Fehler. So ist es ja nicht!«

Der wirkliche Dialog fand dann in der Diskussion nach den
Wortbeiträgen statt. Wir redeten über Probleme und über Ursachen dieser Probleme. Wir waren alle, Redner und Publikum, zufrieden. Nur die Veranstalter nicht, besonders die vom
saudischen Dialogzentrum.

Bei dieser »Diskussion« war einmal mehr ersichtlich, dass
eine der höchsten Mauern, die einer Reform des Islam entge-
genstehen, die Emotionalität der Muslime ist, mit der sie auf
Kritik an ihrer Religion reagieren. Hier scheint das Problem
des Stammesbewusstseins auf. Gott wird als eine Art Stam-
mesführer gesehen, jede Kritik an ihm als Angriff auf den gan-

zen Stamm gewertet. Die islamische Erziehung lässt keinen Raum zwischen einem Muslim und dem Islam. Beide werden als Einheit angesehen. Gott, der Koran, der Prophet und der einzelne Muslim werden so zu einem Gesamtpaket.

Dieser Mangel an Distanz verhindert Selbstkritik und lässt Kritik von außen als Kriegserklärung erscheinen. Das war nicht immer so in der islamischen Geschichte. Gerade in Bagdad und Córdoba kursierten zwischen dem 8. und dem 12. Jahrhundert einige polemische Texte, die den Islam und seine Gründungsfigur kritisierten. Es gab sogar Poesiewettbewerbe, bei denen Juden, Christen und Muslime die Religion der anderen kritisierten, ohne mit Schikanen oder Strafen rechnen zu müssen. Das lag daran, dass die Scharia in dieser Phase teilweise außer Kraft gesetzt war und die Muslime dem Rest der Welt in vielen Bereichen überlegen waren. Damals herrschte nicht nur eine Kultur des Wissens in den beiden Städten, es gab auch keine Berührungsängste mit Juden und Christen, die den neuen Herrschern als Übersetzer und Vermittler und so letztlich als Dialogpartner dienten.

All das gibt es heute nicht mehr. Die islamische Welt übersetzt wenige Werke aus dem Westen, spürt die eigene Unterlegenheit in fast allen Bereichen. Diese Ohnmacht, gepaart mit Verbitterung und Isolation, schafft den Nährboden für Paranoia. Kritik am Islam oder auch nur an einem Teilbereich wird deshalb selten als Aufforderung aufgefasst, sich argumentativ mit diesem Aspekt auseinanderzusetzen. Sondern vielmehr als Teil eines perfiden Plans gewertet, den Islam gänzlich abzuschaffen.

Oft antworten gläubige Muslime auf meine Internetvideos, in denen ich den Islam kritisiere, mit einem Vers aus dem Koran. Er beschreibt eigentlich die Haltung der ungläubigen Mekkaner gegenüber den Anhängern des Propheten:

»Sie wollen das Licht Allahs ausblasen. Aber Allah will sein

Licht unbedingt in seiner ganzen Helligkeit erstrahlen lassen – auch wenn es den Ungläubigen zuwider ist.«(Sure 9:32)
Viele Muslime glauben also, dass die Kritiker des Islam entweder neidisch auf das »Licht« des Islam sind oder Teil einer Verschwörung, die darauf abzielt, Muslime von ihrem Glauben
abzubringen. Deshalb werden Kritiker diffamiert, angegriffen
und in manchen Fällen sogar umgebracht. Die unterlegenen,
schwachen Muslime erklären sich somit zum Schutzpatron
Gottes, nicht umgekehrt. Das ist eigentlich die wirkliche Got-
teslästerung.

84

Mouhanad: Muslime müssen die Tradition des Takfīrs
endgültig verwerfen. Allein Gott obliegt es zu entscheiden,
wer religiöser und wer weniger religiös ist

Im islamischen Diskurs ist es leider verbreitete Praxis, dass
sich ein Muslim, der eine religiöse Position vertritt, die von
der seines muslimischen Gegenübers abweicht, sofort mit dem
Vorwurf des Unglaubens oder der Häresie konfrontiert sieht.
Diese Tradition des sogenannten *Takfīrs,* mit dem Abweichler
zu Ungläubigen erklärt werden, ist fatal. Viele Muslime spielen dadurch gerne Gott und fühlen sich ermächtigt, über den
Glauben anderer zu urteilen und darüber hinaus zu entscheiden, wer in Gottes ewige Glückseligkeit aufgenommen wird
und wer nicht. Diese Arroganz im Namen des Islam ist leider
unter Theologen wie unter Laien stark verbreitet. Eine Praxis,
die der Koran entschieden zurückweist, denn es obliegt nur
Gott, zwischen den Menschen zu entscheiden (Sure 22:17).
Statt Argumente und Gegenargumente sprechen zu lassen,

sprechen sehr oft diese geistigen Fäuste, die den anderen geistig und danach nicht selten auch physisch eliminieren wollen. Dahinter verbirgt sich nicht nur die fehlende Fähigkeit, sich auf eine andere Position oder Meinung einzulassen, sondern auch die fehlende intellektuelle Fähigkeit, argumentativ seine eigene Position zu verteidigen und die des anderen zu widerlegen. »Geistige Fäuste« sprechen immer dann, wenn der intellektuelle Überbau fehlt. Und der scheint sehr oft zu fehlen.

Um es noch einmal zu betonen: Laut Koran obliegt es allein Gott, über den Menschen zu richten:

»Zwischen denen, die Muslime sind, und den Juden und den Sabäern und den Christen und den Magiern und den Polytheisten wird Gott wahrlich am Tage der Auferstehung richten; denn Gott ist der Zeuge aller Dinge.« (Sure 22:17) Daher ist es auch an ihm, über die Religiosität der Menschen zu entscheiden. Eine Tatsache, die von vielen Muslimen kaum zur Kenntnis genommen wird. Sie ermächtigen sich und fühlen sich berufen, selbst über andere zu urteilen.

Gerade in den sozialen Netzwerken, wo viele anonym auftreten können, verbreitet sich dieses Phänomen rasant. Begleitet wird es meist von der Unkenntnis über das, was man gerade beurteilt. Ich habe etliche Male erlebt, dass Muslime zum Beispiel den Koran-Gelehrten Nasr Hamed Abu Zaid verdammen, aber auf die Frage, warum sie dies tun, immer nur eine Antwort kam: Er sei ein Häretiker. Aber niemand von diesen Menschen konnte mir je erklären, warum er Häretiker sei. Niemand von ihnen kannte wirklich seine Schriften und Argumente. Ähnliches habe ich erlebt, wenn es um Sie, lieber Hamed, geht. Kaum einer Ihrer muslimischen Kritiker hat sich wirklich mit inhaltlichen Gegenargumenten zu Wort gemeldet. Es wird nur pauschal geschimpft, verurteilt, für ungläubig erklärt. Aber wo bleiben die Gegenargumente? Statt sich ernsthaft auseinanderzusetzen, sind viele bereit, einfach Gott zu spielen!

85

Hamed: Nur im Islam kommt die Bezeichnung »ungläubig« im schlimmsten Fall einem Todesurteil gleich

In der Tat neigen viele Muslime dazu, anderen Muslimen sofort den Glauben abzusprechen, sobald diese eine wie auch immer geartete, kritische Haltung zum Islam einnehmen. Sie sehen im Kritiker sofort einen Teufel, der ihnen Zweifel und Verwirrung einflüstern will.

Zweifel gelten im Islam als Sünde. Deshalb sprechen Muslime während der Pilgerfahrt auch folgendes Bittgebet: »O Allah, beschütze mich vor Zweifeln und Irrglauben, vor Konflikten und Heuchelei!« Und ein berühmter Hadith von Mohamed prophezeit, dass es den Muslimen eines Tages schwerer fallen wird, an ihrem Glauben festzuhalten, da sie von Zweifeln und Verführungen umringt sein würden:

> »Eine Zeit wird kommen, in der der Muslim an seinem Glauben festhält wie einer, der brennende Kohlen in der Hand hält.«[1]

Der Prophet warnte die kommenden Generationen ebenfalls, dass ihnen »trügerische Jahre« bevorstünden:

> »›Ihr werdet den Lügnern glauben und euch von den Wahrhaftigen abwenden, ihr werdet dem Betrüger vertrauen und den Ehrlichen als Verräter betrachten, und ihr werdet dem *Ruwaibida* zuhören.‹ Seine Anhänger fragten ihn: ›Was ist ein *Ruwaibida?*‹ Er antwortete: ›Ein Unwissender, der sich zur Angelegenheit der Umma äußert.‹«[2]

Heute wird jeder, der eine kritische Sicht auf den Islam hat, als *Ruwaibida* bezeichnet, auch wenn er dies mit fundierter Sachkenntnis tut. Da die Traditionalisten der Kritik kaum vernünftige Argumente entgegensetzen können, reagieren sie mit Vorwürfen und Beschuldigungen. Ein Kritiker ist entweder gleich ein *kafir*, ein Heuchler, mindestens aber ein *Ruwaibida*. Sie warnen die Gläubigen vor solchen Zweiflern, Heuchlern und Unwissenden und nehmen den Gläubigen so die Möglichkeit, sich überhaupt auf einen argumentativen Schlagabtausch einzulassen. Stattdessen sollten sie Gott um Vergebung bitten, dass sie dieser Kritik überhaupt gelauscht haben. Die Traditionalisten spielen hier geschickt mit der Angst der Gläubigen, vom richtigen Weg abzukommen und »die brennende Kohle« aus der Hand zu geben. Denn die Konsequenz daraus wäre, in der Hölle zu landen.

Die ständige Furcht, Gott nie gerecht werden zu können, und die Angst, den Verführungen der modernen Welt nicht standhalten zu können, treibt viele junge Muslime in die Isolation und die innere Abhängigkeit. Die Angst vor dem Zweifeln, vor der Sünde und vor der Hölle beschäftigt sie und macht den Salafismus für sie so attraktiv. Denn der Salafismus hat ein klares Weltbild, wo es keinen Raum für Zweifel, Relativismus oder Ambivalenz gibt. Der Alltag wird klar strukturiert, mit Regeln und Ritualen. Wer nur befolgt, dem bleibt auch weniger Zeit zum Denken. Über die Religion wird nicht diskutiert, denn für die Konservativen gehört sie zum Leben wie die Luft zum Atmen. Wer diskutieren will, steht in Verdacht, das Atmen der Gläubigen stören oder behindern zu wollen.

Diese Mischung aus Isolation, Angstpädagogik und Vereinfachung treibt junge Muslime in die Hände terroristischer Organisationen. Denn das strenge Einhalten von religiösen Regeln allein ist noch keine Garantie dafür, der Hölle zu entgehen. Allein der Märtyrertod gewährt diese Garantie.

86

Mouhanad: Nein zur Angstpädagogik

Es ist üblich, dass ein Muslim, wenn er nach seinem wichtigsten und letzten Ziel gefragt wird, folgende Antwort gibt: »Dem Höllenfeuer zu entkommen und für immer ins Paradies zu gelangen.«

Dieser Wunsch findet seinen Ausdruck auch in den Bittgebeten vieler Gläubiger. Das Paradies wird meist im materiellen Sinn als Ort körperlicher Vergnügungen (Essen, Trinken und Erotik) aufgefasst. Dadurch wird die Beziehung des Gläubigen zu Gott zu einer rein auf Nützlichkeit basierenden im Sinne von: »Ich bete Gott an, um möglichst viel für mein späteres materielles Vergnügen herauszuschlagen.« Betrachtet man jedoch koranische Aussagen darüber, warum Gott den Menschen einen Propheten und die Schriften geschickt hat, sieht man, dass das Ziel keineswegs aus ewigen materiellen Vergnügungen besteht:

»Gott ist es, der den Menschen einen Gesandten aus ihrer Mitte geschickt hat, um ihnen seine Verse vorzutragen, sie zu läutern [vervollkommnen] und sie die Schrift und die Weisheit zu lehren.« (Sure 62:2)

Diese Aussage wiederholt sich in der dritten Sure, Vers 164.

Es geht also um die Einladung zur Läuterung des Menschen, um die Einladung zu seiner Vervollkommnung. Es geht nicht um ewiges Vergnügen, bestehend aus Essen, Trinken und sexueller Befriedigung. Es wäre traurig, ja armselig, wenn der Mensch nur deshalb das Gute anstrebte, weil er sich davon körperliches Vergnügen im Jenseits erhofft. Ebenso traurig wäre es, täte er dies aus Angst vor körperlicher Bestrafung, aus Angst vor dem Höllenfeuer. Die Mystikerin Rābiʿa al-Adawiyya al-Qaysiyya (713–801) kommentierte diese Vorstellung mit einer berühmten Aussage: »Ich würde so gerne das Höllenfeuer löschen und das Paradies mit Feuer anzünden, damit die Menschen nicht aus Angst vor der Hölle bzw. aus Hoffnung auf das Paradies handeln.«[3] Beide Motive für wohlgefälliges Handeln, so konträr sie auch seien, könnten der Würde des Menschen nicht gerecht werden. Nicht aus Angst oder Hoffnung auf Vergnügungen solle er ethisch korrekt handeln, sondern aus Liebe und im Nachvollzug der göttlichen Liebe. Denn, so heißt es im Koran:

»Er liebt sie und sie lieben ihn.« (Sure 5:54)

In diesem Koranvers erwähnt Gott zunächst seine Liebe zu den Menschen; und diese antworten mit ihrer Liebe zu ihm. Wer Ja zu Gottes Liebe und Barmherzigkeit sagt, wer sie annimmt, wird diese Liebe wiederum in seinem Handeln im Hier und Jetzt auf Erden weitergeben.

So weit die Theorie. Manche Imame oder Lehrer setzen allerdings nicht auf Liebe, um die Menschen für den Glauben zu begeistern, sondern instrumentalisieren das Bild eines restriktiven, angstmachenden Gottes. Sie gehen davon aus, dass Angst und Drohkulissen Menschen eher dazu bringen, sich an religiöse Gebote und Rituale zu halten. Nicht selten heißt es entsprechend: »Bete, sonst gehst du in die Hölle.« Oder: »Wenn du kein Kopftuch trägst, werden deine Haare in der Hölle ewig brennen.« Oder auch: »Mach dieses und jenes, sonst wird Gott dieses und jenes mit dir tun.«

Mit dieser Angstpädagogik, die auf Drohungen und Einschüchterung basiert, können Imame, Lehrer und Erzieher, nicht selten auch Eltern, zumindest kurzfristig rasch ans Ziel kommen – ohne viel diskutieren oder Überzeugungsarbeit leisten zu müssen. Die Konsequenz ist aber, dass sich ein gestörtes Verhältnis zu Gott entwickelt. Gott wird nicht als liebender und barmherziger Gott wahrgenommen, sondern als drohender, zürnender Gott, der die Gläubigen in Furcht versetzt, um sie so an sich zu binden. Ein Glaube, der auf Angst gründet, lässt keinen Raum für Freiheit, Vertrauen und Liebe.

Dieses Bild des restriktiven, drohenden Gottes erinnert an einen Aspekt, der für das Funktionieren von Stammesgesellschaften zentral ist: Hier ist der Gehorsam einerseits eine zentrale Tugend und andererseits ein Instrument zur »Zähmung« des Menschen, der sich in ein von Hierarchie und Regeln geprägtes System einfügen muss. Dahinter steckt eine Pädagogik, die sich nicht für den Menschen interessiert, sondern die darauf zielt, Menschen um jeden Preis zur Ausführung von Instruktionen zu bringen. Ob diese Instruktionen sinnvoll sind, ob sie mit der Lebenswirklichkeit der Menschen vereinbar sind oder nicht, spielt keine Rolle. Wichtig ist nur, dass die Anordnungen eingehalten werden. So funktionieren auch totalitäre Systeme.

Eine Religion, eine Glaubensgemeinschaft, sollte sich dieser Systematik nicht bedienen. Doch tatsächlich wird in islamischen Gesellschaften immer wieder von Unterwerfung und blindem Gehorsam gesprochen. Viele projizieren auf Gott das Bild eines restriktiven Stammesvaters, der keine Opposition und keinen Widerspruch duldet. Sie halten an diesem Bild fest, weil es aus ihrer Sicht einen starken (männlichen) Gott zeigt, wohingegen ein barmherziger Gott mit Schwäche (ein eher weibliches Attribut) verbunden sei.

In vielen muslimischen Gesellschaften kommt es nun zu einer unseligen Vermischung. Denn dort, wo die Menschen in einer Diktatur aufwachsen, ist das Bild des starken Anführers fest verankert. Man denke an die vielen Anhänger Erdogans, die den türkischen Präsidenten gerade dafür bewundern, dass er Macht und Stärke demonstriert. Je demonstrativer er das einsetzt, umso mehr Bewunderung und Unterwerfung kann er erwarten. Ein Muslim, der davon ausgeht, sich ungefragt einer göttlichen Instanz zu unterwerfen, wird sich auch eher einer weltlichen unterwerfen.

Gott ist aber kein Despot, er braucht die Unterwerfung des Menschen nicht, um seine Macht sicherzustellen. Er ist dem Menschen bedingungslos zugewandt. Und genau darin manifestiert sich seine Allmacht. Gott hat nichts von einem Gläubigen, der nur deshalb zu ihm betet, weil er Angst vor dem Höllenfeuer hat. Das entspricht auch nicht dem Bild, das Gott von sich zeichnet. Es ist vielmehr Ausdruck einer Diktatur, die der Mensch selbst errichtet hat, einer Diktatur, die dazu dient, sich über andere zu erheben, andere zu unterdrücken. Es geht um blinden, unkritischen Gehorsam; hinterfragendes Denken ist in so einem Umfeld nicht erwünscht. Es wird gelehrt, zu befolgen, mitzumachen, immer »Ja« zu sagen.

Nicht selten sind es Imame und religiöse Autoritäten, die davon profitieren, dass Menschen ihnen unreflektiert folgen. Sie können so zwar ihre Machtstellung in der Gesellschaft bewahren oder sogar stärken. Aber all das widerspricht dem Geist des Korans, der nicht müde wird, zur kritischen Auseinandersetzung, zum Nachdenken und Hinterfragen aufzurufen. So heißt es zum Beispiel:

»… Zu dir (Mohamed) haben Wir den Koran herabgesandt, auf dass du den Menschen erklärst, was ihnen herabgesandt wurde, und auf dass sie nachdenken mögen.« (Sure 16:44)

Und in Sure 2:266 lesen wir:

»Gott offenbart euch seine Zeichen, damit ihr diese reflektiert.«

Diese Aufforderungen, die sich sehr oft im Koran wiederholen, werden von vielen Gläubigen ignoriert. Angstpädagogik erzeugt Marionetten und unmündige Wesen, die nicht imstande sind, Verantwortung zu übernehmen. Nicht für ihr Leben, nicht für das ihrer Gemeinschaft und auch nicht für ihre eigene Beziehung zu Gott. Wenn man die Suren über Liebe und Gnade Gottes zu jenen in Relation setzt, in denen es um Strafe geht, kommt man auf ein Verhältnis von 18 zu 1 zugunsten von Liebe und Gnade. Viele religiöse Erzieher haben dieses Verhältnis umgedreht. Auch Sie, lieber Hamed, neigen dazu, dem Leser ein ähnlich verzerrtes Bild vom Koran zu vermitteln.

87

Hamed: Die Trinität von Islam, Stammeskultur und Diktatur muss zerschlagen werden

Sie sprechen hier einen wichtigen Punkt an, nämlich das Zusammenspiel von Religion, Patriarchat und Diktatur. In der Tat schaukeln sich diese drei Elemente im islamischen Kontext immer wieder hoch und befruchten sich gegenseitig. Auch wenn der Islam in seiner Genese die Stammesloyalität und das Prinzip der Blutsverwandtschaft durch das Prinzip Glaube ersetzt hatte, blieb die Stammesmentalität im islamischen Denken erhalten. Man denke etwa an den Streit, der nach dem Ableben Mohameds über seinen Nachfolger entbrannte. Das war ein klassischer Stammeskonflikt. Auch der Spaltung der Muslime in Sunniten und Schiiten war ein solcher Konflikt vorausgegangen. Die ersten beiden großen Dynastien der islamischen Geschichte, die Umayyaden und Abbassiden, beriefen sich mehr auf Stammesloyalität denn auf die Religion. Dennoch war die Religion die wichtigste Legitimation ihrer Herrschaftssysteme.

Das Gottesbild im Koran kam den Herrschern dabei immer entgegen. Allah wird als Alleinherrscher dargestellt, der den Menschen misstraut und sie überwacht, aber selbst nicht infrage gestellt werden darf. Er ist zwar weise und gütig, doch auch unberechenbar. Er durchschaut die Gedanken der Men-

schen, blickt in ihr Gewissen und bestraft sie für die kleinste
Verfehlung. Er verlangt unbedingten Gehorsam und Hingabe
und duldet keine anderen Götter neben sich. Im Koran wird
Gott so beschrieben:

>Er wird nicht zur Rechenschaft gezogen für das, was er tut.
Aber sie (die Menschen) werden zur Rechenschaft gezogen.« (Sure 21:23)

Viele Herrscher und Diktaturen haben sich diesen Gott zum
Vorbild genommen. Ein anderer Vers aus dem Koran verlangt
von Muslimen, ihrem Herrscher gehorsam zu sein. Dieser Gehorsam wird in einem Atemzug mit dem Gehorsam gegenüber
Gott erwähnt:

>Ihr Gläubigen! Gehorchet Allah und dem Gesandten und
denen unter euch, die zu befehlen haben! Und wenn ihr über
eine Sache streitet (und nicht einig werden könnt), dann
bringt sie vor Allah und den Gesandten, wenn (anders) ihr
an Allah und den Jüngsten Tag glaubt! So ist es am besten
(für euch) und nimmt am ehesten einen guten Ausgang.«
(Sure 4:59)

Die Ehe von Religion, Patriarchat, Herrschaft und Gesetzgebung ist der Geburtsfehler des Islam. Eine wirkliche Reform
muss diese Ehe auflösen, denn diese unselige Allianz legt eine
Gesellschaft in Ketten und erstickt jedes Potenzial für Veränderung im Keim.

Oft scheinen säkulare und militärische Despoten in der islamischen Welt die Gegenspieler der religiösen Bewegungen zu
sein. Doch im Endeffekt sind beide sich viel näher, als man
denkt. Beide stärken sich gegenseitig, auch wenn sie sich zu
bekämpfen scheinen. Denn beide sind für ein autoritatives
Herrschaftssystem und beide sind gegen das kritische Denken.
Beide unterstützen die Unantastbarkeit von bestimmten moralischen und gesellschaftlichen Grundsätzen. Beide setzen auf
eine Sichtweise, die die Welt in Gut und Böse aufteilt, die auf

Selbstverherrlichung und Herabsetzung von anderen basiert. Sie überhöhen und mystifizieren die Säulen der eigenen Identität und bauen daraus hohe Mauern, die ihre Untertanen vom Rest der Welt isolieren.

Solange die Außenwelt als suspekt und bedrohlich erscheint, können diese Alleinherrscher sich als die einzig wahren Beschützer ihrer Völker inszenieren. Jeder, der dieses System infrage stellt, wird von der einen Seite (der religiösen) als Ketzer und von der anderen Seite (der politischen) als Staatsfeind diffamiert, schikaniert und notfalls eliminiert. Deshalb gab es im Islam auch nie eine Befreiungstheologie wie zum Beispiel im christlichen Lateinamerika. Im Gegenteil waren die Gelehrten und die religiösen Institutionen jahrhundertelang eine der wichtigsten Stützen für Diktaturen in der islamischen Welt.

Es ist ein Teufelskreis. Reformen brauchen mündige Bürger, die selbstkritisch denken und die eigenen Positionen hinterfragen. Sie brauchen eine fundierte Bildung, nicht religiöse Unterweisung. Sie brauchen eine funktionierende, zukunftsorientierte Wirtschaft, die Menschen Chancen eröffnet. Doch sowohl die Machthaber in den meisten islamischen Staaten als auch ihre vermeintlichen religiösen Widersacher tun alles, damit aus Untertanen keine mündigen Bürger werden, die ihre Rechte einfordern und Missstände anprangern. Sowohl die säkulare als auch die religiöse Bildung setzt auf Selbstverherrlichung und Verteuflung der anderen. Die Stagnation der Bildung wirkt sich auch negativ auf die Wirtschaft aus, die in den meisten islamischen Staaten nur auf Naturressourcen und Tourismus basiert. Die Abhängigkeit vom Tourismus wiederum löst moralische Konflikte aus. Denn die gleichen Länder, die in den eigenen Schulbüchern und in den Medien den Westen verfluchen und als moralisch dekadent bezeichnen, müssen ihre Hotels und Badestrände genau für diese dekadente Klientel öffnen. Diese Schizophrenie erhöht die Spannung zwischen

Ost und West und bietet einen fruchtbaren Boden für Radikalisierung.

Man ist versucht, angesichts der Komplexität und Multi-
dimensionalität des Problems anzunehmen, dass das Ganze
nichts mit Religion zu tun hat. Doch die Religion in der islamischen Welt ist die größte geistige und emotionale Kraft. Sie
beeinflusst maßgeblich die Art und Weise, wie Menschen über
die Wirtschaft und Herrschaft und den anderen denken. Sie
bestimmt die Rollenvorstellung in der Familie und in der
Schule. Deshalb ist es zwar richtig, der Religion nicht alleine
die Schuld für die ganze Misere in die Schuhe zu schieben,
aber es ist auch wichtig, der Religion nicht von vorneherein
einen Persilschein auszustellen!

88

Mouhanad: Der Islam braucht wieder
einen intellektuellen Diskurs

Es ist schön, dass Sie der Religion nicht die ganze Last an der
Misere aufbürden. Aber Sie haben natürlich recht, dass sie einen maßgeblichen Anteil hat. Es ist sowohl die Art, wie der
Islam vielfach verstanden und gelebt wird, als auch die Art,
wie der theologische Diskurs über den Islam geführt wird.

Theologie als Wissenschaft meint nicht die Verkündung von
(vermeintlichen) Wahrheiten, sondern die rationale Reflexion
von Glaubensinhalten. Sie meint die Suche nach Antworten auf
Fragen, die sich oft erst in einer Diskussion entwickeln. Sie
meint nicht die starre Weitergabe einer Ideologie, die sich über
die Jahrhunderte verfestigt hat.

Und genau hierin liegt das Hauptdilemma der islamischen

Theologie: Durch ihre Ideologisierung wurde ihr der wissenschaftliche Charakter genommen, fundierte Auseinandersetzungen sind so nicht möglich. An die Stelle einer kritischen
Debatte tritt die Missionierung.

Es gab Zeiten, da war das ganz anders: Während seiner
Blütezeit vom 9. bis zum 12. Jahrhundert hat sich der Islam in
einem bewundernswerten intellektuellen Diskurs der griechischen Philosophie geöffnet, viele Texte wurden übersetzt und
kommentiert, ihre Inhalte bereicherten den Islam. Heute sucht
man vergeblich nach einer ähnlichen Entwicklung in der islamischen Welt. Es sind überwiegend die muslimischen Intellektuellen der philosophischen und literaturwissenschaftlichen
Fakultäten, die sich für die geistigen Diskurse der Moderne
interessieren, nicht jedoch jene der theologischen Fakultäten.
Dort wurden nicht einmal die Philosophen der Aufklärung
umfassend rezipiert. Warum nicht? Eine differenzierte Antwort auf diese Frage erhält man selten. Als ich während eines
Vortrags einmal einen Philosophen zitierte, beschwerte sich
einer meiner ausländischen Gasthörer sogar. Philosophische
Diskurse und Argumente hätten in der Theologie nichts verloren, da der Koran alle Argumente liefere.

Weniger Berührungsängste hat die muslimische Welt dagegen, wenn es um die technischen Errungenschaften der westlichen Zivilisation geht. Die nutzt man fleißig, während man den
geistigen Output beinahe fürchtet. Selbst die Extremisten unter
den Muslimen, wie die Anhänger des IS, haben keine Beden-
ken, modernste westliche Technik wie Smartphones, Tablets,
Notebooks, digital gesteuerte Waffensysteme usw. zu nutzen
und von deren Vorteilen zu profitieren. Wenn es allerdings um
geistige Erkenntnisse, philosophische Ansätze, soziologische
oder politische Theorien geht, dann herrscht quer durch alle
Schichten, von radikal bis gemäßigt, geschlossene Ablehnung.
Muslime werden so zwar zu High-Tech-Konsumenten, doch

sie verweigern sich dem geistigen Fortschritt. Ohne diesen Fortschritt droht muslimischen Nationen und Gemeinschaften die Gefahr, einerseits von der Entwicklung abgehängt zu werden und andererseits in Abhängigkeit zu verharren.

Ein Blick in die Geschichte würde zeigen, wie stark muslimische Gesellschaften von einer Haltung des Sichöffnens profitiert haben, wie fruchtbar der gegenseitige Austausch mit anderen Kulturen war. Als muslimische Herrscher beispielsweise im Jahr 640 Syrien und Persien einnahmen, beauftragten sie Übersetzer, das kulturelle und wissenschaftliche Erbe der griechischen Antike ins Arabische zu übertragen und so der islamischen Welt zugänglich zu machen. Diese Übersetzungswelle entwickelte sich in den Folgejahren stark weiter und erreichte unter der abbasidischen Dynastie (750 bis 1258) ihren Höhepunkt. Besonders die Hauptstadt Bagdad wurde zum Zentrum der Wissenschaften; dort hatte Kalif al-Maʾmūn, der von 813 bis 833 regierte, das »Haus der Weisheit« *(bayt al-hikma)* gegründet. Im Zuge dessen bat al-Maʾmūn nicht nur den Kaiser von Byzanz um altgriechische Bücher, die sich unter anderem mit Philosophie, Astrologie, Mathematik und Medizin befassten, er schickte auch zahlreiche Gelehrte nach Persien und Indien, um von dort weiteres Wissen ins islamische Reich zu importieren.

In diesem weltoffenen Klima gab es die besten Voraussetzungen für die Etablierung der Philosophie im islamischen Raum, weshalb mit der Zeit eine ganze Reihe muslimischer Philosophen die Bühne betraten, die ihrerseits wiederum das europäische Denken beeinflussten. Die drei wichtigsten in unserem Kontext sind: al-Fārābī (872–950), Avicenna (980–1037) und Averroës (1126–1198). Alle drei waren maßgeblich von den aristotelischen und platonischen Lehren geprägt, entwickelten jedoch zum Teil ein eigenes Verständnis dieser Philosophen.

Die damalige Diskrepanz zwischen dem prosperierenden islamischen Reich und dem christlichen Europa im Mittelalter zeigt deutlich, welche Konsequenzen eine Haltung des Sichöffnens bzw. des Sichverschließens nach sich ziehen kann. Der Wissensdurst der Muslime, ihr Drang, von den Erkenntnissen anderer Völker und Kulturen zu profitieren, ja ihre grundsätzlich offene Haltung gegenüber dem anderen ermöglichten cs ihnen, zu einer Hochkultur zu werden.

Der Blick in die Geschichte macht also deutlich: Immer dort, wo Menschen eine offene Haltung einnehmen, wo sie die Freiheit der anderen anerkennen und somit selbst frei werden, überall dort eröffnen sich Räume für konstruktive und zukunftsorientierte Entwicklungen. Sobald diese Haltung zugunsten einer verschlossenen Haltung aufgegeben wird, verändert sich die Dynamik und der Mensch wird zu einem unfreien und unmündigen Wesen. Und genau das ist das Problem vieler Muslime heute.

89

Hamed: Der Islam muss sich mit Philosophie und Erkenntnistheorie versöhnen

In der Tat waren die fruchtbarsten Perioden der islamischen Geschichte jene, in denen Philosophie und Naturwissenschaften mindestens genauso wichtig waren wie die Theologie. Zwischen dem 9. und 12. Jahrhundert war die islamische Welt, besonders in Bagdad und Córdoba, sehr empfänglich für das Wissen anderer Kulturen. Die Übersetzungen der philosophischen Werke der Antike waren Meilensteine auf dem Weg in die Wissenskultur. Gerade in diesen beiden Städten wurden die Gesetze der Scharia damals kaum angewandt. Tanz, Gesang, Alkohol und erotische Literatur, ja sogar ketzerische Poesie waren gang und gäbe.

Vor allem deshalb standen Theologen solchen Entwicklungen immer skeptisch gegenüber. Viele derjenigen, die Sie als frühe Aufklärer erwähnen – wie al-Fārābī, Avicenna oder Averroës –, wurden von den Geistlichen als Ketzer bezeichnet, weil sie nicht im Sinne der Tradition handelten. Denn wo die Theologie linear argumentiert, relativiert die Philosophie vieles und bewegt sich eher spiralförmig. Sie erkennt die Schwächen des Menschen und blickt anders auf die Moral. In der muslimischen Theologie existiert die Wahrheit bereits, man muss sie nicht überprüfen oder hinterfragen, sondern einfach nur an sie glauben. Für die Philosophie dagegen ist die Wahrheit eine subjektive Erfahrung, die man durch Denken, Verifizieren oder Falsifizieren finden oder verwerfen kann.

Und genau hierin manifestiert sich ein gravierender Unterschied zwischen der Entwicklung Europas und jener der islamischen Welt. Europa mag im Mittelalter noch ein wenig hintendran gewesen sein; doch es schaffte spätestens im Zeitalter der Aufklärung den Übergang von der Metaphysik zur Erkenntnistheorie, von der Emotionalität zur Vernunft, vom Aberglauben zur Wissenschaft. Die islamische Welt hat es versäumt, wichtige Lehren aus ihrer einstigen Hochphase zu ziehen und mit in die Zukunft zu nehmen. Nach der Phase der Öffnung kam die Phase der Abschottung, die bis heute anhält. Wer seit Jahrhunderten mit dem Fahrstuhl in die Vergangenheit unterwegs ist, muss sich nicht wundern, wenn er nicht in der Gegenwart ankommt. Von der Zukunft gar nicht zu reden. Es ist die islamische Welt selbst, die diesen Knopf gedrückt hat. Gleichwohl macht man nicht sich selbst, sondern den Rest der Welt für diese Asymmetrie verantwortlich.

90

Mouhanad: Der Kampf gegen den Fundamentalismus und Extremismus im Namen des Islam darf nicht nur als eine rein theologische Herausforderung aufgefasst werden

Resultate dieser zumindest subjektiv empfundenen Asymmetrie sind Radikalisierung und Extremismus. Die Auseinandersetzung mit den dahinter stehenden theologischen Grundlagen darf nicht zu dem Missverständnis führen, bei Phänomenen wie Fundamentalismus bzw. Extremismus handle es sich um einen rein theologischen Diskurs.

Man kann nicht einmal von den Ursachen des Extremismus sprechen, im Sinne von Ursache und Wirkung, sondern von Rahmenbedingungen, die die Rekrutierung in fundamentalistischen Milieus begünstigen. Dazu gehören Identitätsverunsicherung, Orientierungslosigkeit und die Suche nach Anerkennung, gerade unter Jugendlichen und gerade in postmodernen Gesellschaften, in denen das Überangebot an Lebensstilen vor allem bei denen zu Verwirrung führt, die den Umgang mit dieser Vielfalt nicht meistern können und die nicht in der Lage sind, konfliktlos durch das Leben zu navigieren. Auch die soziale Marginalisierung im Bildungssystem und am Arbeitsmarkt begünstigt die Hinwendung zu fundamentalistischen Milieus, denn diese bieten eindeutige Identitäten, indem sie die Welt in Freund und Feind, Gut und Böse trennen.

Es ist daher nicht nur Aufgabe der Theologie, den Islam im Sinne des Friedens und des konstruktiven Miteinanders auszulegen und entsprechende theologische Angebote zu machen, sondern es ist auch Aufgabe der Gesellschaft, Räume der Begegnung in Anerkennung und Würdigung des anderen in seiner Andersheit zu schaffen. Wir benötigen vor allem dringend

ein großes »wir Menschen« als Identifikationsangebot statt ein
»wir Europäer« und »ihr Muslime«. Wir als Gesellschaft müssen eine Einheit bilden, um dem Fundamentalismus nicht
noch weitere Argumente zu liefern.

Gerade konstruierte Probleme rund um das Thema Islam
verhindern die Reformbereitschaft vieler Muslime. Konflikte
wie solche rund um das Kopftuch, Moscheebauten, Minarette
usw. sind konstruierte Debatten, die unsere Gesellschaft un-
nötig polarisieren und die Muslime immer wieder in eine
Rechtfertigungsecke drängen. Dies füttert einen apologeti-
schen Diskurs und stärkt die Opferrolle einiger Muslime, die
in solchen Themen nur die Bestätigung des Hasses des Westens gegenüber dem Islam sehen wollen. Viele ziehen sich
daraufhin in ein sehr eng gefasstes Verständnis vom Islam zurück, um Schutzmauern um sich aufzubauen. Die Bereitschaft
zu einem weltoffenen Verständnis vom Islam wird dadurch
erschwert. Man sucht stattdessen nach Differenzen, die über-
betont werden.

Damit will ich nicht sagen, dass die Mehrheitsgesellschaft
schuld am Ausbleiben der Reformbereitschaft vieler Muslime
ist. Es geht auch nicht um eine Schuldfrage, sondern um die
Rahmenbedingungen, die eine Reformhaltung begünstigen
oder erschweren. Wir konstruieren manchmal Probleme, die
im Grunde keine sind. Das Kopftuch zum Beispiel ist zum
Identitätssymbol geworden. Das öffentliche Interesse daran
wurde umso größer, je lauter der Diskurs um dessen Verbot
geworden ist. Ähnliches gilt für Minarette, die eigentlich nur
einen architektonischen Bestandteil des Moscheebaus darstellen und keine religiöse Bedeutung haben. Aber je mehr man
von Verboten spricht, desto wichtiger werden Minarette als
Symbole des Muslimseins.

Statt uns in solchen unfruchtbaren Diskursen zu verlieren,
müsste es unsere Aufgabe sein, für Normalität zu sorgen und

diese Vielfalt als Teil einer pluralistischen Gesellschaft zu betrachten und sie als solche anzuerkennen.

Es ist eine gesamtgesellschaftliche Aufgabe, an der Schaffung der Rahmenbedingungen zu arbeiten, die den Muslimen
helfen, den Opferdiskurs zu verlassen und zu beginnen, statt
zu suchen, wo sie diskriminiert werden, zu suchen, wo sie die
europäischen Gesellschaften bereichern können. Gerade die
starke spirituelle und soziale Lehre des Islam sollte durch
Muslime in Europa viel stärker zur Entfaltung kommen. Das
Gebot, seinen Nächsten zu lieben, im Alltag zu verwirklichen
zum Beispiel bedeutet, bedingungslos für seine Mitmenschen
da zu sein, für seine Nachbarn, auch für die, die einem den
Rücken kehren. In vielen islamischen Ländern pflegen Muslime ausgiebig soziale Kontakte, man besucht seine Nachbarn,
fragt regelmäßig nach ihnen und nach seinen Bekannten, grüßt
auch fremde Menschen auf der Straße, lächelt sie an, teilt gerne sein Essen mit Bekannten, Nachbarn, Freunden, aber auch
mit Bedürftigen, besucht Kranke, fragt nach deren Angehöri-
gen, ob man eine Hand der Unterstützung ausstrecken kann,
auch wenn man sie nicht wirklich kennt, und vieles mehr an
Gesten, die man bei vielen Muslimen hier in Deutschland ver-
misst. Aber gerade solche Gesten würden ein viel positiveres
Bild vom Islam und von den Muslimen zeichnen. Der Prophet
Mohamed betonte, dass es zum Glauben gehört, Schmutz oder
Schädliches von der Straße zu entfernen, die rituelle Waschung vor jedem Gebet symbolisiert die gebotene äußere,
aber vor allem innere Reinheit des Muslims. Dementsprechend sollten Muslime dadurch auffallen, dass dort, wo Sau-
berkeit, Großzügigkeit, Gastfreundschaft, Hilfsbereitschaft,
Feinheit, Empathie usw. anzutreffen sind, sofort vermutet
wird, dass dort auch ein Muslim anzutreffen ist.

91

*Hamed: Der Islam trägt nicht alleine die Schuld
für die Radikalisierung, aber er trägt zu einem
erheblichen Maße dazu bei*

Selbstverständlich spielen Faktoren wie Identitätsunsicherheit, Orientierungslosigkeit, die Suche nach Anerkennung und die Opferhaltung eine Rolle. Auch die Marginalisierung und die tatsächliche wie die subjektiv empfundene Diskriminierung von jungen Muslimen kann eine Rolle bei der Radikalisierung spielen. Die wirtschaftliche und geopolitische Situation in den islamischen Ländern kann man ebenfalls in Betracht ziehen. Doch alle diese Faktoren *beschleunigen* die Radikalisierung nur, die Ursachen liegen woanders. Denn auch junge Vietnamesen, Mexikaner und christliche Schwarzafrikaner leiden als Minderheiten in europäischen Gesellschaften unter ähnlichen Faktoren – aber sie werden deshalb nicht zu Terroristen. Auch Vietnam, Korea, Kuba und Chile haben die aggressive Machtpolitik der USA als Vertreter »des Westens« zu spüren bekommen, trotzdem haben wir in den Nachrichten noch nicht von Bürgern aus diesen Ländern hören müssen, die deshalb amerikanische Cafés und Busse in die Luft jagen.

Wir müssen uns also fragen, was in der islamischen Erziehung schiefläuft! Kein islamisches Land ist heute terrorismusfrei, egal, ob es sich dabei um das arme Somalia handelt oder das reiche Saudi-Arabien oder um das rückständige Afghanistan bzw. das moderne Indonesien. Was ist es, das insbesondere Muslime für den Dschihad als Inbegriff des legitimierten Terrors anfällig macht? Erstens ist der Dschihad ein islamisches Konzept, das die Welt in Gut und Böse unterteilt. Der Gute darf leben und der oder das Böse hat keine Existenzberechtigung. Der Islam akzeptiert die Gewalt als Mittel der Politik

und die Eroberung fremder Länder als Mittel der wirtschaftlichen Bereicherung. (Wobei das natürlich etwas wäre, das man
dem Westen durchaus auch unterstellen würde. Das läuft inzwischen in der Regel allerdings etwas subtiler.) Die islamische Erziehung missbraucht die Angst und auch die Gewalt als
Mittel der Disziplinierung von Kindern. Der Islam erlaubt es
dem Mann, seine Frau zu schlagen. Wenn ein Kind dies sieht,
lernt es früh genug, dass Gewalt der erste Weg der Problem-
lösung ist und verinnerlicht das. Ein Kind, das mit Gewalt und
Angst aufwächst, wird – unabhängig von der Religion – kein
Selbstwertgefühl und keine stabile, unabhängige Persönlichkeit entwickeln. Es wird im Erwachsenenalter nicht in der
Lage sein, eigene Entscheidungen zu treffen und Verantwortung für das eigene Handeln zu übernehmen. Wozu auch,
wenn man die Verantwortung delegieren kann. An Gott, den
Propheten, den Koran … Diese Gemengelage macht es zu einer leichten Beute für Rattenfänger und Demagogen.

Der Koran verteufelt Ungläubige, hält sie für »schlimmer
als die Tiere« oder für »unrein«. Das entmenschlicht Nichtmuslime und senkt die Schwelle für Gewalt gegen sie. Und da
der Prophet empfiehlt, Schmutziges und Schändliches von den
Straßen zu entfernen, ziehen Fanatiker daraus die Legitimation, alles, was unislamisch ist, notfalls mit Gewalt von dieser
Welt zu tilgen. In Kairo etwa wurden Vitrinen zerstört, in denen Alkoholika präsentiert wurden, ebenso Lingerie-Shops.
Auch Hochzeiten, bei denen Bauchtänzerinnen auftraten, wurden von Salafisten gestört.

Dieser Reinheitswahn und der Wunsch nach »Identitätshy-
giene« ist ein urislamisches Problem. Es führt zu Paranoia und
Zwangsstörungen. Ein junger Muslim, der unter diesem Wahn
leidet, kann in einer multireligiösen, offenen Gesellschaft
nicht normal leben, denn er empfindet alles in seiner Umge-
bung als bedrohlich, als eine Verführung, die ihn vom wahren

Glauben abbringen könnte. Er kann mit anderen nicht kooperieren und wird deshalb auch wirtschaftlich nicht unabhängig werden können. Der Islam vermag das Ego eines jungen Muslims aufzublasen, indem er ihm einredet, er könne die Prophezeiung erfüllen und die Welt verändern. Er rüstet ihn jedoch nicht dafür, die Herausforderungen der modernen Welt zu meistern.

Der Koran verachtet das irdische Leben und beschreibt es als Spiel und Zeitvertrieb, verherrlicht aber den Tod für die Sache Gottes. Der Islam verbietet den Sex vor der Ehe und verspricht den Märtyrern schöne Frauen mit großen Brüsten im Paradies. Für frustrierte junge Männer, die mit den Unwägbarkeiten des Lebens nicht klarkommen, die keine Perspektive im irdischen Dasein sehen, öffnet der Tod die Tür zur wirklichen Erfüllung.

Die Formel für Terrorismus lautet also: Heiliger Hass + Entmenschlichung der anderen + Verachtung des Lebens + Verherrlichung des Todes + ein Sprengstoffgürtel! Selbstverständlich darf man die politischen und sozioökonomischen Faktoren der Radikalisierung nicht außer Acht lassen, denn sie sind das Öl, das das Feuer noch größer werden lässt. Doch man darf auch das Feuer selbst nicht ignorieren!

Eine wirkliche Reform darf sich nicht hinter dem Mantra verstecken, der Islam sei die Religion des Friedens und Terroristen missbrauchten ihn in ihrer selektiven Auslegung nur. Man muss die Büchse der Pandora öffnen und alle theologischen Faktoren, die für Gewalt und Terrorismus verantwortlich sind, benennen und kritisieren, selbst wenn es sich um Koranpassagen handelt. Die Kontextualisierung allein reicht nicht aus. In einem zweiten Schritt muss man diese selektive Theologie auch beseitigen! Man muss jungen Muslimen beibringen, dass Zweifel keine Sünde, sondern die Voraussetzung für Fortschritt und persönliche Entwicklungen sind und dass

sie eine kritische Distanz zum eigenen Glauben brauchen, um
von Demagogen nicht vereinnahmt zu werden. Es reicht nicht
aus, grausamen Koranpassagen und Erzählungen über den Propheten friedliche Episoden aus den gleichen Büchern entge-
genzusetzen. Junge Muslime müssen darin bestärkt werden, ihr
Leben jenseits auch der religiösen Vorstellungen zu gestalten.
Sie sollen lernen, dass Liebe keine Sünde ist und dass Respekt
und Menschenwürde nichts mit Geschlecht, Religion oder sexueller Orientierung zu tun haben! Nicht nur ein neues Islamverständnis ist gefragt, sondern auch ein neues Verständnis
vom Leben als Ganzes sowie von Erfüllung und von Freiheit!

92

*Mouhanad: Ein neues Islamverständnis
kann nur entstehen, wenn sich der Islam von seiner
politischen Instrumentalisierung befreit*

Der Islamismus, verstanden als ideologisches Schema, das bestrebt ist, alle Lebensbereiche der Menschen im Namen des
Islam zu erfassen und durch islamische Gesetze zu bestimmen, reduziert die Religion auf ein regulatives Instrument, das
schnell als Machtinstrument missbraucht werden kann. Der
Islamismus ist primär an Macht interessiert. Spiritualität im
Sinne einer geistigen Beziehung zu Gott, basierend auf Vertrauen, Liebe, Trost und Hoffnung, ist für ihn nur dann von
Interesse, wenn sich damit die Emotionen des Volkes manipulieren lassen. Generell aber ist für den Islamismus Spiritualität
viel zu unpolitisch.

   Gleiches gilt für die ethische Dimension des Islam, verstanden als Arbeit des Gläubigen an seiner eigenen Vervollkomm-

nung, um Nächstenliebe als gelebte Praxis umzusetzen. Auch dieser Ansatz ist für den Islamismus zu unpolitisch; damit kann man weder regieren noch politische Ansprüche legitimieren.

Doch was bleibt vom Islam, wenn ihm seine Spiritualität und seine Ethik genommen werden? Eigentlich nichts. Der Koran spricht an vielen Stellen davon, dass das Läutern des Herzens Ziel der islamischen Lehre sei; so heißt es beispielsweise:

>Glückselig ist, wer seine Seele reinigt, unselig aber, wer sie verkommen lässt.« (Sure 91:9–10)

Der Koran geht sogar so weit, ein reines Herz zur Bedingung für ewige Glückseligkeit auszurufen. In Sure 26, Vers 88–89 heißt es:

>An dem Tag werden weder Geld noch Kinder helfen, erfolgreich sein wird der, der mit einem gesunden Herzen zu Gott kommt.«

Gemeint ist hier nicht das physische Herz. Der Koran verwendet diesen Begriff als Metapher für das Innere des Menschen, für seine Seele und sein Gewissen.

Wir können den Islam vor politischem Missbrauch schützen, wenn es uns durch Reformen gelingt, im Bewusstsein der Muslime ein Verständnis vom Islam zu etablieren, bei dem es primär darum geht, ein reines Herz zu haben, mit sich, seinen Mitmenschen und seiner Umwelt im Einklang zu stehen. Wenn Muslime ihre Religiosität über ihren Einsatz für die Verwirklichung der Nächstenliebe definieren, wenn also Liebe zum Maßstab von Religiosität wird, dann verhelfen wir dem Friedenspotenzial der Religion zu seinem Recht.

Dieses neue Islamverständnis ist natürlich keine Garantie dafür, dass es fortan keine Menschen mehr geben wird, die nach Macht streben und den Islam dafür benutzen. Wenn es uns aber gelingt, Muslimen Mut zu machen, weder sich selbst noch ihre Religion für reine Machtzwecke instrumentalisieren zu lassen, wenn es uns gelingt, aus ihnen Anwälte der Vernunft, der Mündigkeit, der Freiheit und der Selbstachtung zu machen, dann werden sie auch immuner werden gegen Versuche, sie im Namen des Islam zu missbrauchen oder zu bevormunden.

93

Hamed: Wer verhindern will, dass Muslime Extremismus und Krieg durch Koranpassagen legitimieren, darf für den Frieden nicht mit anderen Koranpassagen werben

Das von Ihnen erwähnte Koranzitat, in dem die Rede vom gesunden Herzen ist, erinnert mich an eine schreckliche Passage aus dem Koran, die Allah keineswegs als barmherzig erscheinen lässt. In Sure 2 schimpft Allah auf Menschen, die behaupten, Gläubige zu sein, ohne dass sie dies tatsächlich in ihren Herzen tragen. Er sagt:

> »In ihrem Herzen haben sie eine Krankheit, und Allah hat sie (noch) kränker werden lassen. Für ihre Lügenhaftigkeit haben sie (dereinst) eine schmerzhafte Strafe zu erwarten.« (Sure 2:10)

Wer soll aus religiöser Sicht die Krankheit eines Herzens heilen, wenn nicht Gott? Was ist das für ein Hirte, der nicht nach den verirrten Schafen sucht, die ihm verloren gehen? Man stelle sich vor, ein Patient geht zum Arzt und der Arzt entdeckt bei ihm einen Herzfehler. Statt diesen Patienten zu beruhigen und ihm eine Behandlung oder eine Operation anzubieten, schimpft der Kardiologe mit dem Patienten, droht ihm und verschlechtert seinen Zustand noch dazu. Würden wir diesen Arzt dann »barmherzig« nennen?

Aber das nur nebenbei …

Viele Muslime machen den Fehler, zu glauben, dass nur die Gewaltpassagen im Koran einen zeitlich begrenzten Kontext und heute keine Gültigkeit mehr haben. Auch die Friedenspassagen sind in einem bestimmten Kontext entstanden. Manche Passagen des Korans erlauben Muslimen, Frieden mit dem Gegner zu schließen, andere verbieten es, Frieden zu schließen, wenn Muslime gerade die Oberhand im Kriegsgeschehen haben. Andere wiederum sagen, tötet die Ungläubigen, wo auch immer ihr sie findet. Was hat nun Geltung? Keine der drei. Denn alle diese Passagen sind aus einer Strategie entstanden. Als der Frieden mehr Nutzen hatte, war er erlaubt. Wenn der Krieg die bessere strategische Option war, dann wurde der Krieg verherrlicht. Wenn wir den Text des Korans als einen Spiegel der Gemeinde Mohameds und ihrer damaligen Bedürfnisse betrachten, dann kann man wohl die Kontexte der friedlichen und der gewaltbejahenden Passagen verstehen und beide in diesem Kontext begraben. Es ist deshalb ein Fehler, die Friedenspassagen hervorzuheben und sie politisch umzusetzen, denn das wäre eine politische Aufwertung und eine Instrumentalisierung der heiligen Texte, also genau das, was wir den Fundamentalisten vorwerfen.

Gerade bei der Frage des Umgangs mit Juden, Christen und Atheisten müssen wir Mohamed und den Koran beiseitelassen, wenn wir an einer Lösung interessiert sind. Wir müssen nicht nachweisen, dass Mohamed und der Koran doch nett zu Christen und Juden waren, denn sie waren es ganz sicherlich nicht. Es reicht zu sagen, dass die Christen und Juden, über die der Koran spricht, nicht die Christen und Juden von heute sind, sondern kleine Gruppen die damals in theologischer und politischer Konkurrenz zu Mohamed standen. Das Gleiche gilt für die Atheisten im Koran. Und selbst wenn manche Muslime eine andere Meinung haben und glauben, es sind alle Juden und alle Christen und alle Atheisten in allen Zeiten gemeint, dann sollte das für uns nicht bindend sein. Wir können immer noch sagen: Selbst wenn der Koran von uns verlangt, die 6 Milliarden Nichtmuslime auf unserer Welt von heute zu hassen, dürfen wir das im Namen der Menschlichkeit, aber auch im Namen unserer Interessen als Muslime nicht tun. Dann müssen wir den Koran eben politisch entmachten!

94

Mouhanad: Wir müssen den Koran nicht entmachten, sondern den Gläubigen bewusst machen, was wirklich zum Praktizieren des Islam gehört

Der Koran wurde, wie bereits mehrfach erwähnt, während eines Zeitraums von 23 Jahren in verschiedenen räumlichen, politischen, wirtschaftlichen und gesellschaftlichen Kontexten offenbart. Er bot dabei die für den jeweiligen Kontext richtige oder passende Option an. Wenn es Krieg gab, dann fiel der Ton entsprechend rau aus, und wenn Frieden herrschte, konzentrierte sich die koranische Rede auf Aspekte des konstruktiven Zusammenlebens. Daher ist es völlig legitim, dass Muslime in Europa heute die Friedenspassagen des Korans stark machen und diesen mehr Gültigkeit geben als anderen Passagen.

Was aber wichtig bleibt, ist herauszuarbeiten, worauf es im Islam ankommt, wenn vom Praktizieren des Islam die Rede ist. Wenn wir Muslime dieses Praktizieren beschreiben, sprechen wir häufig lediglich von einer juristischen Dimension und zählen an erster Stelle die sogenannten fünf Säulen des Islam auf (das sind neben dem Glaubensbekenntnis das rituelle Gebet, das Fasten im Ramadan, die soziale Pflichtabgabe und die Pilgerfahrt). Muslim zu sein ist allerdings viel mehr als das. Ich vermisse in vielen Gesprächen mit Muslimen das Sprechen von der Beziehung des Gläubigen zu Gott, vom Aufbau dieser Beziehung auf der Grundlage von Liebe und Vertrauen. Es ist immer wieder die Rede davon, woran sich ein Muslim halten muss, um Gott zu gefallen. Es wird dadurch ein Gottesbild gezeichnet, dem es um sich selbst geht, aber der Koran spricht eine andere Sprache. Demnach geht es Gott nicht um sich selbst, sondern um den Menschen, um die Beziehung zu ihm. Gottesdienst soll dem Menschen auf dem Weg der Frömmigkeit helfen, und diese hat ihren Platz, wie der Prophet selbst beschrieben hat, im Herzen des Menschen. Denn sie betrifft das Läutern des Inneren des Menschen. Und darum geht es: die spirituelle und ethische Bereicherung des Menschen. Gott selbst ist in sich vollkommen und benötigt nichts für sich. Wenn die religiöse Praxis allerdings dieser spirituellen und ethischen Dimension beraubt wird, dann definieren sich Gläubige nur noch über die Einhaltung von religiösen Ritualen. Übrig bleibt ein stark verkürztes Verständnis vom Islam, entkernt von seinem eigentlichen Gehalt.

Der Koran spricht von der reinen Absicht als Basis aufrichtigen Handelns. Eine reine Absicht bedeutet, dass der Mensch das Gute tut und das Schlechte meidet aus einer inneren Haltung heraus und nicht aus opportunistischen Gründen. Wenn die Absicht rein ist, dann fragt der Mensch nicht nach dem Eigennutz seiner Handlung, bevor er sich dafür oder dagegen entscheidet, sondern er fragt danach, ob diese Handlung gut ist oder nicht, und dann tut er sie, weil sie gut ist. Man entscheidet sich für das Gute um des Guten willen.

Der Koran bezeichnet diese reine Absicht als den Weg Gottes *fi sabilillah*. Eine solche Absicht geht vom Prinzip des Guten aus und hält sich daran, unabhängig vom Gegenüber. So sagte der Prophet Mohamed exemplarisch, als er nach dem Guten gefragt wurde:

»Dass du deine Verwandtschaft pflegst, auch wenn diese den Kontakt abgebrochen hat, dass du dem verzeihst, der dir Unrecht tut, dass du dem gibst, der dich beraubt.«[4]

Das Gute zu verrichten wird zu einer inneren Haltung, einer Art Selbstverpflichtung, unabhängig von Belohnung und Bestrafung. Wer durch seine Handlung eine dies- oder jenseitige Belohnung anstrebt bzw. Sanktionen vermeiden will, der handelt nicht aus reiner Absicht, die das Gute anstrebt, weil es gut ist. Wenn das Gute zu einem unverrückbaren Prinzip, zum Absoluten wird, dann wird es heilig. Und so setzt der Koran das absolut Gute mit dem Göttlichen gleich:

»Der Fromme, der sein Vermögen hergibt, um sich zu läutern, ohne zu suchen dafür den Lohn, sondern allein aus dem Streben nach dem Antlitz seines Herrn, des Höchsten. Wahrlich, er wird zufrieden sein.« (Sure 92:17–21)

»Und spendet nicht außer aus Verlangen nach dem Antlitz Gottes.« (Sure 2:272)

Der Prophet sagte: »Gott schaut weder auf euer Äußeres noch auf euer Vermögen. Er schaut auf eure Herzen und eure Taten.« Er interessiert sich also nicht für Labels wie »Muslim«, »Christ«, »Jude« usw., es geht ihm um den Menschen selbst und darum, wie sie einander begegnen.

Dort, wo man anderen eine helfende Hand reicht, manifestiert sich Gott: Wo Barmherzigkeit und Liebe ist, dort ist Gott. Dort, wo eine Mutter ihr Kind umarmt, dort, wo man einen Menschen anlächelt, überall dort, wo man ein Zeichen der Güte und der Liebe setzt, macht man Gott erfahrbar und gegenwärtig.

Wer anderen Güte und Barmherzigkeit verweigert, versündigt sich nicht nur seinen Mitmenschen gegenüber, sondern auch gegenüber Gott. Denn man weist seine Liebe ab, indem man sich weigert, die Liebe, die er uns geschenkt hat, weiterzugeben.

Diese Verpflichtung zu zwischenmenschlicher Barmherzigkeit stellt den Kern des islamischen Ethos dar. Mohamed sagte: »Gott erbarmt sich der Barmherzigen«[5] – eine Aussage, die an Matthäus 5, Vers 7 erinnert: »Selig sind die Barmherzigen, denn sie werden Erbarmen finden.«

Der entscheidende Maßstab für die Wahrhaftigkeit einer Religion bzw. ihrer Auslegung ist ihr Beitrag zur zwischenmenschlichen Verständigung und Annäherung in gegenseitiger Anerkennung und Wertschätzung. Dort, wo Hass, Überheblichkeit und Menschenverachtung im Namen einer Religion zu finden sind, kann nichts Göttliches sein. Die Liebe zum und die Achtung des Nächsten müssen Motiv einer jeden Interaktion sein – unabhängig von der weltanschaulichen Gesinnung.

Wie wichtig diese Maßgabe im Islam ist, zeigt sich auch an einer Forderung des Propheten. Selbst wenn sich das Gegenüber unangemessen äußern oder verhalten sollte, gilt es, siebzig Entschuldigungen für dieses Verhalten zu suchen. Und wenn dann trotzdem keine zu finden sein sollte, dann soll man eine erfinden, um nicht den Hass, sondern die Liebe walten zu lassen.

Gerade diese gelebte Nächstenliebe lassen Muslime vornehmlich ihren Glaubensbrüdern und -schwestern angedeihen. Sie reagieren mit Ablehnung, teils Hass auf Menschen, die eine andere Ansicht, eine andere Religion oder Weltanschauung vertreten. Wahre Nächstenliebe fragt aber nicht nach Ansichten, Religionen oder Weltanschauungen. Sie fordert Offenheit und Zuwendung, ohne dass vorher irgendwelche Bedingungen erfüllt werden müssten.

Wenn Muslime zum Beispiel Religionsfreiheit in Gesellschaften für sich beanspruchen, in denen sie eine Minderheit darstellen, dann müssen sie das zum Prinzip erheben und sich genauso für die Religionsfreiheit anderer Minderheiten in islamischen Gesellschaften einsetzen.

An etlichen Stellen koppelt der Koran den Glauben an den einen Gott an das aufrichtige und nützliche Handeln. Der Satzteil:»die glauben und Nützliches verrichten« wiederholt sich ganze fünfzig Mal im Koran, um darauf hinzuweisen, dass Glaube ohne dessen Übersetzung in eine Handlung kein Glaube, sondern nur ein Lippenbekenntnis ist. Nützliches zu verrichten bedeutet, sich für die Gesellschaft einzusetzen, für die Bewahrung der Schöpfung und für den Schutz aller Werte, die zum Erhalt eines konstruktiven und friedlichen Lebens beitragen. Darauf kommt es an und nicht auf irgendwelche leeren Bekenntnisse oder das Abarbeiten von Ritualen. Ein so verstandener Islam muss sich für Gerechtigkeit, für Freiheit, für die Gleichberechtigung aller Menschen, für die Bewahrung der Menschenwürde und der Schöpfung einsetzen. Dort, wo die Umsetzung dieser Prinzipien fehlt, fehlt der Glaube. Denn dort, wo Glaube behauptet wird, müssen sich diese Grundsätze wiederfinden.

95

Hamed: Religion ist Privatsache und muss nicht nur aus dem politischen Diskurs, sondern generell aus dem öffentlichen Raum verbannt werden

Lieber Mouhanad, wir sollten aufhören, Lösungen immer nur innerhalb der Theologie bzw. innerhalb der Auslegung des Islam zu suchen. Natürlich ist es richtig und aller Ehren wert, wenn Sie versuchen, dem Diskurs eine andere Richtung zu geben. Wenn Sie versuchen, den spirituellen und ethischen Kern des Islam, den es zweifellos gibt, zu stärken. Damit tun Sie aber nichts anderes, als ebenfalls eine Aushöhlung vorzunehmen. Der Islam ist ein Gesamtpaket: Er fußt auf dem Konzept der Knechtschaft des Menschen gegenüber Gott. Er befreit den Menschen nicht aus der Bevormundung, sondern setzt auf Unterwerfung. Er setzt auf die Überlegenheit der eigenen Religion und auf die Unterlegenheit der anderen. Und er enthält doch so viel mehr. Soziale, ethische und moralische Aspekte, die eigentlich universell gültig sind.

Nur auf Letzteres setzen zu wollen, ignoriert den Rest. Genau wie die umgekehrte Sichtweise die schönen und guten Aspekte dieser Religion übersieht. Es kann also nicht darum gehen, sich ein paar Elemente herauszupicken und zu überhöhen, indem man sie zum neuen Handlungsmaßstab erklärt. Wer von uns beiden geht nun selektiv mit den Texten des Islam um? Man sollte stattdessen offen zugeben, dass der Islam an sich als Gesamtpaket nicht mit einer demokratischen Gesellschaft kompatibel ist. Er taugt nicht (mehr) als politisches Instrument oder als juristischer Ratgeber.

Und auch Gott kann uns hier nicht weiterhelfen. Gott ist eine elegante Hypothese. Jeder hat eine Vorstellung von ihm und von dem, was er vom Menschen erwartet. Der Reformer wie der radikale Islamist haben brauchbare Argumente und sehen ihre Vorstellungen und Handlungsweisen legitimiert. Die Lösung kann also nicht in der Suche nach der besseren Auslegung des vermeintlichen Gotteswillens liegen. Sondern darin, dass wir uns auf den Willen des Menschen konzentrieren. Wir müssen überprüfen, was wir voneinander erwarten und nicht, was Gott von uns will. Nur so ist aus meiner Sicht ein friedliches Zusammenleben möglich.

In unserer multikulturellen und multiethnischen Welt treffen nicht nur Christen und Muslime aufeinander, sondern auch

Anhänger vieler anderer Religionen und Weltanschauungen sowie Menschen, die an gar nichts glauben. Wenn jeder darauf pochen würde, die ganz spezifischen Gebote und Ansprüche seines Glaubens in den gesellschaftlichen Diskurs einzubringen, gäbe es nur Chaos und Interessenskonflikte. In Deutschland gibt es die Religionsfreiheit. Das ist möglich, weil wir hier in einem säkularen Staat leben. Die Grundpfeiler der Demokratie stützen sich auf einen Wertekanon, auf Menschenrechte und Freiheit. Darauf, dass man den anderen achtet und ihm Raum lässt, seine Eigenheiten zu leben. Aber die Freiheit des Einzelnen endet auch da, wo sie die des anderen einschränkt.

Es gibt zum Beispiel einen schamanistisch-religiösen Männerbund, dessen Mitglieder sich im Wald treffen, sich nackt ausziehen, um ein Feuer tanzen und zum Abschluss auf glühend heiße Steine pinkeln. Verzeihen Sie bitte den Vergleich, aber das ist für sie ein religiöses Ritual, wie es für andere das Gebet ist. Sie dürfen dieses Ritual vollziehen, solange sich niemand davon belästigt fühlt und sie die Brandschutzverordnung der EU beachten. Das sind die Grenzen, innerhalb deren sie ihre Religion frei ausüben können.

Um im Bild zu bleiben: Viele Muslime wollen ihr Revier aber leider überall markieren. Sie wollen nicht nur ihre religiösen Symbole zur Schau stellen, sondern tragen ihre politischen und moralischen Ansprüche auch in die Schulen hinein, an den Arbeitsplatz, in die Gerichtssäle und in die Medien. Dieses Sichtbarmachen der eigenen Religiosität hat häufig nicht nur etwas mit dem Pochen auf Religionsfreiheit zu tun. Es ist oft als Zeichen der Abgrenzung gemeint, und so wird es von der Mehrheitsgesellschaft auch wahrgenommen. Eine einzelne Gesellschaft wie auch die Weltgemeinschaft insgesamt kann aber nur funktionieren, wenn man sich auf Ziele und Werte besinnt, die vereinen, und nicht auf solche, die trennen.

Angehörige egal welcher Religion haben in Deutschland alle Freiheiten, ihren Glauben zu leben. Aber eben innerhalb des Rahmens, den der säkulare Staat setzt. Religion ist Privatsache, nicht Triebfeder politischer oder gesellschaftlicher Entscheidungen, wie das in vielen muslimischen Staaten der Fall ist. Doch gerade die konservativen und mächtigen Muslimverbände wollen das nicht akzeptieren und verweisen darauf, dass auch andere öffentlich ihr Revier markieren. Das Staatskirchenrecht, ein Überbleibsel aus alten Zeiten, räumt religiösen Gemeinschaften das Recht ein, sich beispielsweise im Bereich Bildung oder auch im Gesundheitswesen einzubringen. Deshalb gibt es katholische und evangelische Altenheime, Kindergärten und Schulen. Wie weit der Einfluss der Kirchen hier reicht, darüber ließe sich sicher trefflich streiten. Ich bin der Meinung, nicht der Islam braucht einen Luther, sondern das Christentum braucht einen neuen Luther. Ein moderner Luther würde den Kirchen nahelegen, sich ganz aus der Politik, den Medien und der Wirtschaft zurückzuziehen und sich der Spiritualität zu widmen. Vielleicht würden dadurch auch die Kirchen wieder voller – und die Politik in Bezug auf die Islamverbände handlungsfähiger.

Weil der Staat aber an dieser Schieflage noch nichts geändert hat, versucht man nun, muslimischen Verbänden die gleichen Privilegien zuzugestehen, wie sie christliche und jüdische Gemeinschaften bereits haben. Das ist nicht nur falsch, sondern fatal. Denn dadurch erreicht man nicht die beabsichtigte Gleichstellung von Muslimen. Man stärkt auch nicht gemäßigte Kräfte, sondern konservative Verbände und ihre Geldgeber aus der islamischen Welt. Wenn diese Verbände Einfluss auf Kindergärten und Schulen, auf Wohlfahrtsverbände, Krankenhäuser und Altersheime haben, dann haben sie die muslimische Familie von der Kita bis zur Urne im Griff. Das festigt den Konservatismus und die veralteten Familienstruk-

turen und erschwert den Weg in die Emanzipation. Um das zu
verhindern, muss der Staat umdenken und mehr Säkularisierung wagen! Religionen welcher Couleur auch immer sollten
im öffentlichen Raum keine Bedeutung haben. Sie sollten
dorthin zurückgebracht werden, wo sie hingehören: in die
Herzen der Gläubigen.

Statt eines Nachworts:
Ein Briefwechsel zum Schluss

Lieber Hamed,

die Reformthesen, über die wir einige Monate diskutiert und sie nun niedergeschrieben haben, mögen theoretisch schön klingen und mehr oder weniger plausibel sein. Sie werden allerdings reine Theorie bleiben, wenn sie nicht durch die gläubigen Muslime selbst umgesetzt werden. Zuerst müssen diese aber von der Notwendigkeit von ständigen Reformen überzeugt sein. Reformen werden nur dann gelingen, wenn sie von diesen Gläubigen getragen werden.

Ich bin gegen Reformen von oben, auch dagegen, Muslimen zu sagen, wie sie ihre Religion zu verstehen haben, daher verstehe ich unsere ganze Diskussion als Anregung zum kritischen Hinterfragen. Dennoch müssen wir die Gläubigen erreichen. Meines Erachtens erreicht man sie am besten durch die Bildungsinstitutionen. Das Bild des Islam in den islamischen Ländern und im Westen hängt also von dem in den Kindergärten, Schulen und Bildungsinstitutionen – dazu zähle ich auch die Moscheen – vermittelten Islambild ab.

Mit anderen Worten: Wir brauchen eine Bildungsreform, die sich ernsthafte Gedanken über den gesamten Diskurs über den Islam macht. Das negative Image des Islam heute ist keineswegs nur ein verzerrtes Bild der Medien, sondern ein Bild, das tatsächlich in vielen Bildungsinstitutionen, die für die Ausbildung von Religionslehrerinnen und -lehrern, aber auch Imamen zuständig sind, weitergegeben wird. Hier muss die Reform ansetzen.

Ich habe das Privileg, hier in Deutschland Religionslehr-
kräfte für den islamischen Religionsunterricht sowie Theolo-
ginnen und Theologen auszubilden. Dadurch nehme ich Einfluss auf den innerislamischen Gesamtdiskurs in Deutschland
und zum Teil in Europa. Es gehört auch dazu, dass man ange-
feindet wird, aber wer wurde in der Geschichte nicht angefein-
det, wenn er den Menschen etwas anderes erzählt hat als das,
was sie immer gehört haben?

Um Reformen allerdings auch in den islamischen Ländern
zu bewirken, müssen wir den Dialog mit den politischen Ak-
teuren suchen, denn Reformen sind auch in den islamischen
Ländern auf Institutionen angewiesen, die die Reforminhalte
umsetzen und weitertragen. In den islamischen Ländern exis-
tieren Religionsministerien, die politische Entscheidungen im
Sinne der religiösen Auffassung umsetzen. Sie kontrollieren
die Schulbücher, die religiöse Bildung an öffentlichen Schulen
und in den Moscheen. Diese könnten Reformen voranbringen,
es ist allerdings stets eine politische Frage, für welchen Islam
sich ein Staat starkmachen möchte und inwieweit das politische Regime stabil und etabliert ist, um sich Reformen zu leisten. Manche Regime scheuen Reformen, weil sie die religiösen Eliten nicht gegen sich aufbringen wollen, um ihre Macht
nicht zu gefährden. Das heißt, Reformen sind Prozesse, die
zum Teil Generationen benötigen, um von der Basis aus neue
religiöse Eliten auszubilden, die von Beginn an reformorien-
tiert sind.

In Europa ist die Lage zum Teil etwas günstiger als in den
meisten islamischen Ländern, weil die Muslime mehr Freiheiten haben, zu sagen und zu schreiben, was sie denken. Umso
wichtiger ist es, die islamische Theologie in Europa als akade-
misches Fach an Universitäten einzuführen und zu etablieren
und ihr vor allem die wissenschaftliche Freiheit zu garantie-
ren.

Auch die Entwicklungshilfe, die viel in den wirtschaftlichen Sektor vieler islamischer Länder investiert, sollte sich unser Anliegen zu Herzen nehmen. Mir ist dennoch klar, dass jede Stimme, ob muslimisch oder nichtmuslimisch, die aus dem Westen kommt, immer verdächtigt werden wird, den Islam zerstören zu wollen. Das ist auch eine große, vor allem politische Herausforderung, die islamische mit der westlichen Welt zu versöhnen, um diese Verschwörungstheorien aus der Welt zu schaffen und die Menschen in den islamischen Ländern zu bewegen, Anregungen auf deren Inhalt und nicht auf deren politische bzw. ethnische Zugehörigkeit hin zu überprüfen.

Ein weiteres Problem besteht darin, dass der Islam heute stark unter dem sogenannten religiösen Analphabetismus vieler seiner Anhänger leidet. Wie viele Muslime lesen wirklich im Koran? Und wie viele von ihnen verstehen, was sie lesen, geschweige denn wissen den Koran in seinem historischen Kontext zu verorten? Wie viele Muslime setzen sich mit ihrer religiösen Tradition reflexiv auseinander? Es wird vieles hingenommen, weil es so gesagt wurde, weil sich dies oder jenes so etabliert hat. Der Koran warnt an vielen Stellen vor einer unreflektierten Hinnahme religiöser Überzeugungen und lädt mehrfach zum Nachdenken, ja zum kritischen Hinterfragen ein. Aber trotzdem ist immer wieder das Argument zu hören: »Ich vertrete diese Meinung, weil ich sie so gehört habe.«

Aber wer nimmt die Vogelperspektive, zu der der Koran einlädt, wirklich ein? Vielen fehlt letztendlich das Werkzeug dafür, denn den Islam zu reflektieren, setzt eine bewusste Auseinandersetzung mit seinen Inhalten voraus, und dies wiederum benötigt einen Zugang zu den Quellen des Islam, vor allem zum Koran, nicht um ihn einfach zu lesen, sondern um ihn zu verstehen und seine Inhalte in ihrem historischen Kontext zu verorten. Der verbreitete religiöse Analphabetismus führt

allerdings zur Delegation religiöser Antworten auf eine geistliche Elite, die die Menschen bewusst oder unbewusst manipuliert, indem sie sie entmündigt und auffordert, ihnen und
ihren Interpretationen zu folgen. Daher brauchen die islamischen Gesellschaften verbesserte Zugänge zum Islam.

Lieber Hamed, es war schön, mit Ihnen sachlich zu diskutieren, ohne dass wir uns persönlich angegriffen haben. Ich
möchte diese in meinen Augen fruchtbare Diskussion dennoch
mit einem persönlichen Anliegen bzw. mit einer persönlichen
Frage beenden: Sind Sie wirklich davon überzeugt, dass Sie
einen Beitrag zur Reform des Islam leisten können, wenn Sie
immer wieder betonen, dass der Islam selbst das Problem sei?

Ein Problem reformiert man nicht, sondern man beseitigt
es. Manchmal habe ich den Eindruck, dass Sie den Islam nicht
beseitigen möchten, sondern ein bestimmtes Verständnis davon, und dass Sie, wie Sie oft sagen, die Spiritualität des Islam, ja auch des Korans sowie die soziale Lehre des Islam als
Bereicherung ansehen. Sie wollen, wenn ich das richtig verstehe, nicht wirklich den Islam beseitigen, sondern in der Tat
ein ins Stocken geratenes Verständnis davon. Und deshalb lassen Sie sich auf eine lange Diskussion mit einem muslimischen Theologen wie mir ein.

Aber bei einigen, vor allem unter Muslimen, entsteht den-
noch der Eindruck, dass Sie etwas Grundsätzliches gegen den
Islam haben, weil Sie vordergründig nur Kritik üben, ohne ein
Gegenangebot zu machen. Und so kommt Ihre Botschaft an:
Der Islam an sich ist das Problem, und das wird auch so blei-
ben.

Spätestens seit ich vor etwa eineinhalb Jahren Ihr Posting
auf Facebook zum Anlass des plötzlichen Todes Ihres Vaters
gelesen habe, indem Sie diejenigen, die beten können, bitten,
für Ihren Vater zu beten, da Sie selbst es nicht schaffen würden, obwohl Sie gerne für ihn beten würden, sehe ich in Ihnen

einen stark spirituellen Menschen. Denn gerade dieses Posting, das mich sehr tief in meinem Herzen berührt und mich sogar zu Tränen bewegt hat, kam bei mir als Schrei nach einem gnädigen, barmherzigen Gott an, zu dem auch viele Menschen, ja Atheisten beten würden, ihn aber nie kennengelernt haben, weil gerade Vertreter der Religionen ihn uns geraubt haben.

In Teilen unserer Diskussion habe ich immer wieder vom barmherzigen und liebenden Gott gesprochen, weil mir dies ein großes Anliegen ist. Wir Menschen können Gott zwar nicht begreifen, in den Offenbarungsreligionen können wir jedoch Aussagen von ihm machen, weil er sich selbst offenbart hat, es ist auch Aufgabe der Theologie, das Offenbarte zu verstehen und rational zu reflektieren. Viele Gelehrte haben uns diesen lieben, barmherzigen Gott weggenommen, und ich hoffe sehr, dass viele Gläubige diesen Gott wiederentdecken.

Ich habe persönlich diese Erfahrung gemacht, denn in Saudi-Arabien, einem Land mit einem stark restriktiven und bevormundenden Verständnis vom Islam, wurde ich sehr früh mit diesem verzerrten Gottesbild konfrontiert. Ich hatte aber das Glück, dass meine Großfamilie im Libanon gelebt hat und ich sie dort immer wieder in den Sommerferien besucht habe. Dort herrschte ein völlig anderes Verständnis vom Islam, ein viel offeneres. Durch meine Familie, vor allem durch meine Oma habe ich den liebenden und barmherzigen Gott kennengelernt, von dem ich im Religionsunterricht in Saudi-Arabien und später in der Theologie kaum etwas gehört habe. Heute bin ich äußerst dankbar für die vielen Zuschriften, die ich fast jeden Tag von jungen Muslimen im In- und Ausland erhalte, in denen sie ihren Dank zum Ausdruck bringen, dass sie durch meine Bücher und Vorträge einen Zugang zu diesem lieben den Gott erhalten haben. Sie fühlen sich durch einen aufgeklärten Islam zur Selbstbestimmung, auch ihrer Religiosität, befreit. Viele schreiben und erzählen mir zudem, dass sie ihre Beziehung zu Gott viel aufrichtiger empfinden und viel intensiver erleben würden, als wenn es lediglich um bloße Pflichterfüllung ginge. Es sind solche Zuschriften, die mich positiv stimmen und darauf hoffen lassen, dass wir mit unserem Streitgespäch etwas bewirken können.

Herzliche Grüße,
Ihr Mouhanad

Lieber Mouhanad,

auch mir war es eine Freude, mit Ihnen sachlich zu streiten. Sicherlich habe ich meine Argumente das eine oder andere Mal zugespitzt oder satirisch untermauert, aber damit wollte ich in keiner Weise Ihre Position schwächen, sondern Sie ein wenig provozieren, damit Sie die Sache mal aus einem anderen Blickwinkel sehen. Schließlich sitzen wir im gleichen Boot und haben das gleiche Ziel.

Auch wenn ich den Islam als System für nicht reformierbar halte, unterstütze ich Ihre Bemühungen und wünsche Ihnen dabei viel Erfolg. Ich hatte Ihnen vor einem Jahr versprochen, sollte Ihr Konzept von der Theologie der Barmherzigkeit sich unter der Mehrheit der Muslime durchsetzen, werde ich keine islamkritischen Bücher mehr schreiben!

Ich mache das nicht aus Spaß und ich will nicht als Märtyrer enden, sondern ich mache das aus Sorge um meine Kultur und aus meiner Liebe zur Freiheit. Selbstverständlich will ich den Islam als spirituelle Kraft nicht beseitigen. Im Gegenteil, ich halte diese Kraft für gewinnbringend für Muslime. Auch ich hatte eine tiefgläubige Großmutter, die fünfmal am Tag betete und niemals Hass gegen Menschen verspürte – nur, weil diese

einer anderen Religion angehörten. Sie lebte einen entpoliti-
sierten Islam, der ihr Hoffnung und Trost spendete. Sie war
glücklich und erfüllt in ihrem Glauben. Kein Mensch kann etwas gegen einen solchen Islam haben.

Ich stehe auf der Seite der Menschen und unterstütze alles,
was sie glücklich macht, und kritisiere alles, was ihnen dabei
im Weg steht. Deshalb tue ich, was ich tue! Mein Verständnis
von Reform geht in die Richtung, die Spreu vom Weizen zu
trennen, also die politische Dimension von der spirituellen
Seite des Islam zu trennen. In allen meinen Büchern, auch in
meinen Thesen hier in diesem Buch verfolge ich dieses Ziel.

Lieber Mouhanad, nun haben wir unsere 95 Thesen vervoll-
ständigt. Was machen wir nun damit? An welche Tür sollen
wir sie nageln? Und wie wird man auf unsere Sammlung reagieren? Der eine oder andere westliche Intellektuelle wird
uns dafür als Aufklärer loben. Andere werden uns Naivität und
Realitätsverlust vorwerfen. Theologische Spitzfindigkeiten und
Pauschalisierung. Die Islamverbände werden unsere Thesen
ablehnen, bevor sie sie gelesen haben, und sagen, dass keiner
von uns den *wahren* Islam repräsentiert, was ja auch stimmt!

Aber wir haben uns nicht den Kopf zerbrochen wegen irgendwelcher Lobhudeleien oder Verrisse. Wir wollten gleich
ganz vermessen die Muslime erreichen und ihr Denken verändern. Nur: Werden wir sie erreichen? Wollen wir nicht den
Text auch ins Arabische übersetzen? Würden Sie dann die arabische Ausgabe dem Großscheich von Al-Azhar schenken und
ihn um eine Stellungnahme dazu bitten? Werden Sie diese 95
Thesen auch in einem Seminar an Ihrem Lehrstuhl den zu-
künftigen Imamen und Lehrern dieses Landes präsentieren
und einen ehrlichen Dialog darüber in Gang setzen? Können
Sie sich vorstellen, dass wir diese Thesen irgendwann in einer
islamischen Hauptstadt präsentieren können? Und nicht »nur«
vor dem deutschsprachigen Publikum, das uns vielleicht wäh-

rend einer Fernsehdiskussion lauscht? Oder können wir nicht wenigstens darüber in einer deutschen Moschee gemeinsam diskutieren? Erst dann werde ich mit diesem Streitgespräch wirklich zufrieden sein!

Nichtsdestotrotz möchte ich mich bei Ihnen für Ihr Vertrauen und Ihre angenehme Art, zu diskutieren, bedanken. Auch dafür, dass Sie sich nicht nur für meine Freiheit, Islamkritik zu üben, einsetzen, sondern auch dafür, dass Sie diese Kritik als eine Chance für die Erneuerung des islamischen Denkens sehen.

Lieber Mouhanad, bitte passen Sie gut auf sich auf! Ihre Reformpläne sind sehr ambitioniert und werden Ihnen die Feindseligkeit der Fundamentalisten einbringen, die alles beim Alten belassen wollen. Auch Ihre Zusammenarbeit mit mir wird den Kreis Ihrer Feinde vergrößern. Wie gesagt, wir sitzen im gleichen Boot, wir rudern mit all unseren Kräften. Wenn es einen Gott gibt, der tatsächlich barmherzig ist, dann möge er uns beistehen! Oder er sollte uns wenigstens seinen heiligen Gegenwind ersparen!

In Freundschaft,
Ihr Hamed

Anmerkungen

Teil I
Positionsbestimmung:
Ist der Islam reformierbar?

1 Überliefert nach an-Nīsābūrī, aAl-Mustadrak ʿalā as-sahīhayn (»Er-
gänzungen der zwei großen Hadithsammlungen«), Hadith Nr. 8639
2 Diese innerislamische Vielfalt hat Thomas Bauer auf eindrucksvolle
Weise in seinem Buch »Die Kultur der Ambiguität. Eine andere Geschichte des Islam« dokumentiert (Insel Verlag, 2011)
3 Felix Körner (Hrsg.): »Alter Text – neuer Kontext. Koranhermeneutik in der Türkei heute« (Herder Verlag, 2006)
4 Zum Beispiel in den Suren 80:1–8, 66:1, 17:74–75
5 Überliefert nach Sahīh Muslim, Hadithe 2361 bis 2363
6 an-Nasā'ī 3/188
7 Musnad Ahmad ibn Hanbal: Hadith 16695
8 Überliefert nach al-Hakim, al-Mustadrak, Hadith 4159

Teil II
Der Koran: Anleitung zum Hass oder
Botschaft des Friedens?

1 Nafisa Tehrani: »Die falsche Religion«, taz, 17. Mai 2006

Teil III
Das Gottesbild im Islam:
Barmherziger Hirte oder grausamer Tyrann?

1 Überliefert nach al-Buchārī, Hadith 7114
2 Überliefert nach al-Buchārī, Hadith 13
3 Überliefert nach at-Tabarani, al-Jami al-kabir, Hadith 750
4 Überliefert nach Sahīh Muslim, Hadith 2759

5   Überliefert nach Sahīh Muslim, Hadith 2744
6   Überliefert nach al-Buchārī, Hadith 13
7   Richard Gramlich: »Muhammad Al-Gazzalis Lehre von den Stufen
     zur Gottesliebe«. Die Bücher 31–36 seines Hauptwerkes, eingeleitet,
     übersetzt und kommentiert, Wiesbaden 1984, S. 62 ff.
8   Überliefert nach al-Buchārī, Hadith 5222
9   Überliefert nach Sahīh Muslim, Hadith 2569

Teil IV
Freiheit und Selbstbestimmung im Islam:
Autonomer Mensch oder Marionette Gottes?

1   Vgl. dazu die Suren 5:119, 9:100, 58:22: 98:8

Teil V
Islam und Gewalt:
Religion des Friedens oder des Terrors?

1   Al-Sheikh, Nasser Ibn Ali A'ed Hassan: aqidat ahl-assuna fi assahaba
     al-kiram, S. 1118
2   Ebenda, S. 1119
3   al-Bahrani: al-hadaiq al-nadira: 42:10
4   Zuhaylī: »Āthār al-harb fī l-fiqh al-islāmī« (»Die Einflüsse des Krie-
     ges auf die islamische Jurisprudenz«), 1998, S. 130
5   Für ein friedliches Miteinander setzen sich zum Beispiel die Suren
     2:62, 2:208, 5:48, 5:69 oder 60:8 ein
6   Überliefert nach Ahmad und at-Tirmidhī. Vgl. Adnan Ibrahim, Hurri-
     yyat al-'itiqād fī-l-Islām, (»Glaubensfreiheit im Islam«), 2014, Fuß-
     note 1030, S. 326
7   Überliefert nach al-Bayhaqī, az-Zuhd al-kabīr (»Die große Askese«),
     Hadith 373

Teil VI
Scharia und der säkulare Staat:
Zwei Bereiche, die sich ausschließen?

1 Überliefert nach at-Tabarani, al-Mu'dscham al-kabir, Hadith 10869
2 Überliefert nach Sahīh Muslim, Hadithe 2361 bis 2363

Teil VII
Frauenbild und Sexualität im Islam:
Ist Gleichberechtigung möglich?

1 Ismail Ibn Kathīr, Tafsīr al-Qur'ān, Band 1, Beirut 1996, S. 404 f.
2 Ebenda
3 Ibn Taimīya, al-Qawa'id annuraniyya, Verlag: Dar Ibn al-Dschawzi, Dammam, 1422 n. H., S. 119
4 Sahīh al-Bukhari, Hadith 4425

Teil VIII
Die Zukunft des Islam in Europa:
Parallelgesellschaft oder europäischer Islam?

1 al-Hakim, al-Mustadrak: 1/217
2 Sahīh Muslim, kitab al-iman, Hadith 145

Teil IX
Was getan werden muss: Wie kann der Weg zu
Reformen wirklich geebnet werden?

1 Al-Tirmidhī, sunan: 2/177
2 Ibn Majah, sunan: Hadith 4042
3 Zitiert nach Annemarie Schimmel (Hrsg.): »Gärten der Erkenntnis. Das Buch der vierzig Sufi-Meister«, München 1995, S. 21
4 Überliefert nach Ahmad, Hadith Nr. 16999
5 Überliefert nach al-Buchārī, Hadith 1284, und Sahīh Muslim, Hadith Nr. 923